A-Z BOURN

Key to Map Pages	2-3
Large Scale Poole Town Centre	4
Large Scale Bournemouth Town Centre	5

Map	
Index	
Villag	
Selec... ...reet	74-108

REFERENCE

A Road	A35	Car Park (selected)	P
B Road	B3064	Church or Chapel	†
Dual Carriageway		Cycleway (selected)	🚲
One-way Street	→	Fire Station	■
Traffic flow on A Roads is also indicated by a heavy line on the driver's left.	→	Hospital	H
Road Under Construction		House Numbers (A & B Roads only)	13 8 3
Opening dates are correct at the time of publication.			
Proposed Road		Information Centre	i
Restricted Access		National Grid Reference	⁴10
Pedestrianized Road		Park and Ride	P+R
Track / Footpath		Police Station	▲
Residential Walkway		Post Office	★
Railway	Station / Level Crossing / Tunnel	Toilet	▽
Built-up Area	BRIDGE ST.	Viewpoint	☀
Beach		Educational Establishment	
Local Authority Boundary		Hospital or Healthcare Building	
National Park Boundary		Industrial Building	
Postcode Boundary		Leisure or Recreational Facility	
Map Continuation	12 Large Scale City Centre 44	Place of Interest	
		Public Building	
		Shopping Centre or Market	
		Other Selected Buildings	

SCALE

Large Scale Pages 4-5   1:7,920

0 — ⅛ — ¼ Mile

0 — 100 — 200 — 300 — 400 Metres

8 inches (20.32 cm) to 1 mile   12.63cm to 1km

Map Pages 6-73   1:15,840

0 — ¼ — ½ Mile

0 — 250 — 500 — 750 Metres

4 inches (10.16 cm) to 1 mile   6.31 cm to 1km

EDITION 9   2022

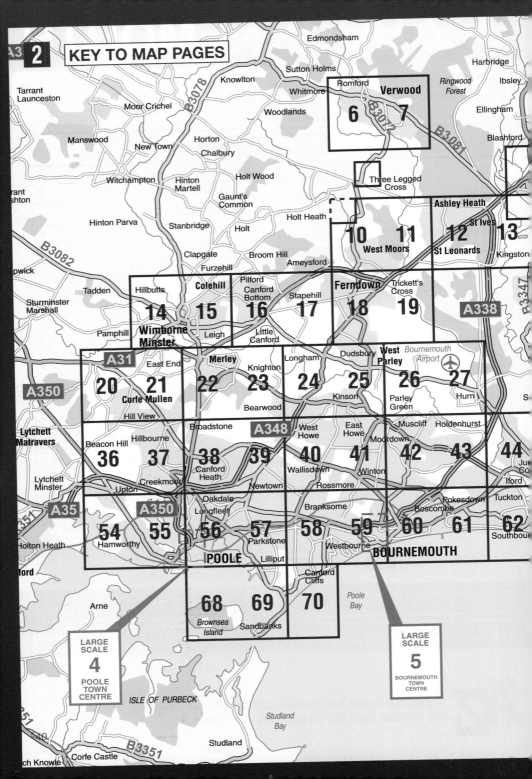

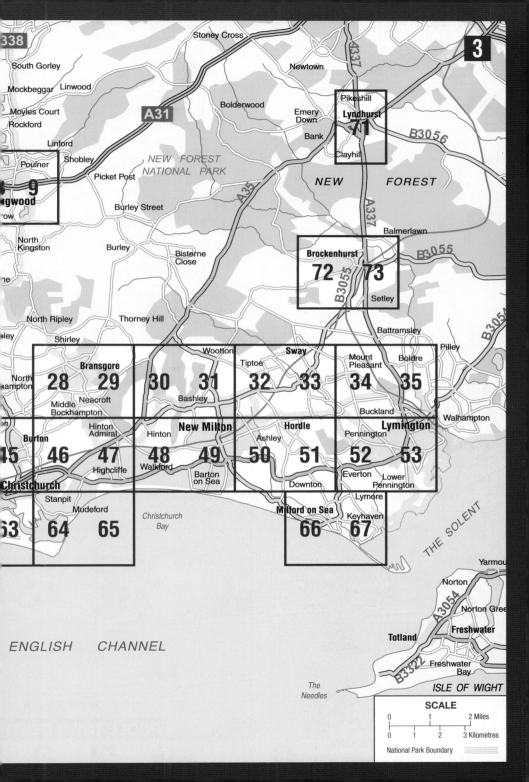

POOLE TOWN CENTRE

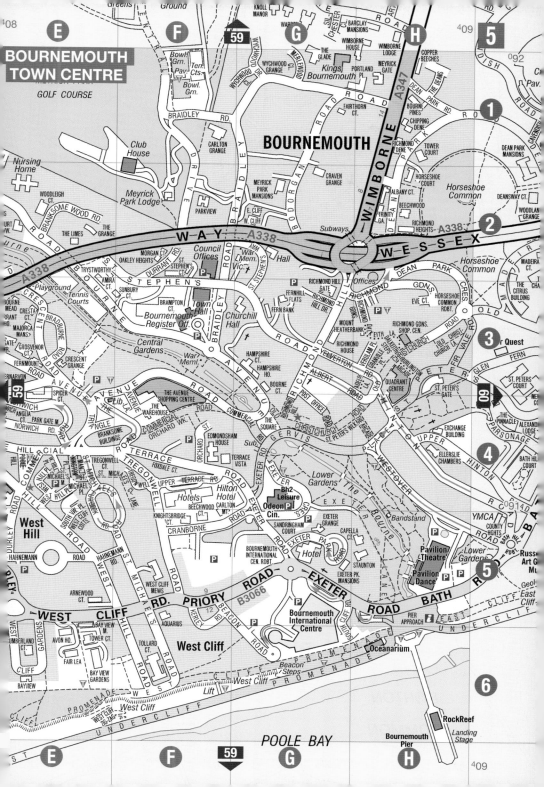

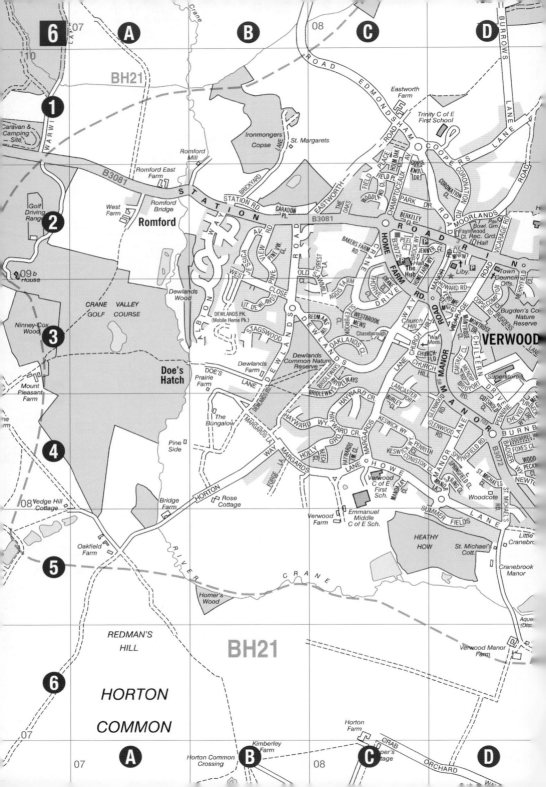

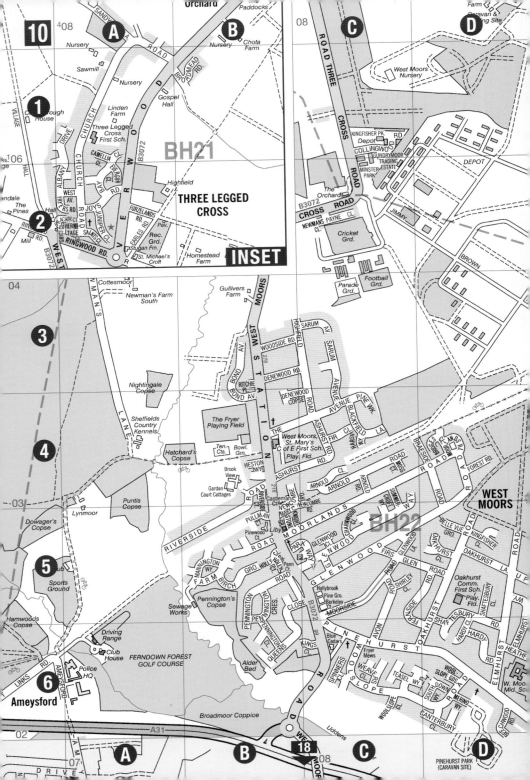

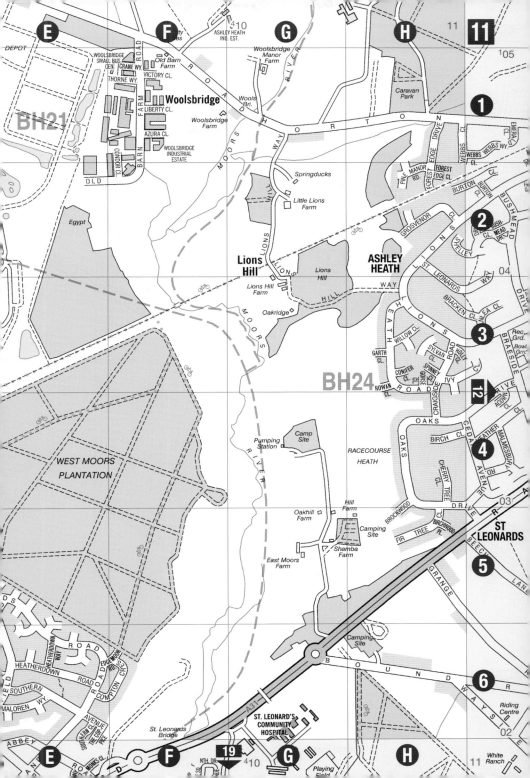

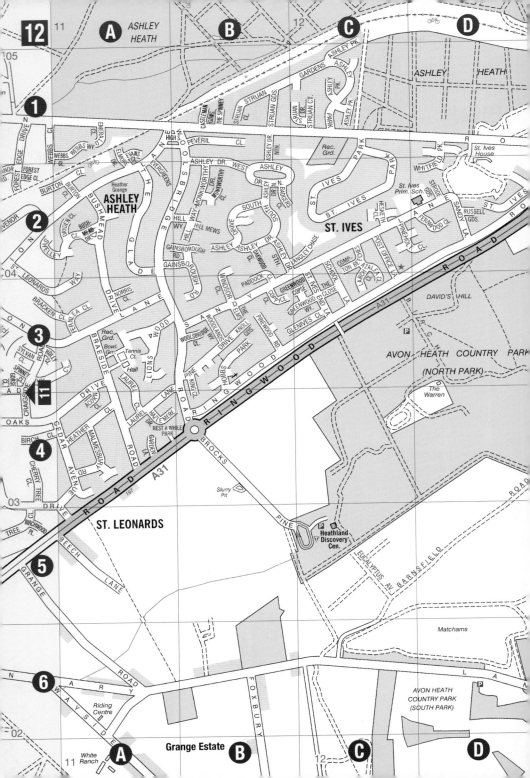

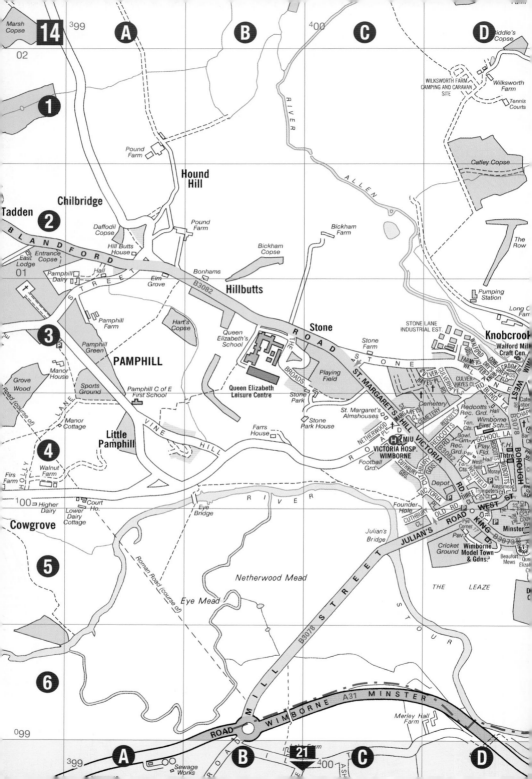

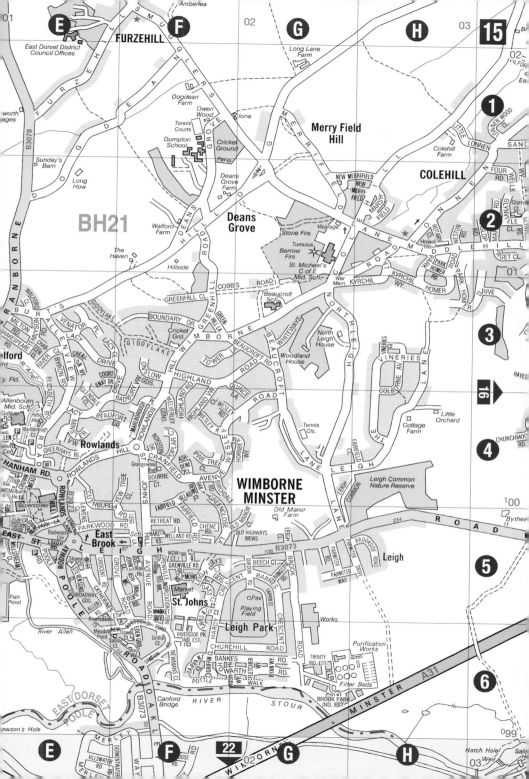

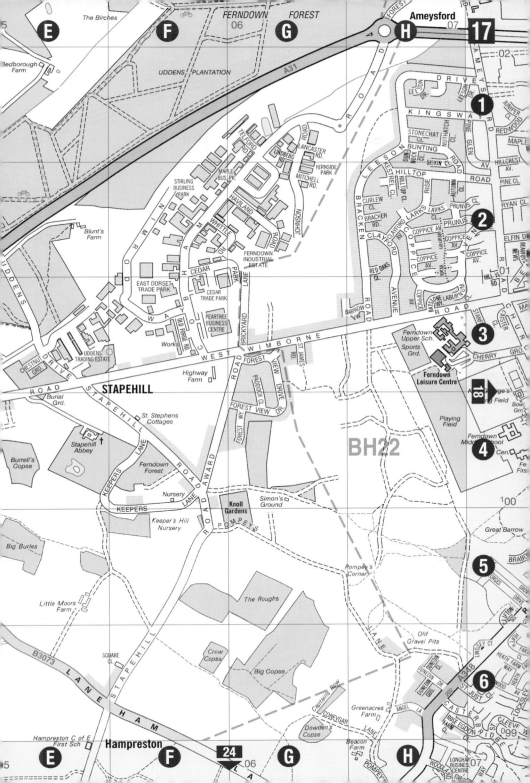

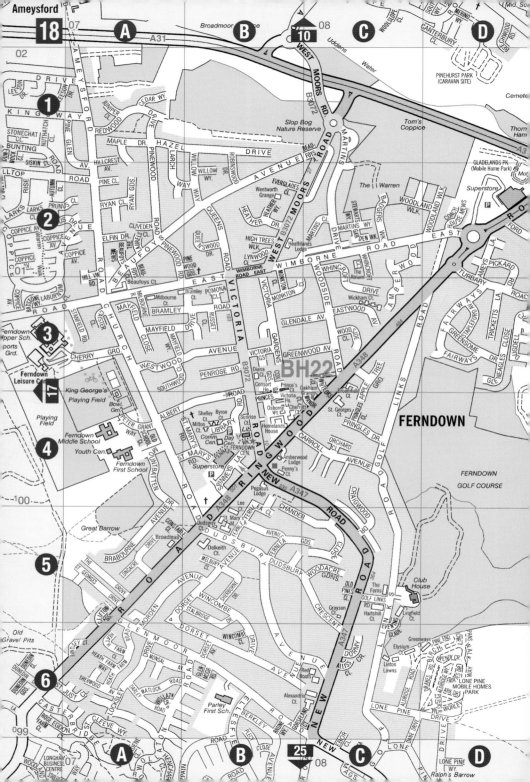

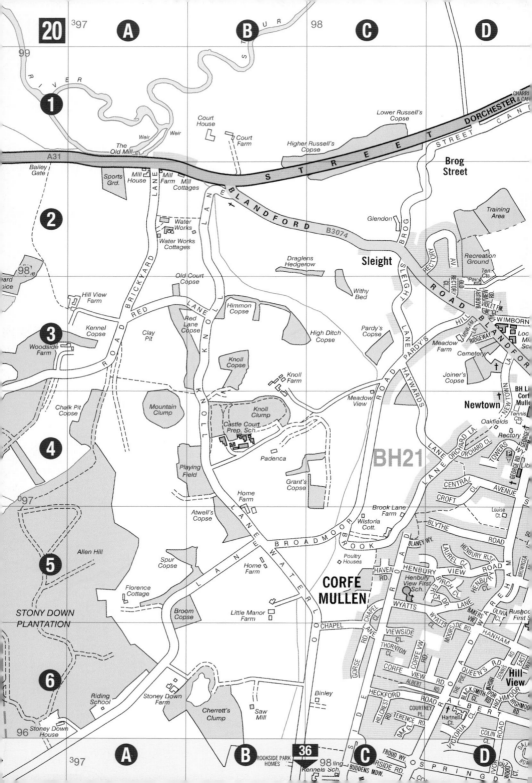

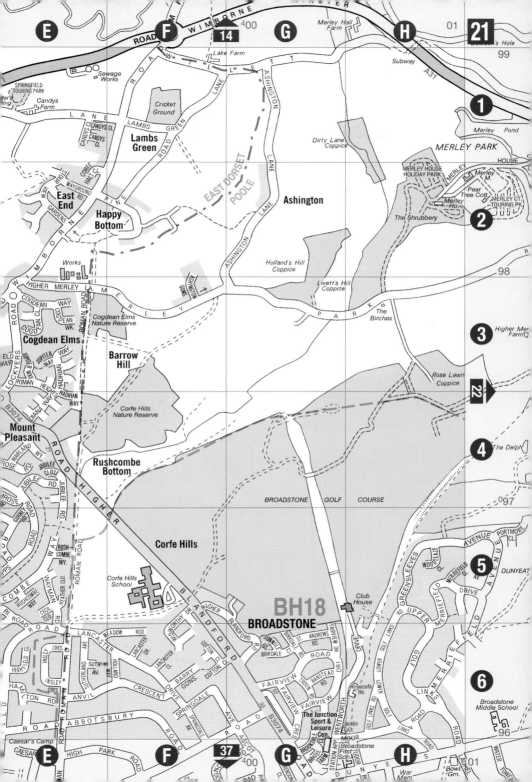

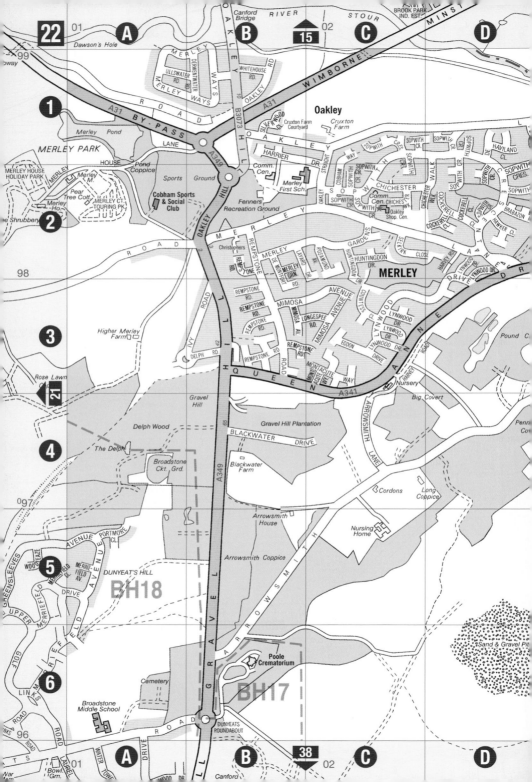

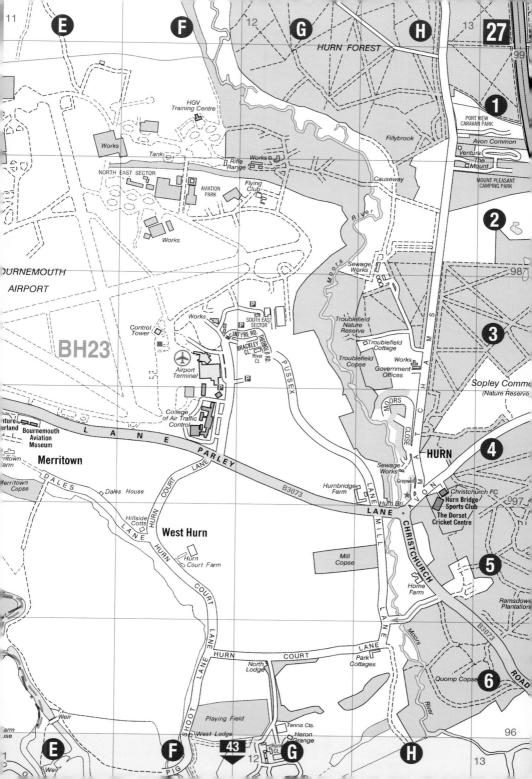

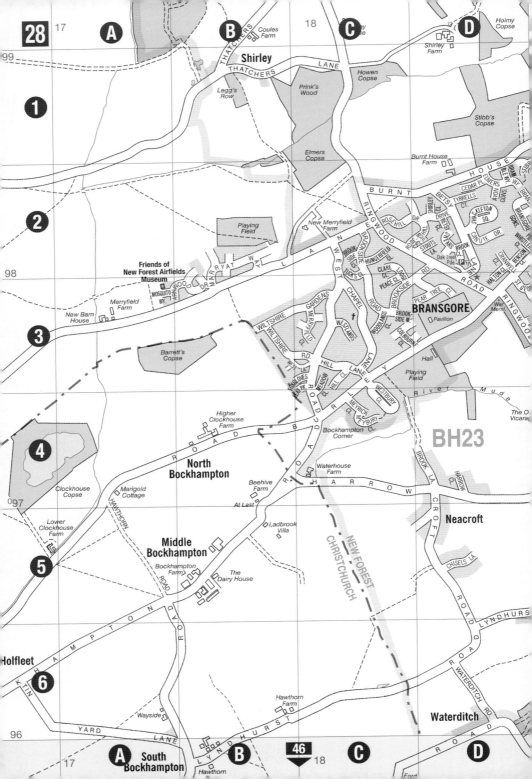

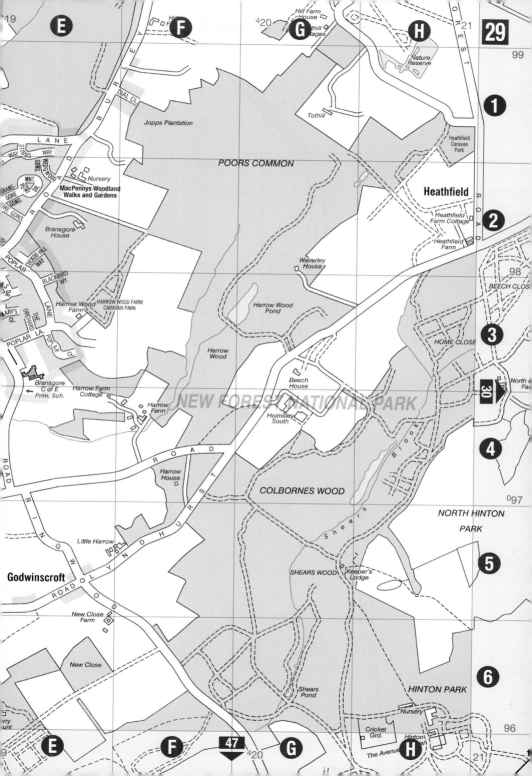

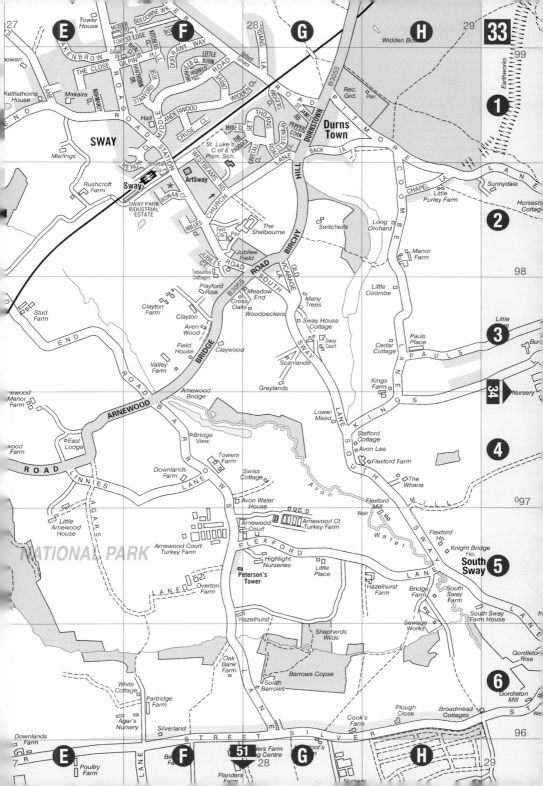

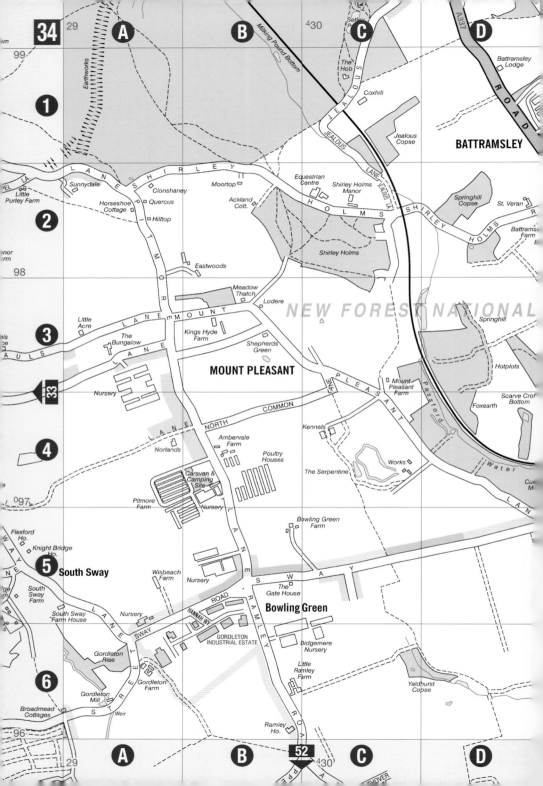

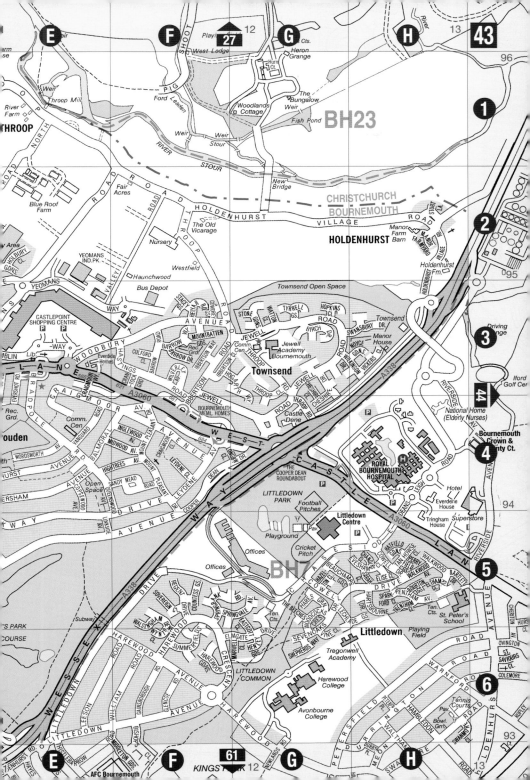

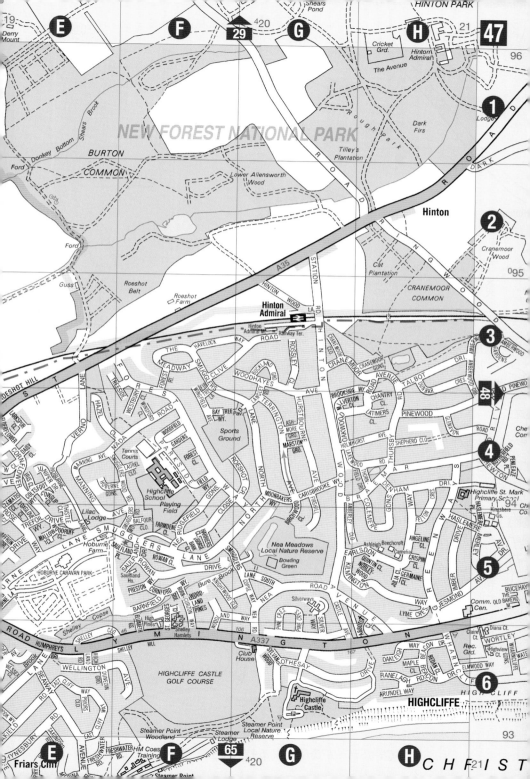

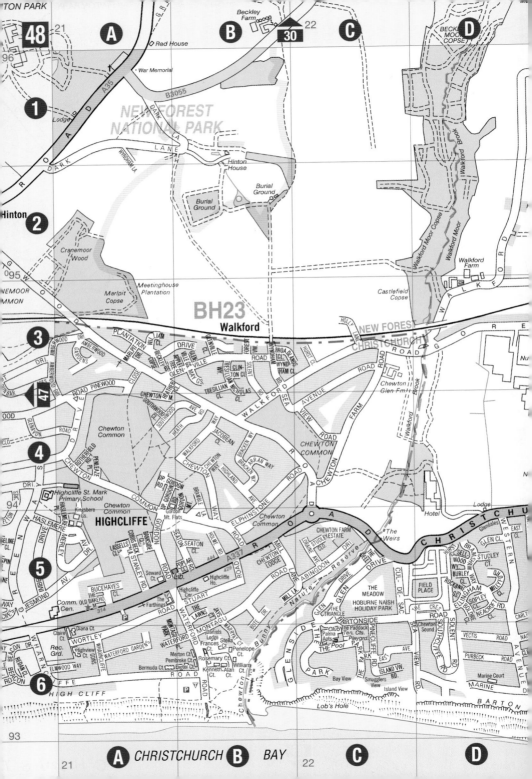

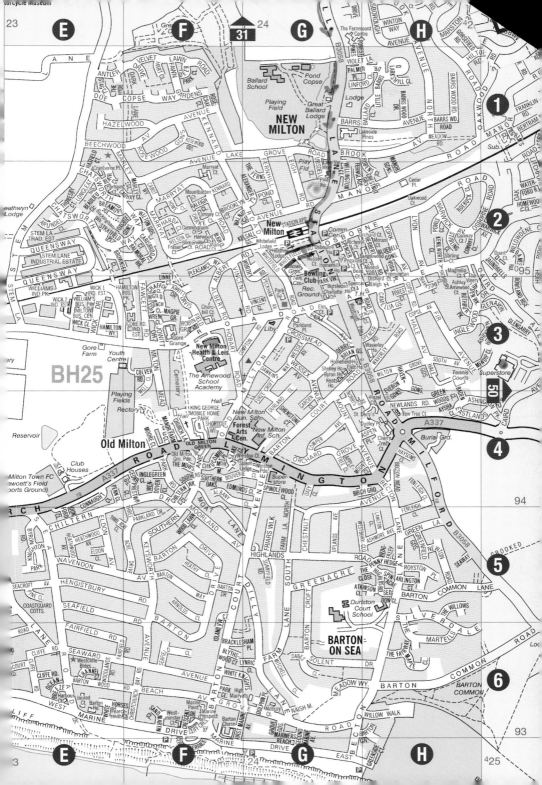

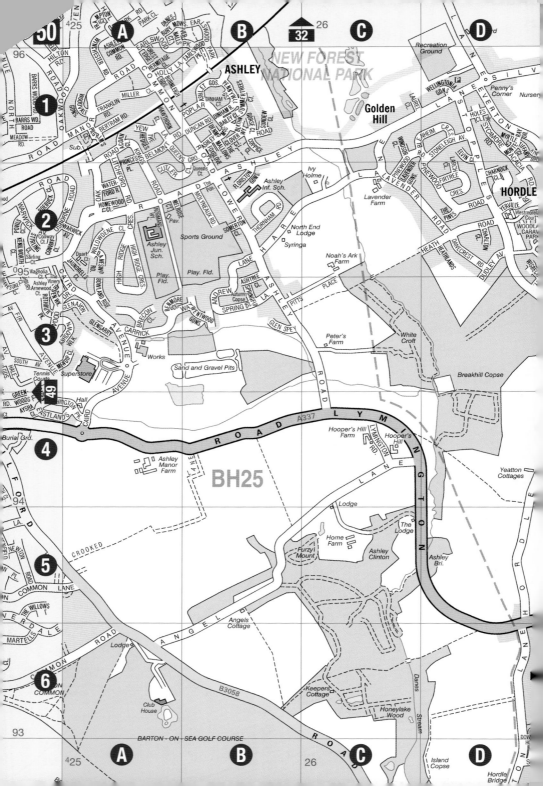

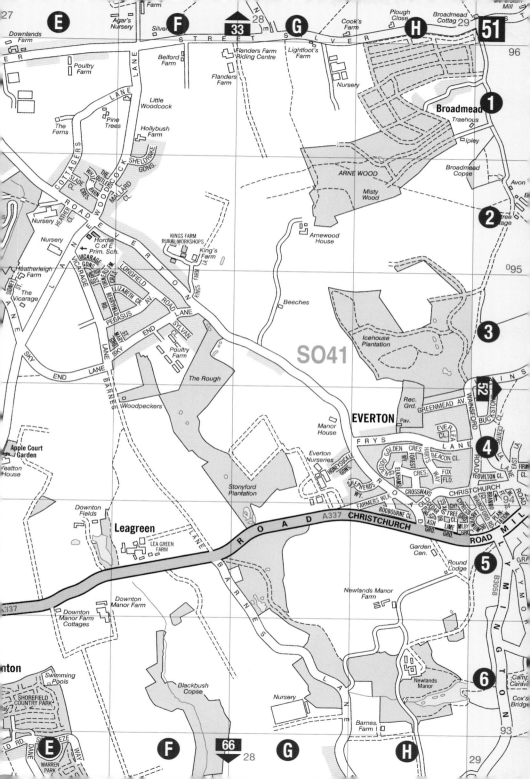

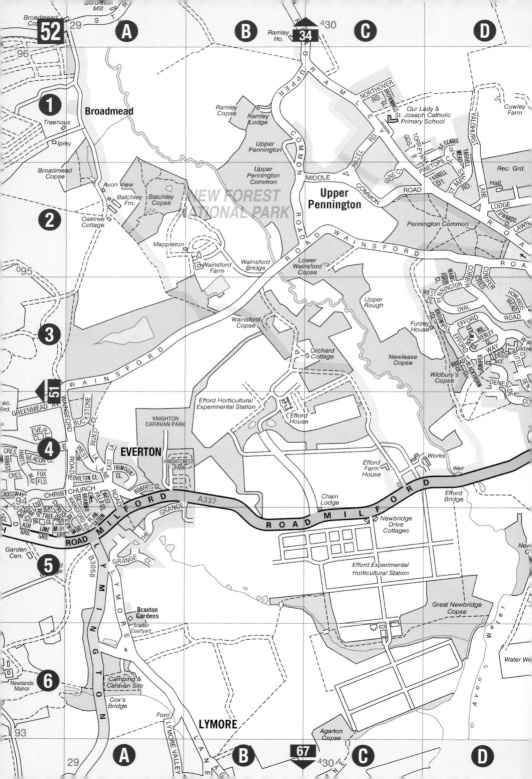

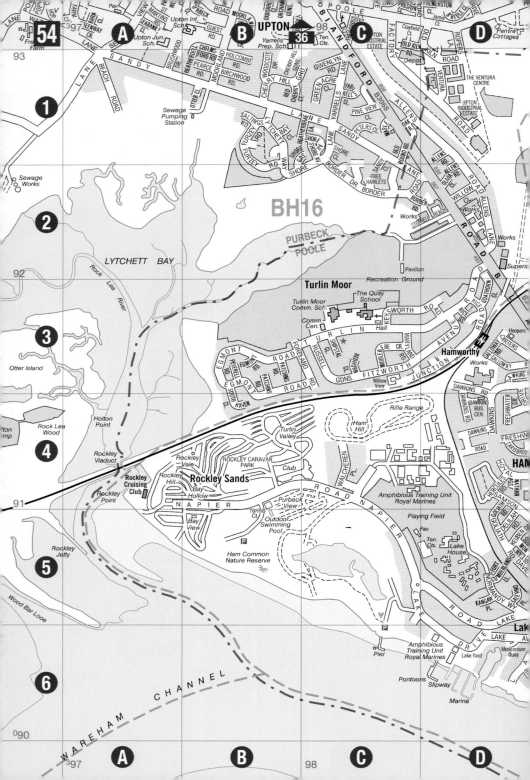

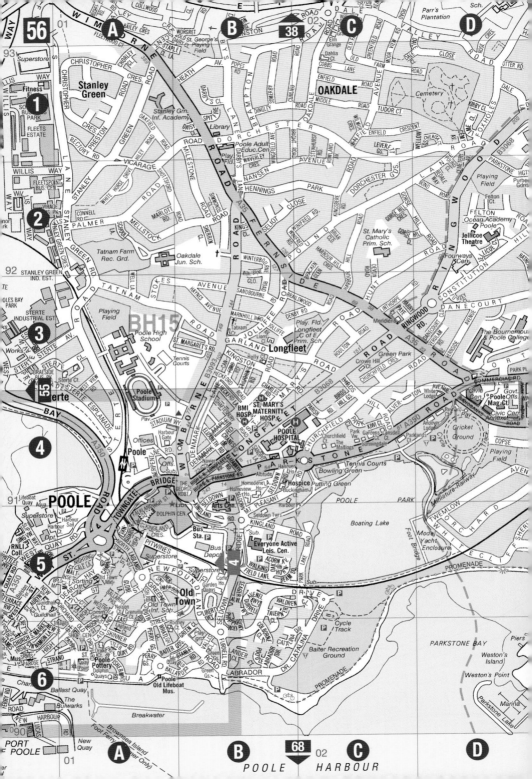

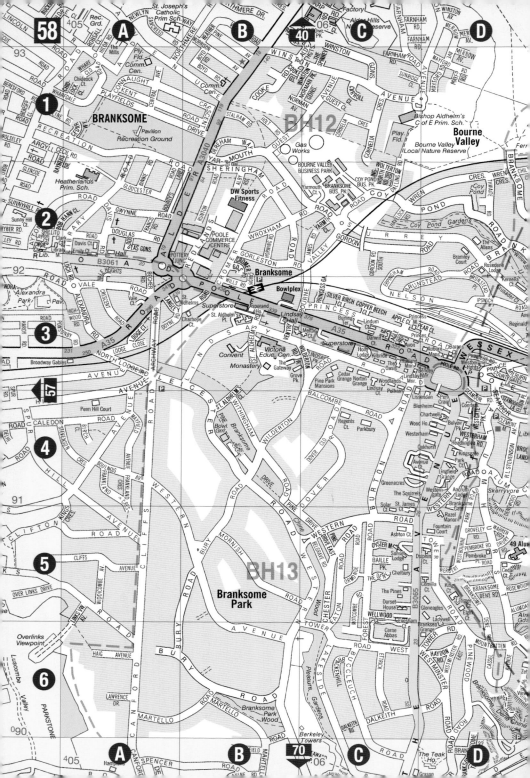

BOURNEMOUTH

POOLE BAY

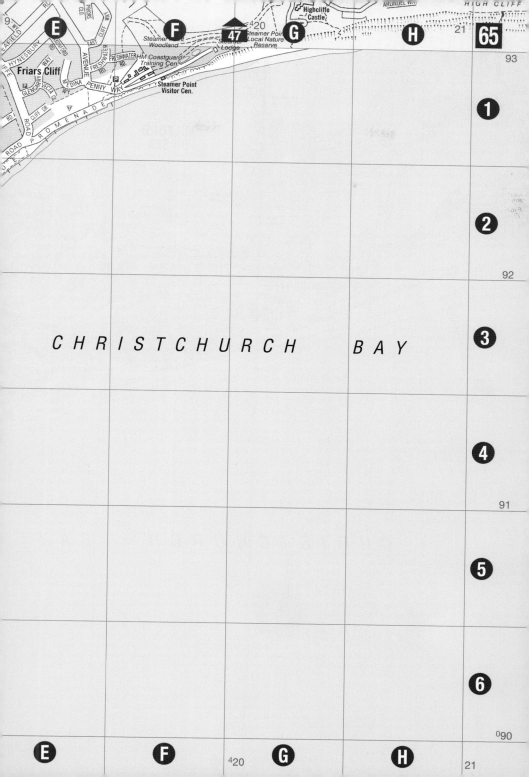

E **F** **47** **G** **H** 21

Steamer Point
Woodland

Steamer Point
Local Nature
Reserve

Highcliffe
Castle

ARUNDEL

93

Friars Cliff

HM Coastguard
Training Cen.

Steamer Point
Visitor Cen.

PROMENADE

FRESHWATER RD.
FRESHWATER LA.
EAST CLIFF LA.
PENNY WAY
MEDINA
AVENUE
GLENGARRY CL.
CLIFF DR.
HYNESBURY WAY
PRIORS CLO.
ROAD
VECTA CL.

Sea
Lodge

1

2

92

C H R I S T C H U R C H   B A Y

3

4

91

5

6

090

E   **F**   420   **G**   **H**   21

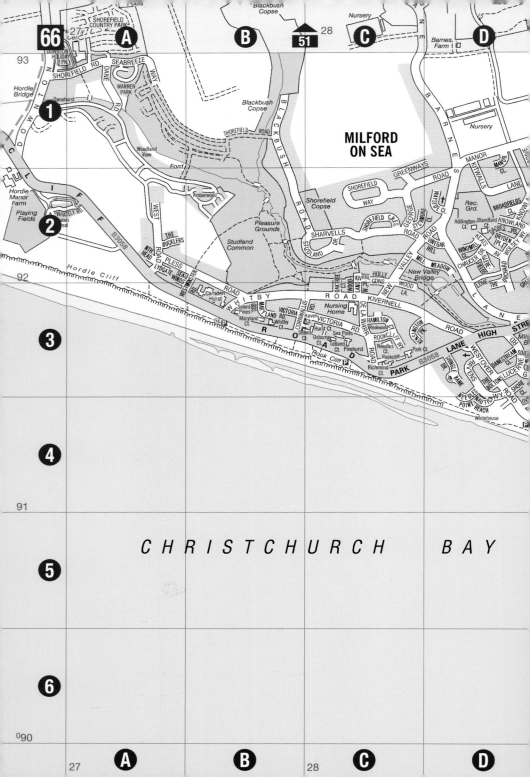

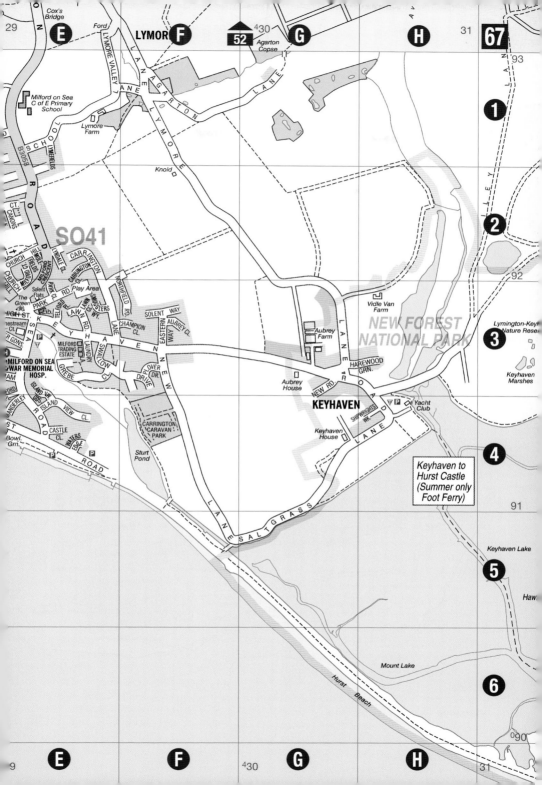

Ballast Quay

The Bulwarks

Mus.

68

PORT OF POOLE

New Quay

BH15

Breakwater

Brownsea Island Foot Ferry (Summer Only)

A

B

56

02

C

D

Parkstone Lake

Marina

1

Poole to:-
Cherbourg 4hrs. 30 mins.
Guernsey 3hrs.
(Fast Ferry, Seasonal)
Jersey 4hrs. 30 mins.
(Fast Ferry, Seasonal)
St. Malo 6hrs.
(Fast Ferry, Seasonal)

M a i n

2

POOLE
PURBECK

Brownsea Island
Foot Ferry (Summer Only)

89

P O O L E   H A R B O U R

3

W y c h   C h a n n e l

4

Wellington Hill

Seymer's Hill

Seymer's House

Cambridge Wood

Columbine Hill

Pipers Folly

Oxford Wood

St. Andrews Terrace

Maryland

Harlequin Hill

St. Peters Hill

Cabbage Hill

Elizabeth Hill

Lonsdale Wood

The Sanctuary

West Lake

Venetia Park

St. Georges Hill

St. Andrew's Hill

The Villa

Pottery Pier

Pantaloon Hill

Middle

East Lake

Wilderness

BH13

Brownsea Is Nature Res

88

Rough Brake

Street

BROWNSEA   ISLAND

Middle

Clown Hill

St. Michael's Mount

The Pens

Green Dale

Swindale Back

Bentinck Hill

Street

5

Red Hill

Lincoln Cliff

Devil's Den

Saddle

Rocket Corner

Viney Hill

Gravel Hill

Pheasant Hill

Church Hill

St. Mary's Church

Bran

William Pit

St. Mark's Lodge

Rose Cottage

South Shore Lodge

St. Anne's Hill

Harley Wood

Farm Cottages

Brans Cas

Barnes Bottom

Caroline Cliff

Oak Corner

Portland Hill

6

W H I T E   G R O U N D   L A K E

Harry Point

Landing Stage

87

FURZEY   ISLAND

01

A

B

02

C

D

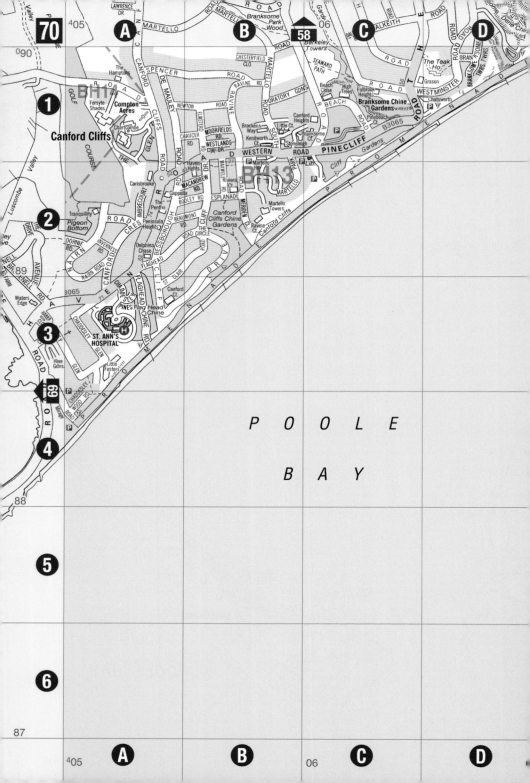

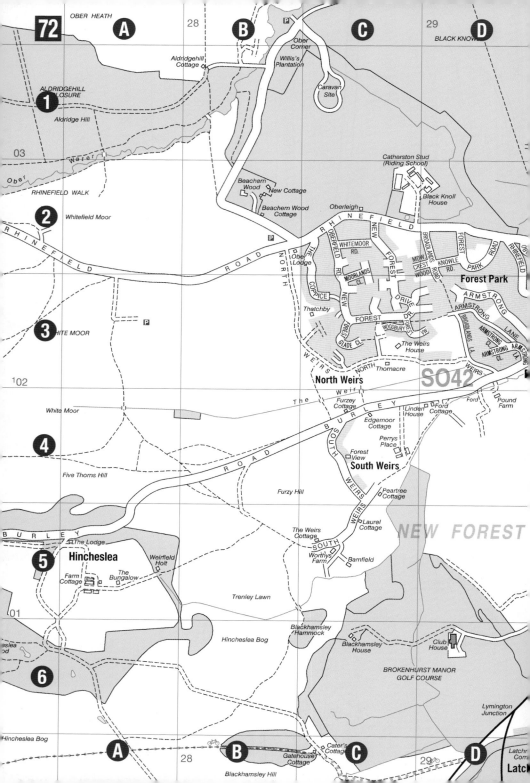

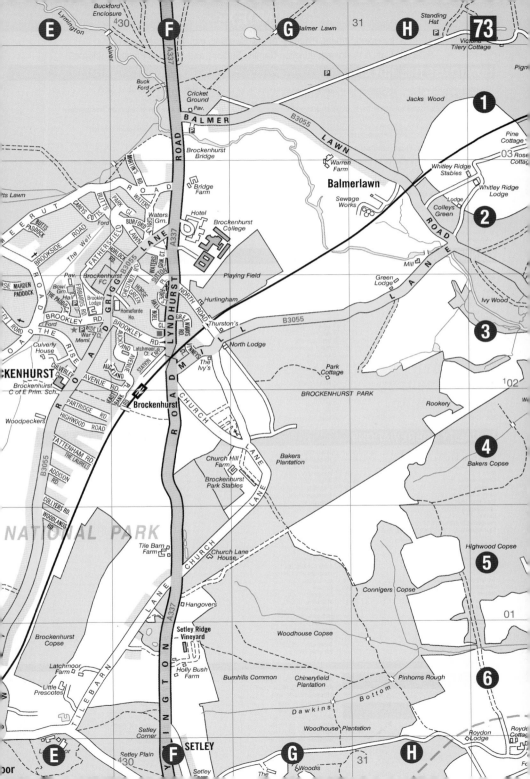

INDEX

Including Streets, Places & Areas, Hospitals etc., Industrial Estates,
Selected Flats & Walkways, Junction Names, Stations and Selected Places of Interest.

HOW TO USE THIS INDEX

1. Each street name is followed by its Postcode District, then by its Locality abbreviation(s) and then by its map reference; e.g. **Abbotsbury Rd.** BH18: Broad..........**6E 21**
   is in the BH18 Postcode District and the Broadstone Locality and is to be found in square 6E on page **21**. The page number is shown in bold type.

2. A strict alphabetical order is followed in which Av., La., St., etc. (though abbreviated) are read in full and as part of the street name; e.g. **Avoncliffe Rd.** appears after **Avon Causeway**
   but before **Avon Cl.**

3. Streets and a selection of flats and walkways that cannot be shown on the mapping, appear in the index with the thoroughfare to which they are connected shown in brackets;
   e.g. **Adams Ct.** BH5: Bour..........**3F 61** *(off Hawkwood Rd.)*

4. Addresses that are in more than one part are referred to as not continuous.

5. Places and areas are shown in the index in BLUE TYPE and the map reference is to the actual map square in which the town centre or area is located and not to the place name shown on the map;
   e.g. ALDERNEY..........**4G 39**

6. An example of a selected place of interest is **Bournemouth Aviation Mus.**..........**4E 27**

7. An example of a station is **Branksome Station (Rail)**..........**3B 58**

8. An example of a junction name or service area is **ALDERNEY RDBT.**..........**3H 39**

9. An example of a Hospital, Hospice or selected Healthcare facility is **ALDERNEY HOSPITAL**..........**4G 39**

10. Map references for entries that appear on large scale page **4** & **5** are shown first, with small scale map references shown in brackets; e.g.
    Adelaide La. BH1: Bour..........**3H 5 (4H 59)**

GENERAL ABBREVIATIONS

App. : Approach	**Flds.** : Fields	**Nth.** : North
Arc. : Arcade	**Gdn.** : Garden	**Pde.** : Parade
Av. : Avenue	**Gdns.** : Gardens	**Pk.** : Park
Blvd. : Boulevard	**Gth.** : Garth	**Pas.** : Passage
Bri. : Bridge	**Ga.** : Gate	**Pl.** : Place
Bldgs. : Buildings	**Gt.** : Great	**Ri.** : Rise
Bus. : Business	**Grn.** : Green	**Rd.** : Road
Cvn. : Caravan	**Gro.** : Grove	**Rdbt.** : Roundabout
Cen. : Centre	**Hgts.** : Heights	**Shop.** : Shopping
Circ. : Circle	**Ho.** : House	**Sth.** : South
Cl. : Close	**Ind.** : Industrial	**Sq.** : Square
Cnr. : Corner	**Info.** : Information	**St.** : Street
Cott. : Cottage	**La.** : Lane	**Ter.** : Terrace
Cotts. : Cottages	**Lit.** : Little	**Trad.** : Trading
Ct. : Court	**Lwr.** : Lower	**Up.** : Upper
Cres. : Crescent	**Mnr.** : Manor	**Vw.** : View
Cft. : Croft	**Mkt.** : Market	**Vs.** : Villas
Dr. : Drive	**Mdw.** : Meadow	**Vis.** : Visitors
E. : East	**Mdws.** : Meadows	**Wlk.** : Walk
Ent. : Enterprise	**M.** : Mews	**W.** : West
Est. : Estate	**Mt.** : Mount	**Yd.** : Yard
Fld. : Field	**Mus.** : Museum	

LOCALITY ABBREVIATIONS

Ashington: BH21 ....A'ton	**Friars Cliff:** BH23 ....Fri C	**Pennington:** SO41 ....Penn
Ashley Heath: BH24 ....Ashl H	**Hampreston:** BH21 ....Hamp	**Picket Hill:** BH24 ....Pic H
Ashley: BH24, BH25 ....Ashy	**Hamworthy:** BH15, BH16 ....Hamw	**Pilley:** SO41 ....Pil
Avon: BH23 ....Avon	**Hangersley:** BH24 ....Hang	**Poole:** BH12, BH13, BH14, BH15, BH17 ....Poole
Barton on Sea: BH25 ....B Sea	**Hayes:** BH21 ....Hayes	**Portmore:** SO41 ....Portm
Bashley: BH25 ....Bash	**Highcliffe:** BH23 ....Highc	**Poulner:** BH24 ....Poul
Beacon Hill: BH16 ....Bea H	**Hightown:** BH24 ....Hight	**Ringwood:** BH24 ....Ring
Blashford: BH24 ....Blas	**Hillbutts:** BH21 ....Hill	**Rockford:** BH24 ....Rock
Bockhampton: BH23 ....Bock	**Hinton:** BH23 ....Hin	**Sandbanks:** BH13 ....S'bks
Boldre: SO41 ....Bold	**Holt:** BH21 ....Holt	**Shirley:** BH23 ....Shir
Bournemouth Airport: BH23 ....Bour A	**Hordle:** BH25, SO41 ....Hor	**St Ives:** BH24 ....St I
Bournemouth: BH1, BH2, BH3, BH4, BH5, BH6, BH7,	**Hurn:** BH23 ....Hurn	**St Leonards:** BH24 ....St L
BH8, BH9, BH10, BH11 ....Bour	**Ibsley:** BH24 ....Ibsl	**Staplehill:** BH21 ....Stap
Bransgore: BH23 ....Bran	**Keyhaven:** SO41 ....Key	**Sutton:** BH21 ....Sutt
Broadstone: BH17, BH18 ....Broad	**Kingston:** BH21 ....Kgstn	**Sway:** SO41 ....Sway
Brockenhurst: SO42 ....Broc	**Linford:** BH24 ....Linf	**Thorney Hill:** BH23 ....Thorn
Broom Hill: BH21 ....Bro H	**Little Canford:** BH21 ....Lit C	**Three Legged Cross:** BH21 ....Thr C
Burton: BH23 ....Burt	**Longham:** BH21, BH22 ....Long	**Tiptoe:** SO41 ....Tip
Canford Magna: BH21 ....Can M	**Lymington:** SO41 ....Lymi	**Upton:** BH16, BH17 ....Upton
Christchurch: BH23 ....Chri	**Lymore:** SO41 ....Lymo	**Verwood:** BH31 ....Ver
Colehill: BH21 ....Cole	**Lyndhurst:** SO43 ....Lynd	**Walhampton:** SO41 ....Wal
Corfe Mullen: BH21 ....Cor M	**Matchams:** BH24 ....Match	**Walkford:** BH23 ....Walk
Cowgrove: BH21 ....Cowg	**Merley:** BH21 ....Mer	**Waterditch:** BH23 ....Wat
Crow: BH24 ....Crow	**Milford on Sea:** SO41 ....M Sea	**West Moors:** BH21, BH22 ....W Moo
Downton: SO41 ....Down	**Mudeford:** BH23 ....Mude	**West Parley:** BH22 ....W Par
East Parley: BH23 ....E Par	**Neacroft:** BH23 ....Nea	**Wimborne Minster:** BH21 ....W Min
Ellingham: BH24 ....Ell	**New Milton:** BH25 ....New M	**Winkton:** BH23 ....Wink
Everton: SO41 ....Ever	**Ossemsley:** BH23, BH25 ....Oss	**Woolsbridge:** BH21 ....Wool
Ferndown: BH21, BH22 ....Fern	**Pamphill:** BH21 ....Pamp	**Wootton:** BH25 ....Woot

---

1

49 ALUMHURST ROAD 5D 58

A

Aaron Cl. BH17: Poole 6D 38
Abbey Gdns. BH21: Stap 4D 16
Abbey Rd. BH22: W Moo 1E 19

Abbots Brook SO41: Lymi 3H 53
Abbotsbury Rd. BH18: Broad 6E 21
Abbots Cl. BH23: Highc 6H 47
Abbott Cl. BH9: Bour 5A 42
Abbott Rd. BH9: Bour 5A 42
Abbotts Way BH22: W Moo 1E 19
Aberdare Rd. BH10: Bour 2G 41
Abingdon Dr. BH23: Highc 5C 48
Abingdon Rd. BH17: Poole 5B 38

Abinger Rd. BH7: Bour 1G 61
Abney Rd. BH10: Bour 2F 41
Acacia Av. BH31: Ver 5G 7
Acacia Rd. SO41: Hor 1D 50
Acland Rd. BH9: Bour 5B 42
Acorn Av. BH15: Poole 5B 56
Acorn Bus. Pk. BH12: Poole 5F 39
Acorn Cl. BH23: Chri 5D 44
Acorn Cl. BH24: St L 4A 12

Acorn Cl. BH25: Ashy 1A 50
Acorns, The BH21: Hayes 5A 16
Acorns, The BH24: St L 1F 19
Acorn Way BH31: Ver 3E 7
Acres Rd. BH11: Bour 3D 40
Acton Rd. BH10: Bour 4D 40
Adams Ct. BH5: Bour 3F 61
...... (off Hawkwood Rd.)
Adamsfield Gdns. BH10: Bour 3E 41
Adastral Rd. BH17: Poole 4C 38
Adastral Sq. BH17: Poole 5D 38
Addington Ct. SO41: M Sea 2D 66
Addington Pl. BH23: Chri 1H 63
Addiscombe Rd. BH23: Chri 6E 45
Addison Rd. SO42: Broc 4E 73
Addison Sq. BH24: Ring 4D 8
Adelaide Cl. BH3: Bour 5D 44
Adelaide La. BH1: Bour 3H 5 (4H 59)
Adeline Rd. BH5: Bour 3E 61
Adelphi Ct. BH1: Bour 4D 60
Adlam's La. SO41: Sway 1D 32
Admiral Pl. BH23: Wink 1G 45
Admirals Ct. SO41: Lymi 1H 53
Admirals Point BH6: Bour 4C 62
Admirals Wlk. BH2: Bour 5F 59
Admiralty Rd. BH6: Bour 4D 62
Adventure Wonderland 4D 26
Aerodrome Way BH23: Chri 6B 46
AFC Bournemouth 1E 61
Agars La. SO41: Sway 5E 33
Agarton La. SO41: Lymo 1F 67
Aggis Farm BH31: Ver 3C 6
Ainslie Pl. SO41: Lymi 1H 53
Aireton's Cl. BH18: Broad 2A 38
Airfield Ind. Est. BH23: Chri 6C 46
Airfield Rd. BH23: Chri 1B 64
Airfield Way BH23: Chri 6B 46
Airspeed Rd. BH23: Chri 6D 46
Akeshill Cl. BH25: New M 6H 31
Alan Ct. BH23: Highc 6B 48
Albany BH1: Bour 4C 60
Albany Cl. BH25: B Sea 4F 49
Albany Ct. BH2: Bour 2H 5 (3H 59)
...... (off Wimborne Rd.)
Albany Dr. BH21: Thr C 2A 10
Albany Gdns. BH15: Hamw 5F 55
Albany Pk. BH17: Poole 5H 37
Albemarle Rd. BH3: Bour 6H 41
Albercourt Rd. BH12: Poole 3F 61
Albert Rd. BH1: Bour 3G 5 (4H 59)
Albert Rd. BH12: Poole 2H 57
Albert Rd. BH21: Cor M 6C 20
Albert Rd. BH23: Burt 4A 18
Albert Rd. BH25: New M 2F 49
Albion Cl. BH12: Poole 6F 39
Albion Rd. BH23: Chri 4D 44
Albion Way BH31: Ver 3B 6
Alby Rd. BH12: Poole 2B 58
Alcester Rd. BH12: Poole 1H 57
Aldbury Ct. BH25: B Sea 6G 49
Alder Cl. BH23: Burt 4H 45
Alder Cres. BH12: Poole 6B 40
Alder Hills BH12: Poole 1C 58
Alder Hills BH12: Poole 6C 40
Alder Hills Ind. Pk. BH12: Poole 6B 40
Alder Hills Nature Reserve 6C 40
Alderley Rd. BH10: Bour 1F 41
ALDERNEY 4G 39
Alderney Av. BH12: Poole 4G 39
ALDERNEY HOSPITAL 4G 39
ALDERNEY RDBT. 3H 39
Alder Pk. BH12: Poole 6C 40
Alder Rd. BH12: Poole 2A 58
Alders Ga. Way BH12: Poole 6F 39
Aldis Gdns. BH15: Hamw 5E 55
Aldridge Rd. BH10: Bour 1E 41
Aldridge Rd. BH22: Fern 6C 18
Aldridge Way BH22: Fern 6D 18
Alexander Cl. BH23: Chri 1A 64
Alexander Cl. BH25: New M 2G 49
Alexander Gdns. BH9: Bour 4A 42
Alexandra Lodge BH1: Bour 4A 60
Alexandra M. BH14: Poole 3H 57
Alexandra M. SO41: Lymi 6F 35
Alexandra Rd. BH14: Poole 3G 57
Alexandra Rd. BH6: Bour 2A 62
Alexandra Rd. SO41: Lymi 1E 53
Alexandria Ct. BH22: W Par 6B 18
Alford Rd. BH3: Bour 6F 41
Alington Cl. BH25: New M 2G 69
Alington Rd. BH14: Poole 2G 69
Alington Rd. BH3: Bour 1A 60
Alipore Cl. BH14: Poole 4H 57
Allenby Cl. BH17: Poole 3H 37
Allenby Rd. BH17: Poole 4H 37

Allen Ct. BH21: W Min 4E 15
Allen Rd. BH21: W Min 5E 15
Allens, The BH12: Poole 2D 58
Allens La. BH16: Hamw 2D 54
Allens Rd. BH16: Upton 1C 54
Allenview Rd. BH21: W Min 3E 15
Allington BH4: Bour 4E 59
...... (off Marlborough Rd.)
Alliss Ct. BH21: W Min 6C 18
All Saints Rd. SO41: Lymi 3G 53
Almansa Way SO41: Lymi 1H 53
Alma Rd. BH9: Bour 6H 41
Almer Rd. BH15: Hamw 4E 55
Almond Gro. BH12: Poole 6H 39
Alpha Cen., The BH17: Poole 6G 37
Alpine Rd. BH24: Match 6E 13
Alsafa Hgts. BH4: Bour 4E 59
...... (off Alumhurst Rd.)
Altitude BH15: Poole 4B 56
Alton Rd. BH10: Bour 4D 40
Alton Rd. BH14: Poole 4F 57
Alton Rd. E. BH14: Poole 5H 57
Alum Chine 6E 59
Alum Chine Rd. BH4: Bour 4D 58
Alumdale Rd. BH4: Bour 5D 58
Alumhurst Rd. BH4: Bour 4D 58
Alvandi Gdns. BH25: New M 2H 49
Alverton Av. BH15: Poole 4C 56
Alverton Ct. BH2: Bour 2H 59
...... (off Wimborne Rd.)
Alverton Hall BH4: Bour 5E 59
...... (off W. Cliff Rd.)
Alyth Rd. BH3: Bour 1E 59
Amari Ct. BH4: Bour 5F 59
Amarone BH4: Bour 3D 58
Ambassador Cl. BH23: Mude 1C 64
Ambassador Ind. Est. BH23: Chri 1C 64
Amber Ct. BH1: Bour 3D 60
Amberley Cl. BH23: Highc 5G 47
Amberley Ct. BH1: Bour 4A 60
Amber Rd. BH21: Cor M 1C 36
Amberwood BH22: Fern 3C 18
Amberwood SO41: Down 2B 66
Amberwood Dr. BH23: Walk 3H 47
Amberwood Gdns. BH23: Walk 3A 48
Amberwood Lodge BH22: Fern 4B 18
Ambleside BH23: Chri 2B 44
Ambleside Cl. BH18: Broad 3A 38
Ambleside Rd. SO41: Lymi 2G 53
Ambrose Cnr. SO41: Lymi 5F 35
Ambury La. BH23: Chri 5A 46
Amersham Ct. BH4: Bour 4E 59
...... (off Marlborough Rd.)
Amesbury Rd. BH6: Bour 1A 62
Amethyst Rd. BH23: Chri 6B 46
AMEYSFORD 6A 10
Ameysford Rd. BH22: Fern 6A 10
...... (not continuous)
Ameys La. BH22: Fern 2D 18
Amira Ct. BH2: Bour 3E 5 (4G 59)
Ampfield Rd. BH8: Bour 2D 42
Ampress La. SO41: Bold 5F 35
Ampress Pk. SO41: Bold 4F 35
Amsterdam Sq. BH23: Chri 1G 63
Anchorage, The BH23: Mude 2D 64
Anchorage Way SO41: Lymi 2F 53
Anchor Cl. BH11: Bour 6B 24
...... (not continuous)
Anchor Cl. BH23: Mude 2C 64
Anchor M. SO41: Lymi 1G 53
Anchor Rd. BH11: Bour 6B 24
Ancrum Lodge BH13: Poole 4D 58
Andbourne Ct. BH6: Bour 4D 62
Anderwood Dr. SO41: Sway 1F 33
Andover Ct. BH23: Chri 6D 46
Andover Lodge BH15: Poole 4D 56
Andrew La. BH25: Ashy 3B 50
Andrews Cl. BH11: Bour 2C 40
Andrews Lodge SO41: Lymi 6F 35
Androse Gdns. BH24: Ring 5B 8
Angeline Cl. BH23: Highc 5H 47
Angel La. BH22: Fern 6H 17
Angel La. BH25: New M 4A 50
Angel M. BH15: Poole 4A 4 (5H 55)
...... (off St Aubyn's Ct.)
Anglia Ct. BH2: Bour 4E 5 (4G 59)
...... (off Norwich Rd.)
Anjou Cl. BH11: Bour 6H 23
Anne Cl. BH23: Chri 4E 45
Annerley Rd. BH1: Bour 3C 60
Annet Cl. BH15: Hamw 5E 55
Anson Cl. BH23: Mude 1B 64
Anson Cl. BH24: Poul 3E 9
Anstey Cl. BH11: Bour 5C 24
Anstey Rd. BH11: Bour 6C 24

Anthony's Av. BH14: Poole 1F 69
Antler Dr. BH25: New M 1E 49
Anvil Cres. BH18: Broad 6E 21
Apollo Cl. BH17: Poole 6H 39
Apple Cl. BH12: Poole 3C 58
Apple Court Gdn. 4E 51
Apple Gro. BH23: Chri 3C 44
Applemore Ho. SO41: Lymi 1G 53
Appleslade Way BH25: New M 6H 31
Appletree Cl. BH25: New M 4G 49
Appletree Ct. BH6: Bour 2A 62
Apple Tree Gdns. BH23: Walk 3A 48
Apple Tree Gro. BH22: Fern 3C 18
Approach Rd. BH14: Poole 4F 57
April Cl. BH11: Bour 1C 40
April Ct. BH11: Bour 1C 40
Apsley Ct. BH8: Bour 4D 60
...... (off Wellington Rd.)
Apsley Cres. BH17: Poole 4H 37
Aqua BH15: Poole 2A 4 (4H 55)
Aquarius BH12: Poole 5F 5 (5G 59)
Aragon Way BH9: Bour 1B 42
Arcade, The BH1: Bour 4H 5 (4H 59)
Arcadia Av. BH8: Bour 6B 42
Arcadia Rd. BH23: Chri 4D 44
Archdale Cl. BH10: Bour 3F 41
Archgate SO41: Lymi 1G 53
Archway Rd. BH14: Poole 3A 58
Arden Rd. BH9: Bour 2H 41
Arden Wlk. BH25: New M 3H 49
Ardmore Rd. BH14: Poole 3F 57
Arena Bus. Pk. BH17: Poole 5H 37
Arena Way BH21: Mer 4F 23
Argyle Rd. BH23: Mude 2A 64
Argyll Rd. BH12: Poole 1H 57
Argyll Rd. BH5: Bour 3E 61
Ariel Cl. BH6: Bour 3F 63
Ariel Dr. BH6: Bour 3F 63
Ark Dr. BH22: Fern 6D 18
Arley Rd. BH14: Poole 5E 57
Arlington Ct. BH25: B Sea 5H 49
Arlington Ho. BH4: Bour 4F 59
...... (off Clarendon Rd.)
Armstrong Cl. SO42: Broc 3D 72
Armstrong La. SO42: Broc 3D 72
Armstrong Rd. SO42: Broc 3D 72
Arncott Hall BH2: Bour 4F 59
Arne Av. BH12: Poole 6A 40
Arne Ct. BH12: Poole 6H 39
Arne Cres. BH12: Poole 6A 40
Arne Vw. Cl. BH16: Upton 6B 36
Arnewood Bri. Rd. SO41: Sway 4C 32
Arnewood Rd. SO41: Tip 4C 32
Arnewood Ct. BH2: Bour 5E 5 (5G 59)
Arnewood Rd. BH6: Bour 3A 62
Arnold Cl. BH22: W Moo 4C 10
Arnold Rd. BH22: W Moo 4C 10
Arnolds Cl. BH25: B Sea 5F 49
Arnwood Dr. BH23: Bran 3B 28
Arran Way BH23: Walk 4B 48
Arrowsmith Ct. BH18: Broad 1G 37
...... (off Station Rd.)
Arrowsmith La. BH21: Mer 4C 22
Arrowsmith Rd. BH21: Mer 6B 22
Arthur Cl. BH2: Bour 2H 59
Arthur La. BH23: Chri 6E 45
Arthur Rd. BH23: Chri 6E 45
Arts University College at Bournemouth, The 5E 41
ArtSway 2F 33
Arundel Cl. BH25: New M 2E 49
Arundel Way BH23: Highc 6H 47
Ascham Rd. BH8: Bour 2B 60
Ascot Rd. BH18: Broad 1G 37
Ashbourne Ct. BH1: Bour 4A 60
...... (off Lorne Pk. Rd.)
Ashbourne Rd. BH5: Bour 2H 61
Ashburn Gth. BH24: Hight 5F 9
Ashburton Gdns. BH10: Bour 4F 41
Ashburton Rd. BH16: Upton 5B 36
Ashdene BH21: W Min 4F 15
Ashdown BH2: Bour 5F 59
Ashdown Cl. BH17: Poole 4D 38
Ashdown Wlk. BH25: New M 3A 50
Ashford Rd. BH6: Bour 6B 44
Ash Gdns. BH15: Hamw 4E 55
Ash Gro. BH24: Ring 4E 9
Ash Gro. SO41: Ever 5H 51
ASHINGTON 2G 21
Ashington Gdns. BH21: A'ton 3F 21
Ashington La. BH21: A'ton 1G 21
Ashington Pk. BH25: New M 4H 49
Ashleigh BH23: Highc 5H 47
Ashleigh Cross Green 3F 57
...... (off Commercial Road)
Ashleigh Ri. BH10: Bour 3F 41

Ashlet Gdns. BH25: Ashy..................................1B 50
ASHLEY...1B 50
ASHLEY...2F 13
Ashley Arnewood Ct. BH25: New M............3H 49
Ashley Cl. BH1: Bour..................................1E 61
Ashley Cl. BH24: Hight................................5F 9
Ashley Comn. Rd. BH25: Ashy.....................6A 32
Ashley Ct. BH22: W Moo.............................1E 19
Ashley Dr. Nth. BH24: Ashl H......................1B 12
....(not continuous)
Ashley Dr. Sth. BH24: Ashl H.......................2B 12
Ashley Dr. W. BH24: Ashl H.........................2B 12
ASHLEY HEATH.......................................2A 12
Ashley Heath Ind. Est. BH21: Wool...............1F 11
Ashley La. BH25: Ashy.................................2B 50
Ashley La. BH25: Hor..................................2B 50
Ashley La. SO41: Hor..................................1C 50
Ashley La. SO41: Lymi................................2G 53
Ashley Meads BH25: Ashy............................1B 50
Ashley Pk. BH24: Ashl H..............................1C 12
Ashley Rd. BH1: Bour.................................1E 61
Ashley Rd. BH14: Poole..............................2F 57
Ashley Rd. BH25: Ashy................................3H 49
Ashley Rd. BH25: New M.............................3H 49
Ashling Cl. BH8: Bour.................................5C 42
Ashling Cres. BH8: Bour..............................5B 42
Ashmeads Cl. BH21: Cole............................3A 16
Ashmeads Way BH21: Cole..........................3A 16
Ashmede BH4: Bour...................................5E 59
Ashmore BH21: W Min.................................5F 15
Ashmore Av. BH15: Hamw............................6F 55
Ashmore Av. BH25: B Sea.............................5H 49
Ashmore Cres. BH15: Hamw..........................6F 55
Ashmore Gro. BH23: Chri.............................4G 47
Ashridge Av. BH10: Bour..............................6F 25
Ashridge Gdns. BH10: Bour...........................6F 25
Ashridge Pde. BH10: Bour.............................6F 25
Ashstead Gdns. BH8: Bour............................2C 42
Ashton Ct. BH13: Poole................................5C 58
Ashton Rd. BH9: Bour..................................3H 41
Ashtree Cl. BH25: Ashy................................3B 50
Ashtree Mdws. BH23: Chri............................1H 63
Ashurst Rd. BH22: W Moo.............................4C 10
Ashurst Rd. BH8: Bour.................................2D 42
Ashwood Dr. BH18: Broad............................1A 38
Aspen Dr. BH31: Ver.....................................3F 7
Aspen Gdns. BH12: Poole.............................5B 40
Aspen Pl. BH25: New M................................4H 49
Aspen Rd. BH12: Poole................................6B 40
Aspen Way BH12: Poole...............................6B 40
Asperand Ho. BH12: Poole...........................3B 58
Asquith Cl. BH23: Chri..................................2H 63
Astbury Av. BH12: Poole..............................5B 40
Aston Mead BH23: Chri................................1C 44
Aston Way BH12: Poole................................4F 39
Athelney Ct. BH1: Bour.................................4B 60
Athelstan Ct. SO41: Lymi..............................2F 53
Athelstan Rd. BH6: Bour...............................2C 62
Atkinson Cl. BH25: B Sea..............................5G 49
Atlas Ho. BH15: Poole....................4C 4 (5A 56)
....(off Globe La.)
Atrium, The BH22: Fern.................................2C 18
Aubrey Cl. SO41: M Sea...............................3F 67
Auburn Mans. BH12: Poole...........................3D 58
Auckland Av. SO42: Broc..............................3F 73
Auckland Pl. SO42: Broc...............................3E 73
Auckland Rd. BH23: Chri...............................6E 47
Audemer Ct. BH24: Poul.................................3E 9
Austen Av. BH10: Bour..................................5F 25
Auster Cl. BH23: Mude.................................6D 46
Austin Av. BH14: Poole.................................6F 57
Austin Cl. BH1: Bour.....................................2D 60
Austin Pk. BH24: Ring.....................................5C 8
Autumn Cl. BH22: Fern..................................2H 17
Autumn Copse BH25: Ashy.............................3B 50
Autumn Rd. BH11: Bour................................2H 39
Avalon BH14: Poole......................................1G 69
Avebury Av. BH10: Bour................................5G 25
Avenel Way BH15: Poole.................4D 4 (5B 56)
....(not continuous)
Avenue, The BH13: Poole...............................1C 70
Avenue, The BH22: W Moo............................4B 10
Avenue, The BH24: St L.................................1F 19
Avenue, The BH9: Bour.................................3H 41
Avenue Cl. BH13: Poole................................4C 58
Avenue La. BH2: Bour.......................4F 5 (4G 59)
Avenue Rd. BH2: Bour......................4E 5 (4G 59)
Avenue Rd. BH21: W Min...............................5F 15
Avenue Rd. BH23: Chri..................................6D 44
Avenue Rd. BH23: Walk..................................4C 48
Avenue Rd. BH25: New M..............................2G 49
Avenue Rd. SO41: Lymi.................................1F 53
Avenue Rd. SO42: Broc.................................3E 73
Avenue Shop. Cen., The.................3F 5 (4G 59)
Aviation Bus. Pk. BH23: Bour A.......................2D 26

Aviation Pk. BH23: Bour A..............................2F 27
Aviation Pk. W. BH23: Bour A.........................2D 26
Aviation Way BH23: Bour A............................2D 26
Avon Av. BH24: Ashy.....................................4F 13
Avon Bldgs. BH23: Chri..................................6F 45
AVON CASTLE...3F 13
Avon Castle Dr. BH24: Ashy...........................3F 13
Avon Causeway BH24: Ashy...........................4H 27
Avon Causeway BH23: Hurn...........................4H 27
Avoncliffe Rd. BH6: Bour................................4B 62
Avon Cl. BH8: Bour.......................................1D 60
Avon Cl. SO41: Lymi....................................2E 53
Avon Ct. BH12: Poole...................................3C 58
Avon Ctyd. BH8: Bour...................................1C 60
Avon Gdns. BH23: Bran................................2D 28
Avon Gdns. BH8: Bour..................................1C 60
Avon Heath Country Pk. North........................3C 12
Avon Heath Country Pk. South........................6D 12
Avon Ho. BH2: Bour.........................6E 5 (5G 59)
Avon Lodge BH6: Bour..................................2H 61
Avon M. BH8: Bour.......................................1C 60
Avon Pk. BH24: Ashy....................................1F 13
Avon Rd. BH22: W Moo.................................6C 10
Avon Rd. BH8: Bour......................................1C 60
Avon Rd. E. BH23: Chri.................................5E 45
Avon Rd. W. BH23: Chri................................5D 44
Avon Run Cl. BH23: Fri C..............................2D 64
Avon Run Rd. BH23: Fri C.............................2D 64
Avons, The BH8: Bour...................................1D 60
....(off Avon Cl.)
Avonside Ct. BH24: Ring...................................6C 8
Avon Trad. Pk. BH23: Chri............................5F 45
Avon Vw. Pde. BH23: Burt..............................2G 45
Avon Vw. Rd. BH23: Burt...............................2G 45
Avon Wlk. BH8: Bour....................................1C 60
Avon Wharf BH23: Chri.................................1G 63
Award Rd. BH21: Stap...................................4F 17
Axford Cl. BH8: Bour.....................................2E 43
Aylesbury Rd. BH1: Bour...............................3D 60
Aysha Cl. BH25: New M................................4H 49
Azalea Cl. BH24: St I....................................2C 12
Azalea Pk. BH4: Bour....................................5E 59
Aztec Cen. BH17: Poole................................5B 38
Azura Cl. BH21: Wool....................................1F 11

B

Back La. BH24: Hight......................................4G 9
Back La. SO41: Sway.....................................1G 33
Badbury Cl. BH18: Broad...............................4F 15
Badbury Vw. BH21: W Min.............................3D 20
Badbury Vw. Rd. BH21: Cor M........................3D 20
Baden Cl. BH25: New M................................4H 49
Bader Rd. BH17: Poole..................................5C 38
Badgers Cl. BH24: Ashl H.............................2B 12
Badgers Cl. SO41: Sway...............................1G 33
Badgers Copse BH25: New M........................5A 32
Badgers Wlk. BH10: Bour..............................1F 41
Badgers Wlk. BH22: Fern..............................2C 18
Badger Way BH31: Ver...................................4D 6
Bailey Cl. BH25: Ashy...................................1B 50
Bailey Ct. BH8: Bour....................................1B 60
Bailey Cres. BH15: Poole..............................6A 38
Bailey Dr. BH23: Chri...................................6D 44
Baillie Pk. BH13: Poole.................................5C 58
Baiter Gdns. BH15: Poole...............5C 4 (6A 56)
Baker Rd. BH11: Bour...................................6B 24
Bakers Farm Rd. BH31: Ver...........................2C 6
Bakers Vw. BH21: Cor M...............................5D 20
Balcombe Rd. BH13: Poole............................4C 58
Baldwin Cl. BH23: Chri..................................1H 63
Balena Cl. BH17: Poole.................................5G 37
Balfour Cl. BH23: Chri....................................5F 47
Balfour Rd. BH9: Bour...................................4H 41
Ballam Cl. BH16: Upton.................................6C 36
Ballam Gro. BH12: Poole...............................5H 39
Ballard Cl. BH15: Poole...................5C 4 (6A 56)
Ballard Cl. BH25: New M...............................1H 49
Ballard Rd. BH15: Poole...................5C 4 (6A 56)
Ballards Pas. BH15: Poole...............4B 4 (5A 56)
Ball La. BH15: Poole........................5B 4 (6A 56)
....(off The Quay)
BALMERLAWN...2G 73
Balmer Lawn Rd. SO42: Broc........................1F 73
Balmoral Av. BH8: Bour.................................4E 43
Balmoral Ct. BH5: Bour.................................3E 61
Balmoral Ho. BH2: Bour................................2F 59
Balmoral Rd. BH14: Poole.............................4G 57
Balmoral Wlk. BH25: New M...........................2F 49
Balston Rd. BH14: Poole................................1E 57
Balston Ter. BH15: Poole...................4A 4 (5H 55)
Banbury Rd. BH17: Poole...............................6A 38
Bank Chambers BH14: Poole.........................3A 58
....(off Penn Hill Av.)
Bank Cl. BH23: Chri......................................1F 63

Bankes Rd. BH21: W Min...............................6F 15
Bankhill Dr. SO41: Lymi.................................6F 35
Bank Pde. BH12: Poole.................................4C 40
Bankside SO41: Lymi.....................................5F 35
Bankside Cl. BH23: Highc..............................5A 48
Bankside Rd. BH9: Bour................................2A 42
Banks Rd. BH13: S'bks..................................6F 69
Bankview SO41: Lymi....................................5F 35
Banstead Rd. BH18: Broad............................6G 21
Barberry Way BH31: Ver.................................4G 7
Barbers Ga. BH15: Poole..................5A 4 (6H 55)
Barbers Piles BH15: Poole................5A 4 (6H 55)
....(off West Quay Rd.)
Barbers Wharf BH15: Poole...............5A 4 (6H 55)
....(off The Quay)
Barclay Mans. BH2: Bour...................1H 5 (2H 59)
Barfields SO41: Lymi.....................................1G 53
Barfields Ct. SO41: Lymi................................1G 53
Bargates BH23: Chri......................................6E 45
Barham Cl. BH1: Bour...................................2E 61
Baring Rd. BH6: Bour....................................3E 63
Barlands Cl. BH23: Burt.................................6A 36
Barn Cl. BH16: Upton....................................2F 41
Barnes Cl. BH10: Bour..................................2F 41
Barnes Cres. BH10: Bour...............................2F 41
Barnes Cres. BH21: W Min............................5G 15
Barnes La. SO41: Down.................................4E 51
Barnes La. SO41: Hor...................................4E 51
Barnes La. SO41: M Sea...............................4E 51
Barnes Rd. BH10: Bour.................................2F 41
Barnfield BH23: Chri......................................5F 47
Barn Rd. BH18: Broad...................................2H 37
Barnsfield Rd. BH24: Match..........................5C 12
Barons Ct. BH22: Fern..................................3E 19
Barons Rd. BH12: Poole................................3D 58
Baronsmede BH2: Bour.................................3F 59
Barrack Rd. BH11: Bour.................................5H 23
Barrack Rd. BH23: Chri.................................2H 41
Barrie Rd. BH9: Bour....................................2F 41
Barrington Ct. BH3: Bour...............................6F 41
Barrington Theatre...4B 18
....(off Penny's Wlk.)
Barrow Dr. BH8: Bour....................................3F 43
Barrowgate Rd. BH8: Bour............................2C 42
Barrowgate Way BH8: Bour...........................2D 42
BARROW HILL...3F 21
Barrow Rd. BH8: Bour...................................3F 43
Barrows La. SO41: Sway...............................4F 33
Barrows M. BH24: Ring...................................5C 8
Barrow Vw. BH22: Fern.................................3H 17
Barrow Way BH22: Fern................................3F 43
Barrs Av. BH25: New M.................................1G 49
Barrs Wood Dr. BH25: New M........................1H 49
Barrs Wood Rd. BH25: New M.......................1H 49
Barry Gdns. BH18: Broad..............................6F 21
Barter Rd. BH12: Poole..................................6C 40
Barters La. BH18: Broad................................2F 37
Bartlett Dr. BH7: Bour....................................5H 43
Bartlett Way BH12: Poole...............................5G 39
Bartley Ct. BH21: W Min................................4D 14
Barton Chase BH25: B Sea............................6F 49
Barton Comn. La. BH25: B Sea......................5H 49
Barton Comn. Rd. BH25: B Sea......................5H 49
Barton Ct. Av. BH25: B Sea............................6F 49
Barton Ct. Rd. BH25: New M..........................4G 49
Barton Cft. BH25: B Sea................................6G 49
Barton Ct. BH25: B Sea..................................5F 49
Barton Grn. BH25: B Sea...............................6H 49
Barton Ho. BH25: B Sea................................5H 49
Barton La. BH25: B Sea.................................5D 48
Barton Lodge BH12: Poole............................2F 57
BARTON ON SEA...6E 49
Barton-on-Sea Golf Course...........................6A 50
Bartonside Rd. BH25: B Sea..........................5C 48
Barton Way BH25: B Sea...............................5F 49
Barton Wood Rd. BH25: B Sea.......................6E 49
Bascott Cl. BH11: Bour.................................4C 40
Bascott Rd. BH11: Bour................................4B 40
Basepoint Bus. Cen. BH23: Bour A................2C 26
BASHLEY..4G 31
Bashley Comn. Rd. BH25: Bash....................4G 31
Bashley Cross Rd. BH25: Bash......................6D 30
Bashley Dr. BH25: Bash.................................5H 31
Bashley Rd. BH25: Bash................................5H 31
Bassett Ho. BH1: Bour..................................3D 60
....(off Knyveton Rd.)
Bassett Rd. BH12: Poole................................1F 57
Batchelor Cres. BH11: Bour...........................2B 40
Batchelor Rd. BH11: Bour..............................2B 40
Batcombe Cl. BH11: Bour..............................2A 40
Bath Hill Cl. BH1: Bour......................4H 5 (4A 60)
BATH HILL RDBT...............................5H 5 (5A 60)
Bath Rd. BH1: Bour.......................................5H 59
Bath Rd. SO41: Lymi.....................................2H 53

Batstone Way BH22: Fern 3H **17**
Batten Cl. BH23: Chri 6H **45**
BATTRAMSLEY 1D **34**
BATTRAMSLEY CROSS 2E **35**
Baverstock Rd. BH12: Poole 5D **40**
Baxter Ct. BH10: Bour 4D **40**
Bay Cl. BH16: Upton 1B **54**
Bay Cl. BH21: Thr C 2A **10**
Bay Hog La. BH15: Poole 4A **4** (5H **55**)
Bays Ct. SO41: Penn 1E **53**
Bays Rd. SO41: Penn 1E **53**
Baytrees BH14: Poole 3E **57**
Bay Tree Way BH23: Chri 4F **47**
Bay Vw. BH25: New M 6C **48**
Bayview BH2: Bour 6E **5** (5G **59**)
Bay Vw. Gdns. BH2: Bour 6E **5** (5G **59**)
Bay Vw. M. BH2: Bour 5E **5** (5G **59**)
Beach Av. BH25: B Sea 6F **49**
Beach Cl. BH13: Poole 1C **70**
Beach Rd. BH13: Poole 1C **70**
Beach Rd. BH16: Upton 1A **54**
Beacon Cl. SO41: Ever 4H **51**
Beacon Dr. BH23: Highc 6H **47**
Beacon Gdns. BH18: Broad 2E **37**
BEACON HILL 3A **36**
Beacon Hill La. BH21: Cor M 2B **36**
Beacon Hill Touring Pk. BH16: Bea H ... 4B **36**
Beacon Pk. Cres. BH16: Upton 5A **36**
Beacon Pk. Rd. BH16: Upton 6A **36**
Beacon Rd. BH18: Broad 2D **36**
Beacon Rd. BH2: Bour 5F **5** (5G **59**)
Beaconsfield Rd. BH12: Poole 2H **57**
Beaconsfield Rd. BH23: Chri 6F **45**
Beacon Way BH18: Broad 2E **37**
Beamish Rd. BH17: Poole 5D **37**
BEAR CROSS 5B **24**
Bear Cross Av. BH11: Bour 5A **24**
BEAR CROSS RDBT. 5B **24**
BEARWOOD 6A **24**
Beatty Cl. BH24: Poul 3E **9**
Beatty Rd. BH9: Bour 4B **42**
Beauchamp Pl. BH23: Chri 6E **45**
Beauchamps Gdns. BH7: Bour 5G **43**
Beau Ct. BH25: New M 2G **49**
Beau Ct. BH4: Bour 4E **59**
 .... *(off Portarlington Rd.)*
Beaucroft La. BH21: Cole 3G **15**
Beaucroft Rd. BH21: Cole 3G **15**
Beaufort Cl. BH23: Chri 6D **46**
Beaufort Dr. BH21: W Min 4E **15**
Beaufort Ho. BH4: Bour 5E **59**
 .... *(off W. Cliff Rd.)*
Beaufort M. BH21: W Min 5D **14**
Beaufort Rd. BH6: Bour 2A **62**
Beaufoys Av. BH22: Fern 2A **18**
 .... *(not continuous)*
Beaufoys Cl. BH22: Fern 2A **18**
Beaufoys Ct. BH22: Fern 3A **18**
Beaulieu Av. BH23: Chri 6C **44**
Beaulieu Cl. BH25: New M 2E **49**
Beaulieu Gdns. Home Pk. BH23: Chri ... 6C **44**
Beaulieu Gdns. Retreat BH23: Chri 6C **44**
Beaulieu Rd. BH23: Chri 6C **44**
Beaulieu Rd. BH4: Bour 6D **58**
Beaumont Cl. BH5: Bour 3D **60**
Beaumont Rd. BH13: Poole 2A **70**
Beaver Ind. Est. BH23: Chri 1C **64**
BECKLEY 6C **30**
Beckley Copse BH23: Walk 3A **48**
Becton La. BH25: B Sea 4H **49**
Becton Mead BH25: B Sea 4H **49**
Bedale Way BH15: Poole 2D **56**
Bedford Cres. BH7: Bour 6A **44**
Bedford Rd. Nth. BH12: Poole 3G **39**
Bedford Rd. Sth. BH12: Poole 3G **39**
Beech Av. BH23: Chri 5B **44**
Beech Av. BH6: Bour 3A **62**
Beechbank Av. BH17: Broad 4E **37**
Beechbank Av. BH17: Poole 4E **37**
Beech Cl. BH18: Broad 1E **37**
Beech Cl. BH31: Ver 4C **6**
Beech Cl. SO41: Ever 5H **51**
Beech Ct. BH21: W Min 5G **15**
Beechcroft BH1: Bour 2H **59**
Beechcroft BH23: Highc 5H **47**
Beechcroft La. BH24: Ring 3D **8**
Beechcroft M. BH24: Ring 3D **8**
 .... *(off Beechcroft La.)*
Beechen La. SO43: Lynd 5G **71**
Beeches, The BH7: Bour 5G **43**
Beechey Rd. BH8: Bour 2A **60**

Beechfield BH4: Bour 4E **59**
 .... *(off Portarlington Rd.)*
Beech La. BH24: St L 5A **12**
Beechleigh Pl. BH24: Ring 3C **8**
 .... *(off Southampton Rd.)*
Beechwood BH1: Bour 2H **5** (3H **59**)
 .... *(off Dean Pk. Rd.)*
Beechwood Av. BH25: New M 1E **49**
Beechwood Av. BH5: Bour 3F **61**
Beech Wood Cl. BH18: Broad 2G **37**
Beechwood Ct. BH2: Bour 4F **5** (4G **59**)
Beechwood Gdns. BH5: Bour 3G **61**
Beechwood Lodge BH4: Bour 5E **59**
 .... *(off Portarlington Rd.)*
Beechwood Rd. BH22: W Moo 6D **10**
Belben Cl. BH12: Poole 3H **39**
Belben Rd. BH12: Poole 3G **39**
Belfield Rd. BH6: Bour 3E **63**
Belgrave Ct. BH1: Bour 4C **60**
Belgrave Rd. BH13: Poole 5C **58**
Belle Vue BH15: Poole 4B **56**
 .... *(off Mt. Pleasant Rd.)*
Belle Vue Cl. BH6: Bour 3B **62**
Belle Vue Cres. BH6: Bour 3D **62**
Belle Vue Gdns. BH6: Bour 3D **62**
Belle Vue Gro. BH22: W Moo 5D **10**
Belle Vue Mans. BH6: Bour 3C **62**
Belle Vue Rd. BH14: Poole 4C **62**
Belle Vue Rd. BH6: Bour 4G **57**
Belle Vue Rd. BH6: Bour 3B **62**
Belle Vue Wlk. BH22: W Par 1G **25**
Bellflower Cl. BH23: Chri 5D **46**
Bell Heather Cl. BH16: Upton 5B **36**
Bell La. BH15: Poole 5B **4** (6A **56**)
 .... *(off High St.)*
Bellmoor BH4: Bour 4F **59**
Belmont Av. BH8: Bour 3C **42**
Belmont Cl. BH31: Ver 4E **7**
Belmont Dr. SO41: Lymi 3H **53**
Belmont Rd. BH14: Poole 2G **57**
Belmont Rd. BH25: Ashy 1A **50**
Belmore La. SO41: Lymi 2F **53**
Belmore Rd. SO41: Lymi 2F **53**
Belmour Lodge BH4: Bour 4E **59**
 .... *(off Marlborough Rd.)*
Belvedere Rd. BH23: Chri 6E **45**
Belvedere Rd. BH3: Bour 1A **60**
Belvoir Pk. BH13: Poole 4D **58**
Bemister Rd. BH9: Bour 5A **42**
Benbow Cres. BH17: Poole 3A **40**
Benbridge Av. BH11: Bour 6B **24**
BENCH, THE 4H **71**
Bendigo Rd. BH23: Chri 5C **44**
Benellen Av. BH4: Bour 3E **59**
Benellen Gdns. BH4: Bour 3E **59**
Benellen Rd. BH4: Bour 3E **59**
Benellen Towers BH4: Bour 3E **59**
Bengal Rd. BH8: Bour 4G **41**
Benjamin Ct. BH1: Bour 3A **60**
Benjamin Rd. BH15: Hamw 5D **54**
Benmoor Rd. BH17: Poole 5G **37**
Benmore Cl. BH25: New M 3A **50**
Benmore Rd. BH9: Bour 4A **42**
Bennett Ho. BH4: Bour 4E **59**
 .... *(off Westbourne Cl.)*
Bennett Rd. BH8: Bour 1B **60**
Bennett's All. BH15: Poole 5A **4** (6H **55**)
 .... *(off Strand St.)*
Bennion Rd. BH10: Bour 2E **41**
Benridge Bus. Pk. BH17: Poole 5H **37**
Benridge Cl. BH18: Broad 2G **37**
Benson Cl. BH23: Bran 2D **28**
Benson Rd. BH17: Poole 6B **38**
Bentley Rd. BH9: Bour 2H **41**
Bentley Way SO41: Bold 5F **35**
Benton Ct. BH23: Chri 1D **62**
Bere Cl. BH17: Poole 3B **38**
Beresford Cl. BH12: Poole 1H **57**
Beresford Gdns. BH23: Chri 1A **64**
Beresford Rd. BH12: Poole 1H **57**
Beresford Rd. BH6: Bour 3H **61**
Beresford Rd. SO41: Lymi 1E **53**
Berkeley Av. BH12: Poole 5G **39**
Berkeley Cl. BH31: Ver 2C **6**
Berkeley Ct. BH1: Bour 3A **60**
 .... *(off Cavendish Rd.)*
Berkeley Ct. BH22: W Moo 5C **10**
Berkeley Mans. BH1: Bour 4C **60**
 .... *(off Christchurch Rd.)*
Berkeley Rd. BH3: Bour 6G **41**
Berkley Av. BH22: W Par 6B **18**
Berkley Mnr. BH13: Poole 3D **58**
Bermuda Ct. BH23: Highc 6A **48**
Bernards Cl. BH23: Chri 5C **44**
Berne Ct. BH1: Bour 5A **60**
Berrans Av. BH11: Bour 5C **24**

Berrans Ct. BH11: Bour 5C **24**
Berry Ct. BH9: Bour 5H **41**
Berryfield Rd. SO41: Hor 3E **51**
Berthia Ga. BH8: Bour 1D **60**
 .... *(off Holdenhurst Rd.)*
Bertram Rd. BH25: Ashy 1A **50**
Berwick Rd. BH3: Bour 1G **59**
Berwyn Ct. BH18: Broad 1G **37**
Bessborough Rd. BH3: Poole 2A **70**
Bessemer Cl. BH31: Ver 5G **7**
Beswick Av. BH10: Bour 3F **41**
Beswick Gdns. BH10: Bour 3G **41**
Bethany Cl. BH12: Poole 6C **40**
Bethany Ho. BH1: Bour 2D **60**
Bethia Cl. BH8: Bour 1D **60**
Bethia Rd. BH8: Bour 6D **42**
Betsy Cl. BH23: Bran 2D **28**
Betsy La. BH23: Bran 2D **28**
Bettiscombe Cl. BH17: Poole 3C **38**
Beverley Gdns. BH10: Bour 2F **41**
Beverley Grange BH4: Bour 4E **59**
 .... *(off Portarlington Rd.)*
Beverley Hall BH1: Bour 4C **60**
Bexington Cl. BH11: Bour 2A **40**
Bh2 Leisure 4G **5** (4H **59**)
BH Live Active Corfe Mullen 4D **20**
BH Live Active Pelhams 5E **25**
BH Live Active Queen's Pk. 1E **61**
Bianco BH1: Bour 4H **5** (4H **59**)
Bickerley, The BH24: Ring 4B **8**
 .... *(off Strides La.)*
Bickerley Gdns. BH24: Ring 5B **8**
Bickerley Grn. BH24: Ring 5B **8**
Bickerley Rd. BH24: Ring 4B **8**
Bickerley Ter. BH24: Ring 4B **8**
Bicknell Ct. BH4: Bour 4E **59**
 .... *(off Westbourne Cl.)*
Bicton Rd. BH11: Bour 2D **40**
Billington Pl. SO41: Penn 3F **53**
Bindon Cl. BH12: Poole 6A **40**
Bingham Av. BH14: Poole 2G **69**
Bingham Cl. BH23: Chri 6A **46**
Bingham Cl. BH31: Ver 5F **7**
Bingham Dr. BH31: Ver 5E **7**
Bingham Dr. SO41: Lymi 2G **53**
Bingham Rd. BH23: Chri 6A **46**
Bingham Rd. BH31: Ver 5E **7**
Bingham Rd. BH9: Bour 5A **42**
Binnie Rd. BH12: Poole 2A **58**
Birch Av. BH22: W Par 2H **25**
Birch Av. BH25: Bash 2G **45**
Birch Cl. BH14: Poole 5E **31**
Birch Cl. BH21: Cor M 4A **58**
Birch Cl. BH24: St L 5D **20**
Birch Copse BH17: Poole 4H **11**
Birchdale Rd. BH21: W Min 4G **37**
Birch Dr. BH8: Bour 4F **15**
Birch Grange BH15: Poole 3G **43**
Birch Gro. BH22: W Moo 6C **38**
Birch Gro. BH25: New M 5B **10**
Birch Rd. BH24: St L 4G **49**
Birch Wlk. BH22: Fern 3D **12**
Birchwood Cl. BH23: Chri 6D **18**
Birchwood M. BH14: Poole 5G **47**
Birchwood Pl. BH24: St L 4H **57**
Birchwood Rd. BH14: Poole 5H **11**
Birchwood Rd. BH16: Upton 4H **57**
Birchy Hill SO41: Sway 1B **54**
Birds Hill Gdns. BH15: Poole 2G **33**
Birds Hill Rd. BH15: Poole 4C **56**
Birkdale Ct. BH18: Broad 3C **56**
Birkdale Rd. BH18: Broad 6G **21**
Bishop Cl. BH12: Poole 6G **21**
Bishop Ct. BH24: Ring 6E **41**
Bishop Rd. BH9: Bour 4C **8**
Bishops Cl. BH31: Ver 5A **42**
Bishops Ct. BH18: Broad 6F **43**
Bitterne Way BH31: Ver 2G **37**
Bitterne Way SO41: Lymi 4E **7**
Blackberry La. BH23: Chri 3F **53**
Blackbird Cl. BH17: Poole 1B **64**
Blackbird Way BH23: Bran 5E **37**
Blackburn Rd. BH12: Poole 3E **29**
Blackbush Rd. SO41: M Sea 1F **57**
Blackfield La. BH22: W Moo 1B **66**
Blackfield Rd. BH8: Bour 4C **10**
Black Hill BH31: Ver 2D **42**
Black Moor Rd. BH31: Ver 3E **7**
Blacksmith Cl. BH21: Cor M 4G **7**
Blackthorn Cl. SO41: Penn 6D **20**
Blackthorn Way BH25: Ashy 3D **52**
Blackthorn Way BH31: Ver 1B **50**
BLACKWATER 4E **7**
Blackwater SO43: Lynd 1B **44**
 .... 1E **71**

Blackwater Dr. BH21: Mer 4B 22
Blair Av. BH14: Poole 3G 57
Blair Cl. BH25: New M 2E 49
Blake Dene Rd. BH14: Poole 6F 57
Blake Hill Av. BH14: Poole 6H 57
Blake Hill Cres. BH14: Poole 6G 57
Blake Ho. BH21: W Min 5F 15
Blandford Cl. BH15: Hamw 6F 55
Blandford Ct. SO41: M Sea 2D 66
Blandford Rd. BH15: Hamw 6G 55
Blandford Rd. BH16: Hamw 6C 36
Blandford Rd. BH16: Upton 6C 36
Blandford Rd. BH21: Cor M 2B 20
Blandford Rd. BH21: Hill 2A 14
Blandford Rd. BH21: Pamp 2A 14
Blaney Way BH21: Cor M 5C 20
BLASHFORD 1C 8
Blenheim BH13: Poole 4C 58
Blenheim Ct. BH23: Chri 5D 44
Blenheim Ct. BH4: Bour 4E 59
....(off Marlborough Rd.)
Blenheim Cres. SO41: Hor 1C 50
Blenheim Dr. BH23: Mude 1D 64
Bligh Cl. BH25: New M 2F 49
Blind La. BH21: W Min 3D 14
Bloomfield Av. BH9: Bour 3H 41
Bloomfield Pl. BH9: Bour 3H 41
Bloxworth Rd. BH12: Poole 5B 40
Bluebell Cl. BH23: Chri 5D 46
Bluebell Gdns. BH25: New M 2H 49
Bluebell La. BH17: Poole 4F 37
Blue Cedars BH22: W Moo 6C 10
Bluff, The BH10: Bour 1H 41
Blyth Cl. BH23: Chri 1B 44
Blythe Rd. BH21: Cor M 5D 20
Blythswood Ct. BH25: B Sea 4B 56
BMI THE HARBOUR HOSPITAL 2H 57
Bob Hann Cl. BH12: Poole 2B 70
Bodley Rd. BH13: Poole 3B 58
Bodorgan Rd. BH2: Bour 2G 5 (3H 59)
Bodowen Cl. BH23: Burt 3H 45
Bodowen Rd. BH23: Burt 3H 45
Bognor Rd. BH18: Broad 1F 37
BOLDRE 2F 35
Boldre Cl. BH23: Poole 6H 39
Boldre Cl. BH25: New M 5D 48
Boldre La. SO41: Bold 4F 35
Boleyn Cres. BH9: Bour 1C 42
Bolton Cl. BH6: Bour 4C 62
Bolton Cres. BH22: Fern 3E 19
Bolton Rd. BH6: Bour 4C 62
Boltons, The SO41: M Sea 3D 66
Bolton's Bench 3G 71
Bond Av. BH22: W Moo 1F 33
Bond Cl. SO41: Sway 2D 32
Bond Rd. BH15: Poole 2D 56
Bonham Rd. BH9: Bour 6H 41
Bonington Cl. BH23: Chri 5A 46
Bonita Ct. BH1: Bour 2E 61
Border Dr. BH16: Upton 2C 54
Border Rd. BH16: Upton 2C 54
Boreham Rd. BH6: Bour 2B 62
Borley Rd. BH17: Poole 5G 37
Borthwick La. BH1: Bour 2D 60
Borthwick Rd. BH1: Bour 2E 61
BOSCOMBE 3E 61
Boscombe Beach BH5: Bour 4E 61
Boscombe Bus Station 2E 61
Boscombe Cliff Rd. BH5: Bour 4E 61
Boscombe Gro. Rd. BH1: Bour 2D 60
....(not continuous)
Boscombe Overcliff Dr. BH5: Bour 4F 61
Boscombe Prom. BH5: Bour 4E 61
Boscombe Spa Grange BH5: Bour 3E 61
Boscombe Spa Rd. BH5: Bour 3D 60
Bosley Cl. BH23: Chri 3C 44
Bosley Way BH23: Chri 3C 44
Boston BH14: Poole 3F 57
Boston Lodge BH4: Bour 4E 59
....(off Marlborough Rd.)
Bosworth M. BH9: Bour 1B 42
Boulnois Av. BH14: Poole 4A 58
Boundary Dr. BH21: Cole 3F 15
Boundary La. BH24: Match 6H 11
Boundary La. BH24: St L 6H 11
Boundary Rd. BH10: Bour 5F 41
Boundary Rd. BH9: Bour 5F 41
BOUNDARY RDBT. 5F 41
Boundway SO41: Sway 2C 32
Bounty's La. BH12: Poole 2A 58
Bourne, The BH4: Bour 3F 59
....(off Surrey Rd.)
Bourne Av. BH2: Bour 2E 5 (4G 59)
Bourne Cl. BH2: Bour 4F 59
Bourne Ct. BH2: Bour 3G 5 (4H 59)

Bourne Ct. BH21: W Min 4F 15
Bourne Mead BH2: Bour 3E 5 (4G 59)
....(off Crescent Rd.)
BOURNEMOUTH 4G 5 (4H 59)
BOURNEMOUTH AIRPORT 3F 27
Bournemouth Aviation Mus. 4E 27
Bournemouth BMX Track 1D 62
Bournemouth Bus & Coach Station 3B 60
Bournemouth Central Bus. Pk. BH1: Bour 3C 60
Bournemouth Climbing 5E 41
Bournemouth Crematorium 4C 42
Bournemouth Cycling Cen. 4F 41
Bournemouth Indoor Bowls Cen. 2F 61
Bournemouth International Cen. 5G 5 (5H 59)
BOURNEMOUTH INTERNATIONAL
CENTRE RDBT. 5G 5 (5H 59)
....(off Exeter Rd.)
Bournemouth Memorial Homes BH8: Bour 4F 43
Bournemouth Pier 6H 5 (5H 59)
Bournemouth (Pier) Tourist Info. Cen. ..5H 5 (5H 59)
Bournemouth Rd. BH14: Poole 3F 57
Bournemouth Rd. SO43: Lynd 3E 71
Bournemouth Sports Club 2C 26
Bournemouth (Station) Info. Office 3B 60
Bournemouth Station (Rail) 3B 60
BOURNEMOUTH STATION RDBT. 2A 40
Bournemouth Training Cen. 4B 60
Bournemouth University Christchurch Rd. 3B 60
Bournemouth University Executive
Business Centre 3B 60
Bournemouth University Studland House 4B 60
Bournemouth University Talbot Campus 5E 41
BOURNEMOUTH WEST RDBT. 3F 59
Bourne Pines BH1: Bour Christchurch Rd. 3C 60
Bourne Pines BH1: Bour Dean Pk. Rd. 1H 5 (3H 59)
....(off Dean Pk. Rd.)
Bourne River Ct. BH4: Bour 3F 59
Bourneside Mnr. BH2: Bour 4F 59
....(off Cambridge Rd.)
BOURNE VALLEY 1C 58
Bourne Valley Bus. Pk. BH12: Poole 2C 58
Bourne Valley Local Nature Reserve
Bourne Valley 1C 58
Bourne Valley Local Nature Reserve Poole 4A 40
Bourne Valley Rd. BH12: Poole 3C 58
Bournewood Dr. BH4: Bour 3E 59
Bourton Gdns. BH7: Bour 5H 43
Bouverie Cl. BH25: B Sea 4F 49
Boveridge Gdns. BH9: Bour 1B 42
Bovington Cl. BH17: Poole 4D 38
Bowden Rd. BH7: Bour 3G 39
Bower Rd. BH8: Bour 5D 42
Bowland Ri. BH25: New M 4E 49
BOWLING GREEN 5B 34
Bowling Grn. All. BH15: Poole 4A 4 (5A 56)
....(off New Orchard)
Bowlplex Branksome 3B 58
Bowlplex Poole 4E 39
Bowlplex Poole 6H 37
Box Cl. BH17: Poole 1B 58
Boyd Rd. BH12: Poole 6H 39
Brabazon Dr. BH23: Chri 6D 46
Brabazon Rd. BH21: Mer 2D 22
Brabourne Av. BH22: Fern 5A 18
Bracken Cl. BH24: Ashl H 3H 11
Brackendale Ct. BH21: Thr C 2A 10
Brackendale Rd. BH8: Bour 5C 42
Bracken Glen BH15: Poole 3C 56
Brackenhill BH13: Poole 6C 58
Brackenhill Rd. BH21: Cole 2A 16
Bracken Rd. BH22: Fern 2H 17
Bracken Rd. BH6: Bour 3A 62
Brackens Way BH13: Poole 1B 70
Brackens Way SO41: Lymi 3H 53
Bracken Way BH23: Walk 4B 48
Bracklesham Pl. BH25: B Sea 6F 49
Brackley Cl. BH23: Bour A 3G 27
Bradburne Rd. BH2: Bour 3E 5 (4G 59)
Bradford Rd. BH9: Bour 1C 42
Bradpole Rd. BH8: Bour 3E 43
Bradstock Cl. BH12: Poole 5B 40
Braemar Av. BH6: Bour 3E 63
Braemar Cl. BH6: Bour 3E 63
Braemar Dr. BH23: Highc 4H 47
Braeside Bus. Pk. BH15: Poole 3H 55
Braeside Rd. BH22: W Moo 4C 10
Braeside Rd. BH23: St L 3A 12
Braidley Rd. BH2: Bour 3F 5 (4G 59)
Brailswood Rd. BH15: Poole 3B 56
Braishfield Gdns. BH8: Bour 3D 42
Bramble La. BH23: Highc 4B 48
Bramble Wlk. SO41: Lymi 6E 35
Bramble Way BH23: Bran 2D 28
Bramley Cl. SO41: Lymi 3G 53
Bramley Ct. BH12: Poole 2D 58
Bramley Ct. BH22: Fern 3B 18

Bramley Rd. BH10: Bour 6E 25
Bramley Rd. BH22: Fern 3A 18
Brampton Ct. BH2: Bour 3F 5 (4G 59)
Brampton Rd. BH15: Poole 1B 56
Bramshaw Gdns. BH8: Bour 2D 42
Bramshaw Way BH25: New M 5D 48
Branders Cl. BH6: Bour 3E 63
Branders La. BH6: Bour 2E 63
Brandon Ct. BH12: Poole 3D 58
....(off Poole Rd.)
Branksea Av. BH15: Hamw 6D 54
Branksea Castle 5E 69
Branksea Cl. BH15: Hamw 6E 55
Branksea Grange BH13: Poole 6D 58
BRANKSOME 1A 58
Branksome Bldgs. BH2: Bour 4E 5 (4G 59)
....(off Commercial Rd.)
Branksome Bus. Pk. BH12: Poole Cortry Cl. 6C 40
Branksome Bus. Pk. BH12: Poole Valley Rd. 2C 58
Branksome Chine Gdns. 1C 70
Branksome Cl. BH25: New M 3H 49
Branksome Cl. BH13: Poole 1C 70
Branksome Dene Chine 6D 58
Branksome Dene Rd. BH4: Bour 5D 58
Branksome Dorset Provincial Masonic Mus. 2E 61
Branksome Ga. BH13: Poole 4D 58
Branksome Hill Rd. BH4: Bour 1D 58
BRANKSOME PARK 5C 58
Branksome Station (Rail) 3B 58
Branksome Towers BH13: Poole 1D 70
Branksome Wood Gdns. BH2: Bour 3F 59
Branksome Wood Rd. BH12: Poole 2D 58
Branksome Wood Rd. BH2: Bour ...2E 5 (3G 59)
Branksome Wood Rd. BH4: Bour 3G 59
BRANSGORE 3C 28
Bransgore Gdns. BH23: Bran 2D 28
Branwell Cl. BH23: Chri 4E 45
Branwood Cl. SO41: Ever 4A 52
Brassey Cl. BH9: Bour 4A 42
Brassey Rd. BH9: Bour 4H 41
Brassey Ter. BH9: Bour 4H 41
Braxton Ctyd. SO41: Lymo 6A 52
Braxton Gdns. 5A 52
Brazier Cl. BH9: Bour 5B 42
Breach La. BH24: Hight 3G 9
Breach La. BH24: Poul 3G 9
Breamore Cl. BH25: New M 2E 49
Brecon Cl. BH10: Bour 5G 25
Brecon Cl. BH25: New M 3A 50
Bredy Cl. BH17: Poole 4B 38
Breeze BH5: Bour 3E 61
Bremble Cl. BH12: Poole 3G 39
Briar Cl. BH15: Poole 2C 56
Briar Cl. BH23: Chri 1B 64
Briarfield BH4: Bour 4E 59
....(off Portarlington Rd.)
Briarswood Rd. BH16: Upton 6C 36
Briar Way BH21: Hayes 4B 16
Brickfield La. SO41: Wal 6H 35
Brickyard La. BH21: Cor M 3A 20
Brickyard La. BH22: Fern 3G 17
Brickyard La. BH31: Ver 2B 6
Bridge App. BH15: Hamw 6H 55
Bridge App. BH15: Poole 6H 55
Bridge Pl. BH10: Bour 4F 25
Bridge Rd. SO41: Lymi 1H 53
Bridges, The BH24: Ring 4A 8
Bridges Cl. BH22: W Moo 4D 10
Bridge St. BH23: Chri 1G 63
Bridgewater Rd. BH12: Poole 1H 57
Bridle Cl. BH16: Upton 6D 36
Bridle Cres. BH7: Bour 5A 44
Bridle Way BH21: Cole 3B 16
Bridleways BH31: Ver 3C 6
Bridport Rd. BH12: Poole 5B 40
Bridport Rd. BH31: Ver 3D 6
Brierley Av. BH22: W Par 2G 25
Brierley Cl. BH10: Bour 6G 25
Brierley Rd. BH10: Bour 1F 41
Brightlands Av. BH6: Bour 3D 62
Bright Rd. BH15: Poole 1C 56
Brinsons Cl. BH23: Burt 2G 45
Brisbane Rd. BH23: Chri 4C 44
Britannia Cl. BH12: Poole 6F 39
Britannia Rd. BH14: Poole 4E 57
Britannia Way BH23: Mude 6D 46
Brixey Bus. Pk. BH12: Poole 5F 39
Brixey Cl. BH12: Poole 6G 39
Brixey Cl. BH12: Poole 6G 39
Brixey Rd. BH12: Poole 6G 39
Broad Av. BH8: Bour 4D 42
Broadfields Cl. SO41: M Sea 2D 66
Broadhurst Av. BH10: Bour 1G 41
Broadlands BH4: Bour 4E 59
....(off Marlborough Rd.)
Broadlands Av. BH6: Bour 3D 62

Broadlands Cl. BH23: Walk 3B 48
Broadlands Cl. BH8: Bour 2D 42
Broadlands La. SO42: Broc 3D 72
Broadlands Rd. SO42: Broc 2D 72
Broad La. SO41: Lymi 2H 53
Broadleas BH22: Fern 5A 18
Broadly Cl. SO41: Penn 3D 52
Broadmayne Rd. BH12: Poole 6B 40
BROADMEAD 1H 51
Broadmead Cl. SO41: Lymi 3H 53
Broadmead Rd. BH21: Thr C 1B 10
Broadmoor Rd. BH21: Cor M 5B 20
Broads, The BH21: W Min 3B 14
Broadshard Ct. BH24: Ring 2C 8
Broadshard Rd. BH24: Ring 2C 8
BROADSTONE 1G 37
Broadstone Golf Course 5H 21
Broadstone Way BH15: Poole 1H 55
Broadstone Way BH17: Broad 3F 37
Broadstone Way BH17: Poole 3F 37
Broadstone Way BH18: Broad 3F 37
Broadwater Av. BH14: Poole 5F 57
Broadway BH6: Bour 3D 62
Broadway, The BH10: Bour 5F 25
Broadway, The BH18: Broad 1G 37
B'way. Gables BH14: Poole 3H 57
Broadway Gdns. BH10: Bour 5F 25
Broadway Gdns. BH21: W Min 5E 15
Broadway La. BH8: Bour 2C 42
Broadway M. BH14: Poole 4D 56
                                    (off Park Rd.)
BROCKENHURST 3E 73
Brockenhurst Rd. BH25: Woot 2G 31
Brockenhurst Rd. BH9: Bour 3B 42
Brockenhurst Station (Rail) 4F 73
Brockhills La. BH25: New M 6A 32
Brockley Rd. BH10: Bour 1G 41
Brocks Pine BH24: St L 4B 12
Brock Way BH31: Ver 2C 6
Brockwood BH24: St L 5H 11
Brog St. BH21: Cor M 2C 20
BROG STREET 1D 20
Brokenhurst Manor Golf Course 6D 72
Brombys, The BH15: Poole 4C 4 (5A 56)
                                    (off Globe La.)
Bronte Av. BH23: Chri 4E 45
Brook Av. BH25: New M 1G 49
Brook Av. Nth. BH25: New M 6H 31
Brook Cl. BH10: Bour 1E 41
Brookdale Cl. BH18: Broad 1G 37
Brookdale Farm BH18: Broad 1G 37
Brook Dr. BH31: Ver 5F 7
Brooke Ho. BH8: Bour 2C 60
                              (off Lowther Rd.)
Brookland Cl. SO41: Penn 2E 53
Brooklands BH4: Bour 4D 58
Brook La. BH21: Cor M 5C 20
Brook La. BH23: Nea 4D 28
Brookley Ct. BH8: Bour 6C 42
                          (off Richmond Pk. Rd.)
Brookley Lodge SO42: Broc 3E 73
Brookley Rd. SO42: Broc 3E 73
Brooklyn BH14: Poole 2H 69
Brooklyn Ct. BH25: New M 2F 49
Brook Pk. Ind. Est. BH21: W Min 6G 15
Brook Rd. BH10: Bour 1E 41
Brook Rd. BH12: Poole 2G 57
Brook Rd. BH21: W Min 5G 15
Brook Rd. SO41: Lymi 3H 53
Brooks Cl. BH24: Ring 5D 8
Brookside Cl. BH23: Bran 2C 28
Brookside Pk. Homes BH21: Cor M 1B 36
Brookside Rd. BH21: W Min 5H 15
Brookside Rd. BH23: Bran 2C 28
Brookside Rd. SO42: Broc 2E 73
Brookside Way BH23: Highc 4G 47
Brook Vw. BH22: W Moo 4B 10
Brook Way BH23: Fri C 6E 47
Broomfield Ct. BH22: Fern 3C 18
Broomfield La. SO41: Lymi 1G 53
Broomhill Cl. SO41: Penn 3D 52
Broomhill Way BH15: Hamw 6G 55
Broom La. BH6: Bour 3H 61
                                    (off Pine Av.)
Broom Rd. BH12: Poole 4F 39
Broom Rd. Bus. Pk. BH12: Poole 4G 39
Broughton Av. BH10: Bour 1G 41
Broughton Cl. BH10: Bour 2G 41
Broughton Rd. SO43: Lynd 2F 71
Brownen Rd. BH9: Bour 5B 42
Browning Av. BH5: Bour 3F 61
Browning Rd. BH12: Poole 1H 57
Brownings Cl. SO41: Penn 1C 52
Brownlow Ct. BH4: Bour 4E 59
                            (off Marlborough Rd.)

Brownsea Av. BH21: Cor M 5D 20
Brownsea Cl. BH25: New M 2E 49
Brownsea Ct. BH14: Poole 1F 69
BROWNSEA ISLAND 4B 68
Brownsea Island Nature Reserve 4D 68
Brownsea Island Visitor Cen. 5E 69
Brownsea Rd. BH13: S'bks 6F 69
Brownsea Vw. Av. BH14: Poole 1F 69
Brownsea Vw. Cl. BH14: Poole 6G 57
Brudenell Av. BH13: S'bks 2H 69
Brudenell Rd. BH13: S'bks 2H 69
Brunel Cl. BH31: Ver 5G 7
Brune Way BH22: W Par 6B 18
Brunstead Pl. BH12: Poole 3D 58
Brunstead Rd. BH12: Poole 3C 58
Brunswick Pl. SO41: Lymi 1G 53
Brushwood Dr. BH16: Upton 1A 54
Bryanstone Rd. BH3: Bour 6G 41
Bryanstone Wlk. BH3: Bour 6H 41
Bryant Cl. BH23: Chri 6D 44
Bryant Rd. BH12: Poole 5C 40
Bryony Cl. BH18: Broad 3E 37
Bryony Gdns. BH6: Bour 1A 62
Bub La. BH23: Chri 1A 64
Buccaneers Cl. BH23: Chri 1H 63
Buccleuch Rd. BH13: Poole 6C 58
Bucehayes Cl. BH23: Highc 5A 48
Buchanan Av. BH7: Bour 1E 61
Buckholme Cl. BH14: Poole 3E 57
Buckingham Cl. BH15: Poole 4B 56
Buckingham Mans. BH1: Bour 4A 60
Buckingham Rd. BH12: Poole 6H 39
Buckingham Wlk. BH25: New M 2E 49
BUCKLAND 6F 35
Buckland Dene SO41: Lymi 6F 35
Buckland Gdns. SO41: Lymi 5F 35
Buckland Gro. BH23: Chri 3G 47
Buckland Rd. BH12: Poole 2G 57
Buckland Ter. BH12: Poole 2G 57
Buckland Vw. SO41: Lymi 6F 35
Buckler Hgts. BH14: Poole 4F 57
Bucklers, The SO41: M Sea 2A 66
Bucklers Ct. SO41: Lymi 2F 53
Bucklers M. SO41: Lymi 2F 53
Bucklers Way BH8: Bour 2D 42
Buckstone Cl. SO41: Ever 4A 52
Buckthorn Cl. BH17: Poole 4F 37
Buddens Mdw. BH21: Cor M 1C 36
Buffalo M. BH15: Poole 4A 4 (5H 55)
Bugden's Copse Nature Reserve 3D 6
Bugdens La. BH31: Ver 3D 6
Bugden's Meadows Nature Reserve . 3E 7
Buldowne Wlk. SO41: Sway 1F 33
Bullfinch Cl. BH17: Poole 4F 37
Bull La. BH15: Poole 5B 4 (6A 56)
                                (off Strand St.)
Bunting Rd. BH22: Fern 1H 17
Burbridge Cl. BH17: Poole 5C 38
Burcombe La. BH24: Hang 2G 9
Burcombe Rd. BH10: Poole 6E 25
Burdock Cl. BH23: Chri 4D 46
Bure Cl. BH23: Fri C 1D 64
Bure Ct. BH23: Mude 1D 64
Bure Haven Dr. BH23: Mude 1D 64
Bure Ho. BH23: Chri 5D 44
Bure La. BH23: Fri C 2D 64
Bure La. BH23: Mude 2D 64
Bure Pk. BH23: Fri C 1D 64
Bure Rd. BH23: Fri C 1D 64
Burford Cl. BH23: Chri 4B 44
Burford Ct. BH1: Bour 4B 60
Burford La. SO42: Broc 2F 73
Burgess Cl. BH11: Bour 1B 40
Burleigh Rd. BH6: Bour 1B 62
Burley Cl. BH25: New M 5D 48
Burley Cl. BH31: Ver 4C 6
Burley Rd. BH12: Poole 1G 57
Burley Rd. BH23: Bock 1G 45
Burley Rd. BH23: Bran 1G 45
Burley Rd. BH23: Thorn 1G 45
Burley Rd. BH23: Wink 1G 45
Burling Ter. BH12: Poole 3C 58
Burlington Arc. BH1: Bour 3H 5 (4H 59)
                          (off Old Christchurch Rd.)
Burnaby Ct. BH4: Bour 6D 58
Burnaby Rd. BH4: Bour 6E 59
Burnbake Rd. BH31: Ver 4D 6
Burnbrae Rd. BH22: W Par 2F 25
Burn Cl. BH31: Ver 5F 7
Burnett Av. BH23: Chri 5C 44
Burnett Rd. BH23: Chri 6D 44
Burngate Rd. BH15: Hamw 5E 55

Burnham Dr. BH8: Bour 6C 42
Burnham Rd. BH23: Burt 3G 45
Burnleigh Gdns. BH25: Ashy 1A 50
Burnside BH23: Chri 5F 47
Burns Rd. BH6: Bour 6B 44
Burnt Ho. La. BH23: Bran 2C 28
Burnt Ho. La. SO41: Pil 2H 35
Burrard Gro. SO41: Lymi 3H 53
Burrows La. BH31: Ver 1D 6
Bursledon Ho. BH25: New M 3G 49
Burtley Rd. BH6: Bour 4C 62
BURTON 2G 45
Burton Cl. BH23: Burt 4G 45
Burton Cl. BH24: Ashl H 2H 11
Burtoncroft BH23: Burt 2G 45
Burton Hall BH23: Burt 2H 45
Burton Hall Pl. BH23: Burt 2H 45
Burton Rd. BH13: Poole 4C 58
Burton Rd. BH23: Burt 6A 46
Burt's Hill BH21: Cole 3E 15
Burt's Hill BH21: W Min 3E 15
Bury Rd. BH13: Poole 6A 58
Bushell Rd. BH15: Poole 6A 38
Bushey Rd. BH9: Bour 4C 42
Bushmead Dr. BH24: Ashl H 2A 12
Bute Dr. BH23: Highc 5B 48
Butlers La. BH24: Poul 2E 9
Buttercup Dr. BH23: Chri 4D 46
Buttery, The BH23: Chri 6H 45
Button's La. BH15: Poole 5B 4 (6A 56)
                                    (off The Quay)
Butts Lawn SO42: Broc 2E 73
Butts Paddock SO42: Broc 2E 73
Byron Ct. BH22: Fern 4B 18
Byron Ho. BH25: New M 3G 49
Byron Rd. BH21: W Min 3E 15
Byron Rd. BH25: B Sea 5E 49
Byron Rd. BH5: Bour 3F 61

C

Cabot Bus. Village BH17: Poole 6H 37
Cabot La. BH17: Poole 5G 37
Cabot Way BH25: New M 2F 49
Cadhay Cl. BH25: New M 2F 49
Cadnam Way BH8: Bour 2D 42
Cadogan Rd. BH24: Ring 4D 8
Caernarvon Rd. BH2: Bour 3E 5 (4G 59)
                                    (off Norwich Av.)
Caesar's Way BH18: Broad 1E 37
Caird Av. BH25: New M 3A 50
Cairns Cl. BH23: Chri 5D 44
Caister Cl. BH17: Poole 3A 18
Calder Rd. BH17: Poole 5D 38
Caledonian Cl. BH23: Chri 6D 46
Caledonian Ct. BH1: Bour 3D 60
Caledon Rd. BH14: Poole 4H 57
Calkin Cl. BH23: Chri 4E 45
Calluna Rd. BH12: Poole 5F 39
Calmore Cl. BH8: Bour 2D 42
Calpe Av. SO43: Lynd 2F 71
Calvin Rd. BH9: Bour 5H 41
Cambridge Gdns. BH23: Chri 3D 44
Cambridge Rd. BH2: Bour 4F 59
Camden Cl. BH9: Bour 4B 42
Camden Hurst SO41: M Sea 3B 66
Camelford Cl. BH4: Bour 4F 59
                            (off Marlborough Rd.)
Camelia BH23: Highc 5H 47
Camellia Cl. BH21: Thr C 1A 10
Camellia Gdns. BH10: Bour 3E 41
Camellia Gdns. BH25: New M 3H 49
Cameron Rd. BH23: Chri 6H 45
Cammel Rd. BH22: W Par 1F 25
Campbell Rd. BH1: Bour 2E 61
Campbell Rd. BH23: Burt 2G 45
Campion Gro. BH23: Chri 1B 64
Campion Way SO41: Lymi 6G 35
Canberra Cl. BH23: Chri 4C 44
Canberra Rd. BH23: Chri 5C 44
Candys Cl. BH21: Cor M 1E 21
Candy's La. BH21: Cor M 1D 20
Canford Av. BH11: Bour 4B 40
Canford Bottom BH21: Cole 3B 16
Canford Bottom BH21: Lit C 3B 16
CANFORD BOTTOM 3B 16
Canford Bottom RDBT. 4C 16
Canford Bus. Pk. BH21: Mer 3G 23
CANFORD CLIFFS 1B 70
Canford Cliffs Av. BH14: Poole 5H 57
Canford Cliffs Chine Gdns. 2B 70
Canford Cliffs Rd. BH13: Poole 6A 58
Canford Cl. BH13: Poole 3A 70
Canford Cres. BH13: Poole 2A 70
Canford Gdns. BH11: Bour 4C 40

CANFORD HEATH 3C 38
Canford Heath Nature Reserve 1B 38
Canford Heath Rd. BH17: Poole 3A 38
Canford Hgts. BH13: Poole 1B 70
Canford Magna BH21: Can M 1E 23
CANFORD MAGNA 2E 23
Canford Pk. Arena 4F 23
Canford Rd. BH11: Bour 4C 40
Canford Rd. BH15: Poole 1D 4 (3B 56)
Canford School Golf Course 2F 23
Canford Sports Cen. 1F 23
Canford Vw. Dr. BH21: Cole 3B 16
Canford Way BH12: Poole 3F 39
Cannon Cl. BH18: Broad 4F 37
Cannon Hill Gdns. BH21: Cole 2B 16
Cannon Hill Rd. BH21: Cole 2A 16
Cannon Ho. SO41: Lymi 1G 53
Cannon St. SO41: Lymi 1G 53
Canons Wlk. SO41: M Sea 2E 67
Canterbury Cl. BH22: W Moo 6D 10
Canute Dr. BH23: Bran 2D 28
Canute Ho. BH15: Poole 5B 4 (6A 56)
....(off Strand St.)
Capella Ct. BH2: Bour 5G 5 (5H 59)
Capesthorne BH23: Mude 2D 64
Cappella BH13: Poole 2A 70
Capstans, The BH14: Poole 1F 69
Capstone Gdns. BH8: Bour 1D 60
Capstone Pl. BH8: Bour 1D 60
Capstone Rd. BH8: Bour 1B 60
Captain's Row SO41: Lymi 1H 53
Caradon Pl. BH31: Ver 2B 6
Carbery Av. BH6: Bour 3B 62
Carbery Gdns. BH6: Bour 2C 62
Carbery La. BH6: Bour 3A 62
Carbery Mt. BH6: Bour 3B 62
Carbery Row BH6: Bour 3A 62
....(off Southbourne Rd.)
Cardigan Rd. BH12: Poole 2B 58
Cardigan Rd. BH9: Bour 5H 41
Carey Rd. BH9: Bour 3H 41
Careys Cotts. SO42: Broc 2E 73
Careys Rd. BH8: Bour 1D 42
Carina Ct. BH13: S'bks 6G 69
Carisbrooke BH13: Poole 2A 70
Carisbrooke Ct. BH25: New M 2F 49
Carisbrooke Cres. BH15: Hamw 4D 54
Carisbrooke Way BH23: Chri 4G 47
Carlinford BH5: Bour 4F 61
Carlton Av. BH25: B Sea 5D 48
Carlton Ct. BH1: Bour 3D 60
Carlton Dene BH4: Bour 4A 62
Carlton Grange BH2: Bour 1F 5 (3G 59)
Carlton Gro. BH12: Poole 2H 57
Carlton Ho. BH1: Bour 2A 60
Carlton Ho. SO41: Lymi 1G 53
Carlton Mt. BH2: Bour 4F 5 (4G 59)
Carlton Rd. BH1: Bour 3C 60
Carlyle Rd. BH6: Bour 1B 62
Carmel Cl. BH15: Hamw 5D 54
Carnarvon Cres. Gdns. 3E 61
....(off the Crescent)
Carnarvon Rd. BH1: Bour 3E 61
Carnegie Cl. BH12: Poole 2H 57
Caroline Av. BH23: Mude 1A 64
Caroline Rd. BH11: Bour 2D 40
Carpenter Cl. BH17: Poole 5D 38
Carpenter Cl. SO41: Lymi 6F 35
Carrbridge Cl. BH3: Bour 6F 41
Carrbridge Gdns. BH3: Bour 6F 41
Carrbridge Rd. BH3: Bour 6E 41
Carrick Way BH25: New M 3A 50
Carrington Cvn. Pk. SO41: M Sea 4F 67
Carrington Cl. SO41: M Sea 2E 67
Carrington La. SO41: M Sea 2E 67
Carroll Av. BH22: Fern 4C 18
Carroll Cl. BH12: Poole 1C 58
Carsworth Way BH17: Poole 3E 39
Carter Cl. BH10: Bour 3F 41
Carters Av. BH15: Hamw 5D 54
Carters La. BH15: Poole 4B 4 (5A 56)
Cartref Cl. BH31: Ver 3D 6
Cartwright Cl. BH10: Bour 1E 41
Carvers Ind. Est. BH24: Ring 4B 8
Carvers La. BH24: Ring 4C 8
Carysfort Rd. BH1: Bour 3D 60
Cashmoor Cl. BH12: Poole 6B 40
Caslake Cl. BH25: New M 4F 49
Cassel Av. BH13: Poole 6D 58
Cassel Av. BH14: Bour 6D 58
Casterbridge Rd. BH22: Fern 6H 17
Castle Av. BH23: Highc 5G 47
Castle Cl. SO41: M Sea 4E 67
Castlecourt BH6: Bour 2A 62

Castledene Cres. BH14: Poole 5E 57
Castle Ga. Cl. BH8: Bour 3C 42
Castle Hill BH14: Poole 3F 57
Castle Hill Ct. BH14: Poole 3G 57
Castle La. E. BH7: Bour 4G 43
Castle La. W. BH8: Bour 3C 42
Castle La. W. BH9: Bour 1A 42
Castlemain Av. BH6: Bour 2A 62
Castleman Ct. BH22: W Moo 4B 10
Castleman Gdns. BH24: Ashl H 1B 12
Castleman Way BH24: Ring 5C 8
Castlemews BH24: Ashy 2E 13
Castle Pde. BH7: Bour 6B 44
Castlepoint Shop. Cen. 3E 43
Castle Rd. BH9: Bour 5B 42
Castle St. BH15: Poole 5B 4 (6A 56)
Castle St. BH23: Chri 1F 63
Castleton Av. BH10: Bour 5F 25
Castle Way BH24: Ring 3D 42
Castlewood BH24: Ashy 2F 13
Catalina Cl. BH23: Mude 1C 64
Catalina Dr. BH15: Poole 6B 56
Caterstone BH21: W Min 4D 14
Catherine Wheel Gdns. BH23: Chri 2C 44
....(off Marlow Dr.)
Caton Cl. BH12: Poole 5D 40
Cattistock Rd. BH8: Bour 4E 43
Cavan Cres. BH17: Poole 4H 37
Cavendish Cnr. Mobile Home Pk. BH24: Poul 3D 8
Cavendish Ct. BH1: Bour 3A 60
Cavendish Hall BH1: Bour 2A 60
Cavendish Mnr. BH1: Bour 2A 60
Cavendish Pl. BH1: Bour 2A 60
Cavendish Pl. SO41: Lymi 1F 53
Cavendish Rd. BH1: Bour 2H 59
Caversham Cl. BH15: Hamw 4E 55
Cawdor Rd. BH3: Bour 6F 41
Caxton Cl. BH23: Chri 6B 46
Cecil Av. BH8: Bour 6B 42
Cecil Cl. BH21: Cor M 5E 21
Cecil Ct. BH15: Poole 5B 42
Cecil Hill BH8: Bour 5B 42
Cecil Rd. BH12: Poole 1H 57
Cecil Rd. BH5: Bour 3E 61
Cedar Av. BH10: Bour 5F 25
Cedar Av. BH23: Chri 5B 44
Cedar Av. BH24: St L 4A 12
Cedar Cl. BH16: Upton 5B 36
Cedar Ct. BH4: Bour 5D 58
Cedar Dr. BH21: Hayes 4B 16
Cedar Dr. SO41: Ever 5H 51
Cedar Gdns. BH25: New M 4F 49
Cedar Ga. BH24: Ring 4D 8
Cedar Grange BH13: Poole 3C 58
Cedar Lodge BH4: Bour 2E 59
Cedar Mnr. BH4: Bour 4E 59
Cedar Mt. SO43: Lynd 4F 71
Cedar Pk. BH21: Stap 2F 17
Cedar Pl. BH23: Bran 2D 28
Cedar Pl. BH25: New M 2H 49
Cedars, The BH4: Bour 3E 59
Cedar Trade Pk. BH21: Stap 3F 17
Cedar Way BH12: Poole 1A 58
Cedar Way BH22: Fern 1A 18
Celandine Cl. BH23: Chri 5D 46
Cellars Farm Rd. BH6: Bour 4E 63
Cemetery Av. BH15: Poole 1D 56
Cemetery Rd. BH21: W Min 4D 14
Centenary Cl. SO41: Sway 1G 33
Centenary Ho. BH23: Chri 6F 45
Centenary Way BH1: Bour 2E 61
Central Av. BH12: Poole 1A 58
Central Av. BH21: Cor M 4D 20
Central Dr. BH2: Bour 3G 59
Central Dr. BH24: St L 1F 19
Centre La. SO41: Ever 4A 52
Centre Pl. BH24: Ring 4B 8
Centurion Cl. BH15: Hamw 5E 55
Cerne Abbas BH13: Poole 6C 58
Cerne Cl. BH9: Bour 1B 42
Chaddesley Glen BH13: S'bks 3H 69
Chaddesley Pines BH13: Poole 3A 70
Chaddesley Wood Rd. BH13: S'bks 4A 70
Chaffey Cl. BH24: Poul 3E 9
Chaffinch Cl. BH17: Poole 3F 37
Chaffinch Cl. BH25: New M 3F 49
Chalbury Cl. BH13: Poole 5C 58
Chalbury Cl. BH17: Poole 3E 39
Chaldecott Gdns. BH10: Bour 1E 41
Chaldon Rd. BH17: Poole 3D 38
Chalfont Av. BH23: Chri 2B 44
Chalice Cl. BH14: Poole 3E 57
Chalwyn Ind. Est. BH12: Poole 6E 39
Champion Cl. SO41: M Sea 3F 67
Champtoceaux Av. BH31: Ver 2C 6

Chancerygate Trade Cen. BH17: Poole 5G 37
Chander Cl. BH22: Fern 5B 18
Chandlers Cl. BH7: Bour 5H 43
Chandos Av. BH12: Poole 5C 40
Channel Ct. BH25: B Sea 6E 49
Chant Cl. BH23: Chri 6H 45
Chantry, The BH1: Bour 3A 60
Chantry Cl. BH23: Highc 4H 47
Chapel Cl. BH21: Cor M 5C 20
Chapel Ga. BH23: E Par 3C 26
Chapel La. BH15: Poole 3B 4 (5A 56)
Chapel La. BH21: Cor M 6C 20
Chapel La. BH21: W Min 4D 14
Chapel La. BH23: Bran 3C 28
Chapel La. BH23: E Par 2C 26
Chapel La. SO41: Sway 2H 33
Chapel La. SO43: Lynd 4E 71
Chapel Point BH14: Poole 3E 57
Chapel Ri. BH24: Ashy 5F 13
Chapel Rd. BH14: Poole 3E 57
Chapter Ho., The BH5: Bour 3F 61
....(off Hawkwood Rd.)
Charborough Rd. BH18: Broad 2H 37
Charhope Ct. BH14: Poole 3B 58
Charing Cl. BH24: Ring 5C 8
Charles Cres. BH25: New M 6H 31
Charles Gdns. BH10: Bour 3E 41
Charles Keightley Ct. BH21: W Min 6F 15
Charles Rd. BH15: Poole 3B 56
Charles Rd. BH23: Chri 5B 46
Charlotte Cl. BH12: Poole 5E 41
Charlotte Cl. BH23: Mude 1C 64
Charlotte Cl. BH25: New M 3G 49
Charlton Cl. BH9: Bour 1C 42
Charlton Cl. SO41: Hor 2D 50
Charltons, The BH2: Bour 2H 59
CHARMINSTER 3B 42
Charminster Av. BH9: Bour 4B 42
Charminster Cl. BH8: Bour 3B 42
Charminster Pl. BH8: Bour 3B 42
Charminster Rd. BH8: Bour 1A 60
Charmouth Gro. BH14: Poole 3E 57
Charnock Cl. SO41: Hor 2D 50
Charnwood Av. BH9: Bour 2B 42
Charnwood Cl. BH22: W Moo 5C 10
Charnwood Ho. BH6: Bour 4D 62
Charris Camping & Cvn. Pk. BH21: Cor M 1D 20
Chartcombe BH13: Poole 1A 70
Charter Rd. BH11: Bour 5H 23
Chartwell BH13: Poole 4D 58
Chase, The BH24: Ashy 2F 13
Chase, The BH31: Ver 3F 7
Chase, The BH8: Bour 6D 42
....................................(off Queens Pk. Sth. Dr.)
Chaseborough BH31: Ver 3C 6
Chaseside BH7: Bour 5G 43
Chatsworth BH13: Poole 1D 70
Chatsworth Rd. BH14: Poole 2F 57
Chatsworth Rd. BH8: Bour 1B 60
Chatsworth Way BH25: New M 2E 49
Chaucer Cl. BH21: W Min 3E 15
Chaucer Dr. SO41: M Sea 2D 66
Chaucer Rd. BH13: Poole 1B 70
Chaucombe Pl. BH25: New M 4F 49
Cheam Rd. BH18: Broad 1F 37
Cheddington Rd. BH9: Bour 1A 42
Chedington Cl. BH17: Poole 3C 38
Chelmsford Rd. BH16: Upton 6B 36
Chelsea Gdns. BH8: Bour 1C 60
Cheltenham Rd. BH12: Poole 2G 57
Chene Rd. BH21: W Min 5F 15
Chequers Cl. SO41: Penn 2D 52
Cherford Rd. BH11: Bour 3D 40
Cherita Ct. BH15: Poole 1D 56
Cheriton Av. BH7: Bour 5A 44
Cheriton Way BH21: W Min 3E 15
Cherrett Cl. BH11: Bour 1B 40
Cherrett Ct. BH21: Poole 4B 18
Cherries Dr. BH9: Bour 3G 41
Cherry Cl. BH14: Poole 2F 57
Cherry Gro. BH22: Fern 3A 18
Cherry Hill Gdns. BH16: Upton 1B 54
Cherry Hill Gro. BH16: Upton 1B 54
Cherry M. BH23: Chri 6C 46
Cherry Tree Cl. BH24: St L 4H 11
Cherry Tree Cl. SO41: Ever 5H 51
Cherry Tree Ct. BH25: New M 4H 49
Cherry Tree Dr. BH25: Bash 6E 31
Cherry Tree Wlk. BH4: Bour 5F 59
Cheshire Cl. BH8: Bour 3G 43
Cheshire Dr. BH8: Bour 4G 43
Chesilbourne Gro. BH8: Bour 2D 42
Chesildene Av. BH8: Bour 2D 42
Chesildene Dr. BH8: Bour 2C 42

Chesil Gdns. BH12: Poole 5G 39
Chessel Av. BH5: Bour 2F 61
Chessington Ct. BH2: Bour 4F 59
Chesterfield Cl. BH13: Poole 1B 70
Chesterfield Ct. BH1: Bour 4D 60
Chester Rd. BH13: Poole 5C 58
Chestnut Av. BH23: Chri 5B 44
Chestnut Av. BH25: B Sea 5G 49
Chestnut Av. BH6: Bour 3A 62
Chestnut Gro. BH21: Stap 3E 17
Chestnut Gro. BH25: New M 2H 49
Chestnut Rd. SO42: Broc 3F 73
Chestnut Way BH23: Burt 2G 45
Chetnole Cl. BH17: Poole 4E 39
Chetwode Way BH17: Poole 3H 37
Cheviots, The BH14: Poole 4G 57
Cheviot Way BH31: Ver 4D 6
Chewton Bunny Nature Reserve 6B 48
Chewton Comn. Rd. BH23: Highc 4A 48
Chewton Farm Est. BH23: Highc 5C 48
Chewton Farm Rd. BH23: Walk 4C 48
Chewton Lodge BH23: Highc 5B 48
Chewton M. BH23: Walk 4A 48
Chewton Sound BH25: New M 6D 48
Chewton Way BH23: Walk 4B 48
Cheyne Ct. BH4: Bour 3E 59
  ....(off Surrey Rd.)
Cheyne Gdns. BH4: Bour 5E 59
Chichester Rd. BH24: Poul 2E 9
Chichester Wlk. BH21: Mer 2C 22
Chichester Way BH23: Mude 2C 64
Chickerell Cl. BH9: Bour 1B 42
Chideock Cl. BH12: Poole 1A 58
Chideock Ct. BH12: Poole 1A 58
Chigwell Rd. BH8: Bour 4B 42
CHILBRIDGE 2A 14
Chilcombe Rd. BH6: Bour 2H 61
Chilfrome Cl. BH17: Poole 4A 38
Chiltern Cl. BH25: B Sea 4F 49
Chiltern Cl. BH4: Bour 2D 58
Chiltern Cl. BH23: Chri 5B 46
  ....(off Hunt Rd.)
Chiltern Dr. BH25: B Sea 5E 49
Chiltern Dr. BH31: Ver 3D 6
Chine Ct. BH2: Bour 5F 59
  ....(off Chine Cres. Rd.)
Chine Cres. BH2: Bour 5F 59
Chine Cres. Ho. BH2: Bour 5F 59
Chine Cres. Rd. BH2: Bour 5F 59
Chinegate Mnr. BH1: Bour 3D 60
Chine Grange BH2: Bour 5F 59
  ....(off Chine Cres. Rd.)
Chine Mans. BH2: Bour 5F 59
  ....(off Chine Cres. Rd.)
Chines, The BH4: Bour 4E 59
Chine Wlk. BH22: W Par 1G 25
Chinewood Mnr. BH1: Bour 4D 60
  ....(off Manor Rd.)
Chipping Dene BH2: Bour 1H 5 (3H 59)
  ....(off Wimborne Rd.)
Chisels La. BH23: Nea 5D 28
Chislehurst Flats BH4: Bour 4E 59
Chiswell Rd. BH17: Poole 4B 38
Chloe Gdns. BH12: Poole 6H 39
Chorley Cl. BH15: Poole 1A 56
Chris Cres. BH16: Upton 6C 36
CHRISTCHURCH 1F 63
Christchurch Bay Rd. BH25: B Sea 6F 49
Christchurch Business Pk. BH23: Chri 6D 46
Christchurch By-Pass BH23: Chri 6F 45
Christchurch Castle & Norman Ho. 1F 63
CHRISTCHURCH HOSPITAL 5D 44
Christchurch Info. Cen. 1F 63
Christchurch Rd. BH1: Bour 4B 60
Christchurch Rd. BH22: Long 1D 24
Christchurch Rd. BH22: W Par 1D 24
Christchurch Rd. BH23: Hurn 5H 27
Christchurch Rd. BH24: Kgstn 4B 8
Christchurch Rd. BH24: Ring 4B 8
Christchurch Rd. BH25: New M 5D 48
Christchurch Rd. BH7: Bour 2F 61
Christchurch Rd. SO41: Ever 5H 51
Christchurch Sailing Club 2F 63
Christchurch Station (Rail) 6E 45
Christopher Cres. BH15: Poole 1A 56
Christophers BH21: Mer 2B 22
Chubbs M. BH12: Poole 2G 57
Churchfield BH31: Ver 3C 6
Churchfield Ct. BH15: Poole 4C 56
Churchfield Cres. BH15: Poole 3C 56
Churchfield Rd. BH15: Poole 4C 56
Church Hill BH31: Ver 3C 6
Church Hill SO41: M Sea 2E 67
Churchill Ct. BH1: Bour 3E 61
Churchill Ct. BH25: New M 3F 49

Churchill Cres. BH12: Poole 1G 57
Churchill Gdns. BH12: Poole 2H 57
Churchill Lodge BH14: Poole 6F 57
Churchill Rd. BH1: Bour 2D 60
Churchill Rd. BH12: Poole 2G 57
Churchill Rd. BH21: W Min 6F 15
Church La. BH22: W Par 5H 25
Church La. BH23: Chri 1F 63
Church La. BH25: New M 4F 49
Church La. SO41: Lymi 2G 53
Church La. SO41: Sway 2F 33
Church La. SO42: Broc 4F 73
Church La. SO43: Lynd 3F 71
Church Mead SO41: Lymi 3G 53
Church M. BH14: Poole 3F 57
Churchmoor Rd. BH21: Cole 4A 16
Church Rd. BH14: Poole 3E 57
Church Rd. BH21: Thr C 1A 10
Church Rd. BH22: Fern 3A 18
Church Rd. BH6: Bour 4D 62
Church St. BH15: Poole 5A 4 (6H 55)
Church St. BH21: W Min 4D 14
Church St. BH23: Chri 1F 63
Cinnamon La. BH15: Poole 5A 4 (6H 55)
Circle, The BH9: Bour 1A 42
CIRCLE, THE 2B 70
Cirrus Ct. BH23: Bour 2D 26
Citrus Bldg., The BH1: Bour 3H 5 (4A 60)
Claire Ct. BH23: Highc 6A 48
Clare Lodge Cl. BH23: Bran 2C 28
Claremont BH15: Poole 4B 56
  ....(off Seldown Rd.)
Claremont Av. BH9: Bour 3B 42
Claremont Rd. BH9: Bour 3B 42
Clarence Gdns. BH18: Broad 3G 37
Clarence Pk. Rd. BH7: Bour 1G 61
Clarence Pl. BH23: Chri 5E 45
Clarence Rd. BH14: Poole 4E 57
Clarence Rd. SO43: Lynd 3F 71
Clarendon Ct. BH18: Broad 1G 37
Clarendon Ct. BH4: Bour 5F 59
  ....(off Clarendon Rd.)
Clarendon Pk. SO41: Lymi 3F 53
Clarendon Rd. BH18: Broad 2E 37
Clarendon Rd. BH23: Chri 6E 45
Clarendon Rd. BH4: Bour 5F 59
Clark Ct. BH12: Poole 2H 57
Clarks Ct. BH24: Ring 4C 8
Clausen Way SO41: Penn 4E 53
Clayfield Ct. BH16: Upton 6C 36
Clayford Av. BH22: Fern 2H 17
Clayford Cl. BH17: Poole 3B 38
CLAYHILL 5G 71
Claylake Dr. BH31: Ver 4E 7
Cleasby Grange BH5: Bour 4F 61
  ....(off Wollstonecraft Rd.)
Cleeves Ct. BH12: Poole 3H 39
Clematis Cl. BH23: Chri 4E 47
Clementina Ct. BH23: Chri 1D 62
Clement M. BH4: Bour 4D 58
Cleveland Cl. BH25: B Sea 6D 48
Cleveland Ct. BH2: Bour 5F 59
Cleveland Gdns. BH1: Bour 2C 60
Cleveland Pl. BH23: Chri 5B 46
Cleveland Rd. BH1: Bour 2D 60
Cliff Cres. BH25: B Sea 6F 49
Cliff Dr. BH13: Poole 3A 70
Cliff Dr. BH23: Fri C 1E 65
Cliffe Rd. BH25: B Sea 6E 49
Clifford Rd. BH9: Bour 4A 42
Cliff Rd. SO41: M Sea 2A 66
Cliff Ter. BH25: B Sea 6F 49
Cliff Wlk. BH4: Bour 5E 59
  ....(off W. Cliff Rd.)
Clifton Gdns. BH22: Fern 5A 18
Clifton Rd. BH14: Poole 5H 57
Clifton Rd. BH6: Bour 4B 62
Clingan Rd. BH6: Bour 1B 62
Clinton Cl. BH23: Walk 3B 48
Clinton Rd. SO41: Lymi 6G 35
Clive Ct. BH4: Bour 4E 59
  ....(off Marlborough Rd.)
Cliveden Cl. BH22: Fern 2A 18
Clive Rd. BH23: Chri 3F 47
Clive Rd. BH9: Bour 4H 41
Cloisters, The BH23: Chri 1F 63
Cloisters, The BH4: Hight 5E 9
Cloisters, The SO41: Lymi 2F 53
Close, The BH18: Broad 2E 37
Close, The BH24: Ashy 3F 13
Close, The BH24: Ring 4B 8
Close, The BH24: St I 3C 12
Close, The BH25: B Sea 5H 49
Close, The SO41: Sway 1E 33

Clough's Rd. BH24: Ring 4D 8
Clover Cl. BH23: Chri 5D 46
Clover Cl. BH25: Ashy 1B 50
Clover Dr. BH17: Poole 4F 37
Clovers, The BH12: Poole 5C 40
Clowes Av. BH6: Bour 4F 63
Clyde Rd. BH17: Poole 3H 37
Coach Ho. M. BH22: Fern 2D 18
Coach Ho. Pl. BH1: Bour 2A 60
Coastal Activity Pk. 4E 61
Coastguard Cotts. BH25: B Sea 5E 49
Coastguard Way BH23: Mude 2B 64
Coastside BH4: Bour 6E 59
Cobbs Beck La. BH23: Highc 5A 48
Cobbs La. BH15: Poole 1C 56
Cobbs Quay Berth Holders Association 4F 55
Cobb's Rd. BH21: Cole 3F 15
Cobham Rd. BH21: Stap 3F 17
Cobham Rd. BH23: Mer 2A 42
Cobham Sports & Social Club 2A 22
Cobham Way BH21: Mer 2C 22
Cockerell Cl. BH21: Mer 2D 22
Cogdean Cl. BH21: Cor M 3E 21
COGDEAN ELMS 3E 21
Cogdean Elms Nature Reserve 3E 21
Cogdeane Rd. BH17: Poole 3B 38
Cogdean Wlk. BH21: Cor M 3E 21
Cogdean Way BH21: Cor M 3E 21
Colborne Av. BH21: Cole 3H 15
Colborne Cl. BH15: Poole 6B 56
Colborne Cl. SO41: Lymi 6G 35
Colbourne Cl. BH23: Bran 3C 28
COLEHILL 2H 15
Colehill Cres. BH9: Bour 2B 42
Colehill La. BH21: Bro H 2G 15
Colehill La. BH21: Cole 2G 15
Coleman Rd. BH11: Bour 2C 40
Colemere Gdns. BH23: Highc 4H 47
Colemore Rd. BH7: Bour 6A 44
Coleridge Grn. BH23: Chri 5B 46
Coles Av. BH15: Hamw 5E 55
Coles Gdns. BH15: Hamw 5E 55
Colin Cl. BH21: Cor M 6D 20
College Rd. BH24: Ring 4C 8
College Rd. BH5: Bour 3G 61
Collingbourne Av. BH6: Bour 1B 62
Collingdale Lodge BH8: Bour 6B 42
  ....(off Richmond Pk. Rd.)
Collingwood Rd. BH21: W Moo 1C 10
Collins La. BH24: Ring 4C 8
Collwood Cl. BH15: Poole 6A 38
Collyers Rd. SO42: Broc 5E 73
Colman Ct. BH1: Bour 4C 60
Colonnade Rd. BH5: Bour 2G 61
Colonnade Rd. W. BH5: Bour 2G 61
Colt Cl. BH21: Cole 3B 16
Coltsfoot Way BH23: Chri 4E 47
Columbia Ho. BH10: Bour 3F 41
Columbian Way BH10: Bour 3F 41
Columbia Rd. BH10: Bour 3D 40
Columbia Trees La. BH10: Bour 4F 41
Columbine Cl. BH23: Chri 4D 46
Colville Cl. BH5: Bour 2G 61
Colville Rd. BH5: Bour 2G 61
Comber Rd. BH9: Bour 2H 41
Comet Way BH23: Mude 1C 64
Comilla Ct. BH13: Poole 5D 58
Comley Rd. BH9: Bour 3H 41
Commercial Rd. BH14: Poole 3D 56
Commercial Rd. BH2: Bour 4E 5 (4G 59)
Commercial Rd. BH23: Bour A 2D 26
Compass Point Nth. BH15: Hamw 6G 55
Compton Acres 1A 70
Compton Av. BH14: Poole 5H 57
Compton Beeches BH24: St I 2C 12
Compton Bus. Pk. BH12: Poole 4G 39
Compton Cl. BH31: Ver 3D 6
Compton Ct. BH6: Bour 3D 62
Compton Cres. BH22: W Moo 6E 11
Compton Dr. BH14: Poole 5G 57
Compton Gdns. BH14: Poole 5G 57
Compton Lodge BH4: Bour 4F 59
  ....(off Marlborough Rd.)
Compton Rd. BH25: New M 3G 49
Compton Rd. BH6: Poole 5E 39
Concept Pk. BH12: Poole 1F 11
Condor Cl. BH21: Wool 1F 11
Conel Ct. BH9: Bour 2H 41
  ....(off Talbot Rd.)
Coneygar La. BH25: Long 1H 49
Conference Pl. SO41: Lymi 3H 53
Conifer Av. BH14: Poole 5F 57
Conifer Cl. BH22: W Par 2H 25
Conifer Cl. BH23: Chri 2B 44
Conifer Cl. BH24: St L 3H 11

Conifer Cres. SO41: Penn..................2D **52**
Conifers BH13: Poole........................4D **58**
Coniston Av. BH11: Bour....................5A **24**
Coniston Cl. BH31: Ver.........................4C **6**
Coniston Rd. BH24: Ring.......................5D **8**
Connaught Cl. BH25: New M...............4E **49**
Connaught Cres. BH12: Poole...........1A **58**
Connaught Rd. BH7: Bour...................2H **61**
Connell Rd. BH15: Poole.....................2A **56**
Consort Cl. BH12: Poole......................2G **57**
Consort Ho. BH22: Fern......................3B **18**
Constable Cl. BH22: Fern.....................5A **18**
Constitution Hill Gdns. BH14: Poole....2E **57**
Constitution Hill Rd. BH14: Poole........3D **56**
Convent Mdws. BH23: Chri..................2G **63**
Convent Wlk. BH23: Chri.....................1G **63**
Conway Cl. BH25: New M....................2H **49**
Conway Ct. BH25: New M.....................2H **49**
Conways Dr. BH14: Poole....................2H **57**
Cook Cl. BH24: Poul..............................3E **9**
Cooke Gdns. BH12: Poole....................1B **58**
Cooke Rd. BH12: Poole.........................1B **58**
Cook Row BH21: W Min.......................5D **14**
Coombe Dr. BH10: Bour.......................2G **41**
Coombe Gdns. BH10: Bour...................3F **41**
Coombe La. SO41: Sway.......................2H **33**
Coombe Nurseries BH18: Broad...........3G **37**
Cooper Dean Dr. BH8: Bour.................4F **43**
COOPER DEAN RDBT., THE....................4G **43**
Coopers La. BH31: Ver............................1D **6**
Copeland Dr. BH14: Poole....................5F **57**
Copper Beech Cl. BH12: Poole............3C **58**
Copper Beeches BH2: Bour.......1H **5** (2H **59**)
Copper Beech Gdns. BH10: Bour..........3F **41**
Coppercourt Leaze BH21: W Min..........5E **15**
..................................(off Poole Rd.)
Coppice, The BH22: W Moo..................6E **11**
Coppice, The BH23: Mude.....................1D **64**
Coppice, The SO42: Broc.......................2C **72**
Coppice Av. BH22: Fern.........................2H **17**
Coppice Cl. BH24: St I...........................3B **12**
Coppice Cl. BH25: Ashy........................1B **50**
Coppice Vw. BH10: Bour.......................2G **41**
Coppins Cl. BH22: Long.........................2E **25**
Copse, The BH24: St L..........................1F **19**
Copse Av. BH25: New M........................3H **49**
Copse Cl. BH14: Poole..........................4D **56**
Copse Rd. BH25: New M........................3H **49**
Copse Rd. BH31: Ver...............................3D **6**
Copse Way BH23: Chri...........................5G **47**
Copsewood Av. BH8: Bour....................4E **43**
Copythorne Cl. BH8: Bour.....................3D **42**
Corbar Rd. BH23: Chri...........................5C **44**
Corbiere Av. BH12: Poole.......................4H **39**
Corbin Av. BH22: Fern............................3E **19**
Corbin Ct. SO41: Penn...........................3D **52**
Corbin Rd. SO41: Penn...........................2D **52**
Corfe Halt Cl. BH21: Cor M...................2E **21**
CORFE HILLS..5F **21**
Corfe Hills Nature Reserve.....................4F **21**
Corfe Ho. BH15: Poole...............4D **4** (5B **56**)
Corfe Lodge Rd. BH18: Broad...............1C **36**
CORFE MULLEN..5D **20**
Corfe Vw. Rd. BH14: Poole....................4F **57**
Corfe Vw. Rd. BH21: Cor M....................6C **20**
Corfe Way BH18: Broad..........................2E **37**
Corhampton Rd. BH6: Bour...................1H **61**
Cormorant Ho. BH15: Hamw..................6G **55**
..................................(off Norton Way)
Cornelia Cres. BH12: Poole....................1C **58**
Cornelia Gdns. BH17: Poole...................5D **38**
Cornelia Rd. BH10: Bour.........................4D **40**
Corner Point BH6: Bour..........................2B **62**
Cornflower Dr. BH23: Chri......................4E **47**
Cornford Way BH23: Chri........................5F **47**
Cornish Gdns. BH10: Bour......................4F **41**
Corn Mkt. BH21: W Min.........................5D **14**
..................................(off West Row)
Cornmarket Ct. BH21: W Min.................4D **14**
..................................(off West St.)
Cornwallis Rd. SO41: M Sea...................3B **66**
Cornwall Rd. BH16: Upton.....................6B **36**
Coronation Av. BH9: Bour.......................3H **41**
Coronation Cl. BH31: Ver..........................2D **6**
Coronation Rd. BH31: Ver.........................2D **6**
Corporation Rd. BH1: Bour....................2B **60**
Corscombe Cl. BH17: Poole....................3C **38**
Cortmerron BH4: Bour............................5E **59**
..................................(off W. Cliff Rd.)
Cortry Cl. BH12: Poole............................6C **40**
Cotes Av. BH14: Poole............................2E **57**
Cotlands Rd. BH1: Bour..........................3B **60**
Cotswold Cl. BH31: Ver.............................4D **6**
Cotswold Ct. BH23: Chri.........................5B **46**
..................................(off Hunt Rd.)

Cottage Gdns. BH12: Poole....................2G **57**
Cottagers La. SO41: Hor........................2E **51**
Cotton Cl. BH18: Broad..........................6F **21**
Countess Cl. BH21: Mer.........................3C **22**
Countess Gdns. BH7: Bour....................5F **43**
County Court Bournemouth.....................4H **43**
County Gates La. BH4: Bour...................3D **58**
County Hgts. BH1: Bour..............5H **5** (5A **60**)
..................................(off Hinton Rd.)
Court Cl. BH23: Chri...............................6A **46**
Court Cl. SO41: Lymi..............................3F **53**
Courtenay Dr. BH21: W Min...................3E **15**
Courtenay Pl. SO41: Lymi......................2G **53**
Courtenay Rd. BH14: Poole....................3F **57**
Courthill Rd. BH14: Poole.......................3G **57**
Courtlands SO41: Lymi...........................1G **53**
Courtleigh Mnr. BH5: Bour.....................3D **60**
Court Lodge SO41: Lymi.........................3F **53**
Courtney Pl. BH21: Cor M......................6C **20**
Court Rd. BH9: Bour...............................4B **42**
Court Vw. BH2: Bour.....................2E **5** (3G **59**)
..................................(off Branksome Wood Rd.)
Courtyard, The BH1: Bour......................3B **60**
Courtyard, The BH12: Poole...................4G **39**
Courtyard, The BH15: Poole.......4B **4** (5A **56**)
..................................(off Prosperous St.)
Courtyard, The BH21: Can M..................2E **23**
Courtyard, The BH4: Bour......................3F **59**
..................................(off Wharfdale Rd.)
Covena Rd. BH6: Bour............................1B **62**
Coventry Cl. BH21: Cor M.......................1C **36**
Coventry Cres. BH17: Poole....................3G **37**
Cove Rd. BH10: Bour..............................3E **41**
Cowdrey Gdns. BH8: Bour......................3F **43**
Cowdry's Fld. BH21: W Min.....................3D **14**
Cowell Dr. BH7: Bour..............................5G **43**
Cowley Rd. BH17: Poole..........................5B **38**
Cowley Rd. SO41: Lymi...........................1E **53**
Cowleys Rd. BH23: Burt..........................3G **45**
Cowper Av. BH25: New M........................4G **49**
Cowper Rd. BH9: Bour............................3H **41**
Cowpitts La. BH24: Hang..........................1E **9**
Cowpitts La. BH24: Poul...........................1E **9**
Cowslip Cl. BH23: Chri............................4E **47**
Cowslip Rd. BH18: Broad........................4E **37**
Cox Av. BH9: Bour...................................1B **42**
Cox Cl. BH9: Bour....................................1B **42**
Cox Gdns. BH22: Fern.............................3B **18**
Coxstone La. BH24: Ring...........................5C **8**
Coy Pond Bus. Pk. BH12: Poole.............2C **58**
Coy Pond Rd. BH12: Poole......................2C **58**
Crabbswood La. SO41: Sway...................3C **32**
Crab Orchard Way BH21: Thr C...............6C **6**
Crabton Cl. Rd. BH5: Bour.......................3F **61**
Crabtree Cl. BH23: Burt...........................3G **45**
Cracklewood Cl. BH22: W Moo...............2E **19**
Craghead BH1: Bour..............................4D **60**
Craigleith BH1: Bour...............................3C **60**
Craigmoor Av. BH8: Bour.......................3E **43**
Craigmoor Cl. BH8: Bour.......................4F **43**
Craigmoor Way BH8: Bour.....................3E **43**
Craigside Rd. BH24: St L........................4H **11**
Craigwood Dr. BH22: Fern......................4C **18**
Cranborne Cres. BH12: Poole................5A **40**
Cranborne Ho. BH8: Bour.......................3A **60**
Cranborne Pl. BH25: New M....................2E **49**
Cranborne Rd. BH2: Bour............5F **5** (5G **59**)
Cranborne Rd. BH21: W Min....................3E **15**
Cranbourne Ct. BH17: Poole...................3E **39**
Cranbourne Ct. BH9: Bour......................5B **42**
..................................(off Rutland Rd.)
Cranbrook M. BH12: Poole......................1F **57**
Cranbrook Rd. BH12: Poole.....................2F **57**
Crane Cl. BH31: Ver..................................3C **6**
Crane Dr. BH31: Ver..................................2C **6**
Crane Ho. BH31: Ver.................................2C **6**
..................................(off Peel Cl.)
Cranemoor Av. BH23: Chri......................3G **47**
Cranemoor Cl. BH23: Chri......................3G **47**
Cranemoor Gdns. BH23: Chri.................3H **47**
Cranes M. BH15: Poole................1D **4** (4B **56**)
Crane Valley Golf Course............................2A **6**
Crane Way BH21: Wool............................1F **11**
Cranfield Av. BH21: W Min......................4F **15**
Cranleigh Cl. BH6: Bour..........................2C **62**
Cranleigh Gdns. BH6: Bour.....................2C **62**
Cranleigh Paddock SO43: Lynd.............2F **71**
Cranleigh Rd. BH6: Bour.........................1B **62**
Cranmer Rd. BH9: Bour...........................5H **41**
Cransley Ct. BH4: Bour............................5E **59**
..................................(off Portarlington Rd.)
Crantock Gro. BH8: Bour........................3F **43**
Cranwell Cl. BH11: Bour..........................1A **40**

Cranwell Cl. BH23: Bran..........................2D **28**
Craven Ct. BH1: Bour..............................3B **60**
..................................(off Knyveton Rd.)
Craven Grange BH2: Bour.............2G **5** (3H **59**)
Crawshaw Rd. BH14: Poole.....................5F **57**
Creasey Rd. BH11: Bour...........................6C **24**
Creech Rd. BH12: Poole...........................2G **57**
Creedy Dr. BH23: Chri.............................2F **63**
Creedy Path BH23: Chri...........................1F **63**
CREEKMOOR..5G **37**
Creekmoor La. BH17: Poole.....................4F **37**
Crescent, The BH1: Bour.........................3E **61**
Crescent, The BH24: St L.........................1F **19**
Crescent, The BH25: New M.....................5D **48**
Crescent Ct. BH2: Bour............................5F **59**
Crescent Ct. BH25: B Sea........................6F **49**
..................................(off Marine Cl.)
Crescent Dr. BH25: B Sea........................6F **49**
Crescent Grange BH2: Bour.........3E **5** (4G **59**)
..................................(off Crescent Rd.)
Crescent Rd. BH14: Poole........................3A **58**
Crescent Rd. BH2: Bour................3E **5** (4G **59**)
Crescent Rd. BH21: W Min.......................5E **15**
Crescent Rd. BH31: Ver..............................3E **7**
Crescent Wlk. BH22: W Par......................2G **25**
Cresta Cl. BH2: Bour....................3E **5** (4G **59**)
..................................(off Crescent Rd.)
Cresta Gdns. BH22: W Par.......................1G **25**
Crest Rd. BH12: Poole..............................1G **57**
Cribb Cl. BH17: Poole...............................6C **38**
Crichel Mt. Rd. BH14: Poole.....................2G **69**
Crichel Rd. BH9: Bour..............................5A **42**
Cricket Chambers BH1: Bour....................3A **60**
Cricket Cl. BH23: Nea..............................2B **64**
Crimea Rd. BH9: Bour..............................6H **41**
Cringle Av. BH6: Bour..............................3E **63**
Crispin Cl. BH23: Highc...........................5H **47**
Crittall Cl. SO41: Sway...........................1G **33**
Crockford Cl. BH25: New M......................6H **31**
Croft Cl. BH21: Cor M..............................4D **20**
Crofton Cl. BH23: Chri.............................4C **44**
Croft Rd. BH12: Poole..............................1F **57**
Croft Rd. BH23: Chri.................................6B **46**
Croft Rd. BH23: Nea.................................5D **28**
Croft Rd. BH24: Poul.................................2E **9**
Croft Rd. BH9: Bour.................................3H **41**
Cromer Gdns. BH12: Poole......................2B **58**
Cromer Rd. BH12: Poole..........................3B **58**
Cromer Rd. BH8: Bour.............................6D **42**
Cromwell Gdns. BH5: Bour......................2H **61**
Cromwell Pl. BH5: Bour...........................2H **61**
Cromwell Rd. BH12: Poole.......................2H **57**
Cromwell Rd. BH21: W Min......................5F **15**
Cromwell Rd. BH5: Bour..........................2H **61**
Crooked La. BH25: New M........................5A **50**
Crosby Rd. BH4: Bour..............................6E **59**
Crossmead Av. BH25: New M...................3G **49**
Cross Way BH23: Chri..............................4B **44**
Crossways SO41: Ever.............................4H **51**
Crossways, The BH16: Upton...................6C **36**
CROW...6E **9**
Crow Arch La. BH24: Crow.........................5D **8**
Crow Arch La. BH24: Ring..........................5D **8**
Crow Arch La. Ind. Est. BH24: Ring...........6D **8**
Crowe Hill Ct. BH15: Poole......................3C **56**
CROW HILL...6H **9**
Crow La. BH24: Crow.................................5E **9**
Crow La. BH24: Hight................................5E **9**
Crown Cl. BH23: Poole.............................2G **57**
Crown Court Bournemouth.......................4H **43**
Crown Ct. BH11: Bour..............................4D **14**
Crown Mead BH21: W Min Hanham Rd....4E **15**
Crown Mead BH21: W Min Park La..........5E **15**
Crown Wlk. BH1: Bour..............................3E **61**
Crusader Cl. BH4: Bour............................3D **58**
Crusader Rd. BH11: Bour.........................1H **39**
Cruse Cl. SO41: Sway..............................1F **33**
Cruxton Farm Ctyd. BH21: Mer...............1B **42**
Cucklington Gdns. BH9: Bour..................1B **42**
Cuckoo Hill Way BH23: Bran...................2E **29**
Cuckoo Rd. BH12: Poole..........................5E **39**
Cudnell Av. BH11: Bour...........................5B **24**
Cul-de-Sac BH25: New M.........................5C **48**
Culford Cl. BH8: Bour..............................3F **43**
Culford Cl. BH8: Bour..............................2A **60**
..................................(off Wellington Rd.)
Cull Cl. BH12: Poole.................................5E **41**
Culliford Cres. BH17: Poole.....................3C **38**
Cull La. BH25: New M...............................5H **31**
..................................(not continuous)
Cullwood La. BH25: New M......................6A **32**
Culverhayes Cl. BH21: W Min...................3D **14**
Culverhayes Pl. BH21: W Min...................3D **14**
Culverhayes Rd. BH21: W Min..................3D **14**
Culverley Cl. SO42: Broc.........................3E **73**

Culver Rd. BH25: New M 3F 49
Cumberland Ct. BH2: Bour 6E 5 (5G 59)
....(off West Cliff Gdns.)
Cumnor Rd. BH1: Bour 4A 60
Cunningham Cl. BH11: Bour 2C 40
Cunningham Cl. BH23: Mude 1C 64
Cunningham Ct. BH24: Poul 3E 9
Cunningham Ct. BH25: New M 3E 9
Cunningham Cres. BH11: Bour 2F 49
Cunningham Pl. BH11: Bour 2C 40
Curlew Cl. BH22: Fern 2H 17
Curlew Rd. BH23: Mude 1C 64
Curlew Rd. BH8: Bour 3D 42
Curlews, The BH31: Ver 4E 7
Curlieu Rd. BH15: Poole 1B 56
Curtis Lodge BH1: Bour 2D 60
Curtis Rd. BH12: Poole 2G 57
Curzon Ct. BH4: Bour 4E 59
....(off Portarlington Rd.)
Curzon Pl. SO41: Penn 3F 53
Curzon Rd. BH1: Bour 1D 60
Curzon Rd. BH14: Poole 4E 57
Curzon Way BH23: Chri 5F 47
CUSTARDS 2G 71
Custards, The SO43: Lynd 2G 71
Cuthburga Rd. BH21: W Min 4E 15
Cuthbury Cl. BH21: W Min 5C 14
Cuthbury Gdns. BH21: W Min 4C 14
Cutler Cl. BH12: Poole 6E 41
Cutler Cl. BH25: Ashy 2A 50
Cutlers Pl. BH21: Cole 4A 16
Cuttings, The BH14: Poole 3G 57
Cynthia Cl. BH12: Poole 6F 39
Cynthia Ho. BH12: Poole 6F 39
Cynthia Rd. BH12: Poole 6F 39
Cypress Gro. SO41: Ever 4H 51
Cyril Rd. BH8: Bour 1C 60

D

Dacombe Cl. BH16: Upton 6C 36
Dacombe Dr. BH16: Upton 6C 36
Dacres Wlk. SO41: M Sea 2D 66
Dahlia Cl. BH15: Poole 1C 56
Dairy Cl. BH21: Cor M 1B 36
Dairy Cl. BH23: Chri 6H 45
Daisy Cl. BH15: Poole 1B 56
Daisy Cl. BH23: Chri 4E 47
Dakota Cl. BH23: Chri 6D 46
Dale Cl. BH15: Poole 1D 56
Dale Rd. BH15: Poole 1D 56
Dales Cl. BH21: Cole 3C 16
Dales Dr. BH21: Cole 4B 16
Dales La. BH23: Hurn 4E 27
Dale Valley Rd. BH15: Poole 6C 38
Dalewood Av. BH11: Bour 6A 24
Dalkeith La. BH1: Bour 3H 5 (4H 59)
Dalkeith Rd. BH13: Poole 6C 58
Dalkeith Rd. BH21: Cor M 1D 36
Dalkeith Steps BH1: Bour 3H 5 (4H 59)
......................................(off Old Christchurch Rd.)
Dalling Rd. BH12: Poole 2C 58
Dalmeny Rd. BH12: Poole 4E 63
Damerham Rd. BH8: Bour 2D 42
Dane Ct. BH14: Poole 3E 57
Danecourt Cl. BH14: Poole 3D 56
Danecourt Rd. BH14: Poole 3D 56
....(not continuous)
Danecrest Rd. SO41: Hor 2D 50
Dane Dr. BH22: W Par 6C 18
Danehurst SO41: Down 1A 66
Danehurst New Rd. SO41: Tip 3A 32
Dane Rd. SO41: Down 1A 66
Danesbury Av. BH6: Bour 3D 62
Danesbury Mdws. BH25: Ashy 6A 32
Danes Cl. BH25: B Sea 3G 49
Danestream Cl. SO41: M Sea 3D 66
Danestream Ct. SO41: M Sea 3E 67
Daneswood Rd. BH25: Ashy 2A 50
Daniel Gdns. BH15: Poole 5C 4 (6A 56)
....(off Skinner St.)
Danielle Ct. BH8: Bour 2C 60
....(off Lowther Gdns.)
Daniells Cl. SO41: Lymi 2G 53
Daniell's Wlk. SO41: Lymi 3G 53
Daniel's Ct. BH24: Ring 4A 8
Daniels Lodge BH23: Highc 6B 48
Dansie Cl. BH14: Poole 3F 57
Darby's Cl. BH15: Poole 3A 38
DARBY'S CNR. 3A 38
Darby's La. BH15: Poole 3A 38
Darby's La. Nth. BH17: Poole 6B 38
Dark La. BH23: Hin 1A 48
Dark La. BH25: New M 1F 49
Darley Rd. BH22: Fern 6A 18

Darracott Gdns. BH5: Bour 3G 61
Darracott Rd. BH5: Bour 3G 61
Darrian Ct. BH16: Upton 6B 36
Darwin Av. BH23: Chri 4C 44
Darwin Cl. BH12: Poole 3C 58
Davenport Cl. BH16: Upton 6C 36
David Lloyd Leisure Ringwood 6C 8
David's La. BH24: Ashy 2E 13
David Trenchard Ho. BH1: Bour 2A 60
....(off Lansdowne Rd.)
David Way BH15: Hamw 5D 54
Davies Ct. BH12: Poole 2A 58
Davis Fld. BH25: New M 3F 49
Davis Rd. BH12: Poole 2A 58
Dawkins Bus. Cen. BH15: Hamw 4D 54
Dawkins Rd. BH15: Hamw 3D 54
Dawkins Way BH25: New M 3D 54
Dawn Chorus BH14: Poole 4F 57
Dawn Cl. BH10: Bour 3E 41
Daws Av. BH10: Bour 4C 40
Daws Pl. BH11: Bour 3D 40
Daylesford Cl. BH14: Poole 5E 57
Day's Ct. BH21: W Min 4E 15
....(not continuous)
Deacon Gdns. BH11: Bour 6C 24
Deacon Rd. BH11: Bour 6C 24
Dean Cl. BH15: Hamw 4E 55
Dean Pk. Cres. BH1: Bour 2H 5 (3H 59)
Dean Pk. Lodge BH1: Bour 3A 60
....(off Cavendish Rd.)
Dean Pk. Mans. BH1: Bour 1H 5 (3A 60)
Dean Pk. Rd. BH1: Bour 1H 5 (3H 59)
Deans, The BH1: Bour 1H 5 (3H 59)
Deans Court 5D 14
Dean's Ct. La. BH21: W Min 2D 66
Deanscroft Rd. BH10: Bour 5E 15
Deans Gro. BH21: W Min 1G 41
DEANS GROVE 2F 15
Deansleigh Rd. BH7: Bour 4H 43
Deans Rd. BH5: Bour 2H 61
Deansway Ct. BH1: Bour 3A 60
....(off Dean Pk. Rd.)
Dean Swift Cres. BH14: Poole 1G 69
Dear Hay La. BH15: Poole 4B 4 (5A 56)
Dearing Cl. SO43: Lynd 3F 71
Decies Rd. BH14: Poole 2F 57
De Clares Ct. SO41: Penn 1D 52
De Courtenai Cl. BH11: Bour 6H 23
Deepdene La. BH1: Bour 6A 24
Deer La. SO41: Bold 4F 35
Deerleap Way BH25: New M 5H 31
Deer Pk. Cl. BH25: New M 1F 49
Dee Way BH15: Poole 5A 4 (6H 55)
De Haviland Cl. BH21: Mer 1D 22
De Haviland Ho. BH23: Mude 1C 64
De Havilland Way BH23: Mude 2B 64
Delamere Gdns. BH10: Bour 2G 41
De la Warr Rd. SO41: M Sea 3C 66
Delft M. BH23: Chri 1H 63
Delhi Cl. BH14: Poole 4H 57
Delhi Rd. BH9: Bour 3G 41
Delilah Rd. BH15: Hamw 5D 54
De Lisle Rd. BH3: Bour 6H 41
Delkeith Ct. BH22: Fern 5B 18
Dell, The BH25: New M 5C 48
Dell Cl. BH18: Broad 2E 37
Delphina Chase BH13: Poole 4A 70
Delphis Ct. BH15: Poole 4D 4 (5B 56)
....(off Avenel Way)
Delph Rd. BH21: Mer 3B 22
Delta Cl. BH23: Chri 6C 46
De Mauley Rd. BH13: Poole 1A 70
De Montfort Rd. BH21: Mer 2B 22
De Mowbray Way SO41: Lymi 3F 53
Denby Rd. BH15: Poole 3B 56
Dene, The BH13: Poole 5C 58
Dene Cl. BH24: Poul 2E 9
Deneside Copse SO41: Penn 3D 52
Deneve Av. BH17: Poole 4A 38
Dene Wlk. BH22: W Par 2G 25
Denewood Copse BH22: W Moo 4B 10
Denewood Rd. BH22: W Moo 4B 10
Denewood Rd. BH4: Bour 5D 58
Denham Cl. BH17: Poole 2C 38
Denham Dr. BH23: Highc 4H 47
Denholm Cl. BH24: Poul 2F 9
Denison Rd. BH17: Poole 4A 38
Denmark La. BH15: Poole 2D 4 (4B 56)
Denmark Rd. BH15: Poole 2D 4 (4B 56)
....(not continuous)
Denmark Rd. BH9: Bour 4H 41
Denmead Rd. BH25: Ashy 1B 50
Denmead Rd. BH6: Bour 6B 44
Dennets La. BH15: Poole 5A 4 (6H 55)

....(off High St.)
Dennis Rd. BH21: Cor M 6D 20
Dennistoun Av. BH23: Chri 6B 46
Derby Rd. BH1: Bour 3C 60
De Redvers Ct. BH23: Chri 4B 44
De Redvers Rd. BH14: Poole 5G 57
Dereham Way BH12: Poole 1B 58
Derrybrian Gdns. BH25: New M 3G 49
Derwent Cl. BH22: Fern 3E 19
Derwent Cl. BH9: Bour 3A 42
Derwent Rd. BH25: New M 6H 31
Derwentwater Rd. BH21: Mer 1B 22
Deverel Cl. BH23: Chri 5E 45
Devon Rd. BH15: Poole 2C 56
Devon Rd. BH23: Chri 5C 44
Deweys La. BH24: Ring 4B 8
Dewlands Common Nature Reserve 3B 6
Dewlands Pk. BH31: Ver 3B 6
Dewlands Rd. BH31: Ver 4B 6
Dewlands Way BH31: Ver 3C 6
Dewlish Cl. BH17: Poole 3E 39
Dial Cl. BH23: Bran 1F 29
Diamond Pl. BH8: Bour 2C 42
Diana Cl. BH22: Fern 3B 18
Diana Ct. BH23: Highc 6A 48
Diana Way BH21: Cor M 4E 21
Dibden Cl. BH8: Bour 2D 42
Dickens Rd. BH22: Fern 6C 44
Didcot Rd. BH17: Poole 6B 38
Digby Ho. BH12: Poole 4F 59
....(off Suffolk Rd.)
Dilly La. BH25: B Sea 5G 49
Dingle Rd. BH5: Bour 3H 61
Dingley Rd. BH15: Poole 1B 56
Dinham Ct. BH25: Ashy 1B 50
Dinham Rd. BH25: Ashy 1B 50
Diprose Rd. BH21: Cor M 4E 21
Discovery Ct. BH12: Poole 3A 40
Disraeli Rd. BH23: Chri 1H 63
Ditchbury SO41: Lymi 5F 35
DOE'S HATCH 3B 6
Doe's La. BH31: Ver 3B 6
Dogdean BH21: W Min 2E 15
Dogwood Rd. BH18: Broad 3E 37
Dolbery Rd. Nth. BH12: Poole 3H 39
Dolbery Rd. Sth. BH12: Poole 4G 39
Dolphin Av. BH10: Bour 6G 25
Dolphin Cen. 3C 4 (5A 56)
Dolphin Cl. BH13: Poole 5D 58
Dolphin Indoor Bowls Club 5H 37
Dolphin M. BH5: Bour 2H 61
....(off Seabourne Rd.)
Dolphin Pl. BH25: B Sea 6G 49
Dolphin Quays BH15: Poole 5B 4 (6A 56)
Dominion Cen. BH11: Bour 2A 40
Dominion Rd. BH11: Bour 2A 40
Donnelly Rd. BH6: Bour 2D 62
Donnington Dr. BH23: Chri 6D 46
Donoughmore Rd. BH1: Bour 3D 60
Dorchester Gdns. BH15: Poole 2C 56
Dorchester Ho. SO41: Lymi 1G 53
....(off Hillcroft Cl.)
Dorchester Mans. BH1: Bour 4D 60
....(off Manor Rd.)
Dorchester Rd. BH15: Poole 1B 56
Dorchester Rd. BH21: Cor M 1D 20
Dormy Cres. BH22: Fern 6C 18
Dornie Rd. BH13: Poole 2A 70
Dorset Av. BH22: Fern 5B 18
Dorset Ct. BH4: Bour 3E 59
....(off Branksome Wood Rd.)
Dorset Cricket Cen., The 4H 27
Dorset Ho. BH13: Poole 5C 58
Dorset Lake Av. BH14: Poole 1F 69
Dorset Lake Mnr. BH14: Poole 5E 57
Dorset Rd. BH13: Poole 5B 46
Dorset Rd. BH4: Bour 2E 59
Dorset Way BH17: Poole 6A 38
Douglas Av. BH23: Chri 1D 62
Douglas Cl. BH16: Upton 5C 36
Douglas Cl. BH23: Chri 1D 62
Douglas Gdns. BH12: Poole 2A 58
Douglas M. BH16: Upton 5B 36
Douglas M. BH6: Bour 2A 62
Douglas Rd. BH12: Poole 2A 58
Douglas Rd. BH6: Bour 3C 62
Doulton Gdns. BH14: Poole 5F 57
Doussie Cl. BH16: Upton 5A 36
Dover Cl. BH13: Poole 4C 58
Dover Rd. BH13: Poole 4C 58
Doveshill Cres. BH10: Bour 2F 41
Doveshill Gdns. BH10: Bour 2F 41
Doveshill Mobile Home Pk. BH10: Bour 2F 41
Dowden Ct. BH23: Chri 1D 62

Dowlands Cl. – Elvin Cl.

Dowlands Cl. BH10: Bour 1F 41
Dowlands Rd. BH10: Bour 1F 41
Downey Cl. BH11: Bour 3B 40
Downland Pl. BH17: Poole 5D 38
DOWNTON 1A 66
Downton Cl. BH8: Bour 2C 42
Downton Holiday Pk. SO41: Down 6D 50
Downton La. SO41: Down 1A 66
Downy Ct. BH14: Poole 3H 57
(off Bournemouth Rd.)
Doyne Rd. BH14: Poole 3A 58
Dragoon Way BH23: Chri 6D 44
Drake Cl. BH23: Mude 1B 64
Drake Cl. BH24: Poul 2F 9
Drake Cl. BH25: New M 2F 49
Drake Ct. BH15: Poole 5B 4 (6A 56)
Drake Rd. BH15: Poole 5B 4 (6A 56)
Drakes Rd. BH22: Fern 6D 18
Draper Rd. BH11: Bour 1C 40
Draper Rd. BH23: Chri 6A 46
Draycott Rd. BH10: Bour 3F 41
Dreswick Cl. BH23: Chri 1B 44
Drew Cl. BH12: Poole 6E 41
Drew Grange BH15: Hamw 3E 55
Drewitt Ind. Est. BH11: Bour 3A 40
Driftwood BH5: Bour 4F 61
Driftwood Pk. BH23: Chri 4C 44
Drive, The BH12: Poole 2H 57
Drive, The BH13: S'bks 2H 69
Droxford Rd. BH6: Bour 1H 61
Druids Cl. BH22: W Par 1F 25
Druitt Rd. BH23: Chri 5B 46
Drummond Rd. BH1: Bour 3D 60
Drury Rd. BH4: Bour 5D 58
Dryden Cl. BH24: Ashl H 2A 12
Dryden Pl. SO41: M Sea 2D 66
Duart Ct. BH25: New M 2A 50
Ducking Stool La. BH23: Chri 1F 63
Ducking Stool Wlk. BH23: Chri 1F 63
(off Ducking Stool La.)
Duck Island La. BH24: Ring 5B 8
Duck La. BH11: Bour 6B 24
Dudley Av. SO41: Hor 2D 50
Dudley Gdns. BH10: Bour 6F 25
Dudley Pl. BH25: New M 4H 49
Dudley Rd. BH10: Bour 6F 25
Dudmoor Farm Golf Course 1E 45
Dudmoor Farm Rd. BH23: Chri 1D 44
Dudmoor La. BH23: Chri 1D 44
DUDSBURY 2F 25
Dudsbury Av. BH22: Fern 5B 18
Dudsbury Cres. BH22: Fern 5B 18
Dudsbury Gdns. BH22: W Par 3G 25
Dudsbury Golf Course 2E 25
Dudsbury Hillfort 3F 25
Dudsbury Rd. BH22: W Par 2F 25
Dudsway Ct. BH22: Fern 5B 18
Dugdell Cl. BH22: Fern 3D 18
Dukes Cl. BH6: Bour 1B 62
Dukes Ct. BH31: Ver 2D 6
(off Jenner Cl.)
Dukes Dr. BH11: Bour 6A 24
Dukesfield BH23: Chri 3B 44
Dulsie Rd. BH3: Bour 1E 59
Dunbar Cres. BH23: Chri 3H 47
Dunbar Rd. BH3: Bour 1G 59
Duncan Rd. BH25: Ashy 1B 50
Duncliff Rd. BH6: Bour 3E 63
Dundas Rd. BH17: Poole 5C 38
Dune Crest BH13: S'bks 6G 69
Dunedin Cl. BH22: Fern 6H 17
Dunedin Dr. BH22: Fern 6H 17
Dunedin Gdns. BH22: Fern 6H 17
Dunedin Gro. BH23: Chri 6E 47
Dunford Cl. BH25: New M 5E 49
Dunford Rd. BH12: Poole 2H 57
Dunholme Mnr. BH1: Bour 4C 60
Dunkeld Rd. BH3: Bour 1F 59
Dunlin Cl. BH23: Mude 2D 64
Dunnock Cl. BH22: Fern 1H 17
Dunstans La. BH15: Poole 1E 57
Dunyeats Rd. BH18: Broad 1H 37
DUNYEATS RDBT. 6B 22
Durdells Av. BH11: Bour 5C 24
Durdells Gdns. BH11: Bour 6C 24
Durland Cl. BH25: New M 4G 49
Durley Chine BH2: Bour 5F 59
Durley Chine Ct. BH2: Bour 5F 59
Durley Chine Rd. BH2: Bour 4F 59
Durley Chine Rd. Sth. BH2: Bour 5F 59
Durley Gdns. BH2: Bour 5F 59
Durley Rd. BH2: Bour 5E 5 (5G 59)
Durley Rd. Sth. BH2: Bour 5E 5 (5F 59)
Durlston Cres. BH23: Chri 1B 44
Durlston Rd. BH14: Poole 5G 57

DURNS TOWN 1G 33
Durnstown SO41: Sway 1G 33
Durrant Ho. BH2: Bour 3E 5 (4G 59)
(off Cambridge Rd.)
Durrant Rd. BH14: Poole 4G 57
Durrant Rd. BH2: Bour 2F 5 (3G 59)
Durrant Way SO41: Sway 1F 33
Durrell Way BH15: Poole 5B 56
Durrington Pl. BH7: Bour 1H 61
Durrington Rd. BH7: Bour 6H 43
Durweston Cl. BH9: Bour 2B 42
DW Fitness Branksome 2B 58

E

Eaglehurst BH12: Poole 3C 58
(off Eagle Rd.)
Eagle Rd. BH12: Poole 3C 58
Earle Rd. BH4: Bour 6E 59
Earles Rd. BH21: Thr C 2A 10
Earley Ct. SO41: Lymi 1H 53
Earlham Dr. BH14: Poole 3G 57
Earlsdon Lodge BH2: Bour 3F 59
(off Surrey Rd.)
Earlsdon Way BH23: Highc 5G 47
Earlswood BH4: Bour 5E 59
(off Clarendon Rd.)
Earlswood Pk. BH25: Ashy 6A 32
East Av. BH25: New M 6C 48
East Av. BH3: Bour 1E 59
EAST AVENUE RDBT. 1G 59
East Bank Rd. SO42: Broc 4F 73
East Borough BH21: W Min 3D 14
(not continuous)
EAST BROOK 5E 15
Eastbrook Row BH21: W Min 5E 15
East Cliff BH2: Bour 2G 5 (3H 59)
EAST CLIFF 4A 60
East Cliff Grange BH1: Bour 3D 60
(off Knyveton Rd.)
East Cliff Prom. BH1: Bour 5H 5 (5A 60)
East Cliff Way BH23: Fri C 6E 47
East Cl. BH25: B Sea 5D 48
Eastcott Cl. BH7: Bour 5G 43
East Dorset Indoor Bowls Club 1H 63
East Dorset Sailing Club 2G 69
East Dorset Trade Pk. BH21: Stap 3F 17
East Dr. BH24: St L 1F 19
EAST END 2E 21
Easter Ct. BH5: Bour 3E 61
Eastern Rd. SO41: Lymi 1F 53
Eastern Way SO41: M Sea 3F 67
Easter Rd. BH9: Bour 3A 42
Eastfield Ct. BH24: Ring 4E 9
Eastfield La. BH24: Poul 4E 9
(not continuous)
Eastfield La. BH24: Ring 4E 9
(not continuous)
East Hill SO41: Lymi 1G 53
EAST HOWE 1E 41
East Howe La. BH10: Bour 2E 41
Eastlake Av. BH12: Poole 1F 57
Eastlands BH25: New M 4H 49
East La. SO41: Ever 4A 52
East Overcliff Dr. BH1: Bour 5A 60
EAST PARLEY 3C 26
EAST PARLEY COMMON 6F 19
East Quay BH15: Poole 5C 4 (6A 56)
East Quay Rd. BH15: Poole 5B 4 (6A 56)
East St. BH15: Poole 4C 4 (5A 56)
East St. BH21: W Min 5E 15
East Vw. Rd. BH24: Ring 4D 8
East Way BH21: Cor M 6D 20
East Way BH8: Bour 4B 42
Eastwood Av. BH22: Fern 3C 18
Eastworth Rd. BH31: Ver 2C 6
(not continuous)
Eaton Ct. BH1: Bour 3A 60
Eaton Rd. BH13: Poole 5C 58
EBBLAKE 4G 7
Ebblake Cl. BH31: Ver 6G 7
Ebblake Ent. Pk. BH31: Ver 4G 7
Ebblake Ind. Est. BH31: Ver 5H 7
Ebenezer La. BH24: Ring 4B 8
Ebor Cl. BH22: W Par 1G 25
Ebor Rd. BH12: Poole 1H 57
Eccles Rd. BH15: Hamw 5G 55
Eden Ct. BH1: Bour 4B 60
Eden Ct. BH4: Bour 5E 59
(off W. Cliff Rd.)
Eden Gro. BH21: W Min 6F 15
Edgarton Rd. BH17: Poole 2B 38
Edgehill Rd. BH9: Bour 5G 41
Edgemoor Rd. BH22: W Moo 6E 11
Edifred Rd. BH9: Bour 1A 42

Edmondsham Ho. BH2: Bour 4F 5 (4G 59)
Edmunds Cl. BH25: B Sea 4F 49
Edward Ct. BH8: Bour 6B 42
(off Richmond Pk. Rd.)
Edward Ho. BH12: Poole 5C 40
Edward May Ct. BH11: Bour 1C 40
Edward Rd. BH11: Bour 2D 40
(not continuous)
Edward Rd. BH14: Poole 2G 57
Edward Rd. BH23: Chri 5B 46
Edwards Cl. SO41: Penn 2D 52
Edwina Cl. BH24: Poul 2E 9
Edwina Dr. BH17: Poole 3H 37
Efford Ct. SO41: Penn 3D 52
Efford Way SO41: Penn 3D 52
Egdon Cl. BH22: Fern 6H 17
Egdon Ct. BH16: Upton 6B 36
Egdon Dr. BH21: Mer 3C 22
Egerton Ct. BH8: Bour 1D 60
(off Egerton Gdns.)
Egerton Gdns. BH8: Bour 1D 60
Egerton Rd. BH8: Bour 1D 60
Egmont Cl. BH24: Ashy 5E 13
Egmont Dr. BH24: Ashy 5F 13
Egmont Gdns. BH24: Ashy 5F 13
Egmont Rd. BH16: Hamw 3B 54
Elcombes Cl. SO43: Lynd 3F 71
Elderberry La. BH23: Mude 1B 64
Elderflower Cl. BH23: Chri 4E 47
Eldon Av. BH25: B Sea 5E 49
Eldon Cl. BH25: B Sea 5E 49
Eldon Pl. BH4: Bour 4D 58
Eldon Rd. BH9: Bour 4G 41
Eleanor Ct. BH25: New M 4F 49
(off Caslake Cl.)
Eleanor Dr. BH11: Bour 6H 23
Eleanor Gdns. BH23: Chri 5C 44
Elfin Dr. BH22: Fern 2A 18
Elgar Rd. BH10: Bour 1F 41
Elgin Ct. BH13: Poole 5D 58
Elgin Rd. BH14: Poole 6F 57
Elgin Rd. BH3: Bour 6F 41
Elgin Rd. BH4: Bour 1F 59
Elijah Cl. BH15: Hamw 5E 55
Eliot Ho. BH25: New M 3G 49
Elise Cl. BH7: Bour 5H 43
Elizabeth Av. BH23: Chri 5D 44
Elizabeth Ct. BH1: Bour 4A 60
Elizabeth Ct. BH15: Poole 4B 56
(off Longfleet Rd.)
Elizabeth Ct. BH22: Fern 4B 18
(off Victoria Rd.)
Elizabeth Cres. SO41: Hor 3F 51
Elizabeth Gdns. BH23: Chri 5F 47
Elizabeth Rd. BH15: Poole 1D 4 (4B 56)
Elizabeth Rd. BH16: Upton 6C 36
(off Douglas Cl.)
Elizabeth Rd. BH21: W Min 3E 15
Eliza Ct. BH5: Bour 3F 61
Elkhams Cl. SO41: Ever 4H 51
Ellerslie Chambers BH1: Bour 4H 5 (4H 59)
Ellery Gro. SO41: Lymi 6G 35
Ellesfield Dr. BH22: W Par 6B 18
Ellingham Rd. BH25: New M 5D 48
Elliot Rd. BH11: Bour 2B 40
Elliott Rd. BH11: Bour 2A 40
Elm Av. BH23: Chri 4C 44
Elm Av. BH25: New M 3G 49
Elm Av. SO41: Penn 4E 53
Elm Ct. BH25: New M 3G 49
Elmdon Towers BH2: Bour 4F 59
(off Cambridge Rd.)
Elmers Way BH23: Bran 2D 28
Elmes Rd. BH9: Bour 3G 41
Elm Gdns. BH4: Bour 2E 59
Elmgate Dr. BH7: Bour 6G 43
Elm Grange BH15: Poole 6C 38
Elmhurst Hgts. BH4: Bour 6E 59
(off Studland Rd.)
Elmhurst Rd. BH11: Bour 6C 24
Elmhurst Rd. BH22: W Moo 6D 10
Elmhurst Way BH22: W Moo 6D 10
Elmore Dr. BH24: Ashl H 1A 12
Elms, The BH24: St I 3B 12
Elms Av. BH14: Poole 6E 57
Elms Cl. BH14: Poole 6E 57
Elmsdown Ct. BH24: Ring 4B 8
Elmslie Pl. BH4: Bour 3E 59
Elmstead Rd. BH13: Poole 1B 70
Elmsway BH6: Bour 3C 62
Elm Tree Wlk. BH22: W Par 3G 25
Elmwood Way BH23: Highc 6H 47
Elphinstone Rd. BH23: Highc 5B 48
Eltham Cl. BH7: Bour 5H 43
Elvin Cl. SO41: Hor 1D 50

84 A-Z Bournemouth

Elwyn Rd. BH1: Bour 2C 60
Elysium Ct. BH22: Fern 6C 18
Embankment Way BH24: Ring 5D 8
Embassy Ct. BH1: Bour 4A 60
....(off Gervis Rd.)
Emberley Cl. BH22: Fern 2E 19
Emerald Cl. BH24: Ashl H 1A 12
Emeralds BH14: Poole 2E 57
Emerson Cl. BH15: Poole..............4C 4 (5A 56)
Emerson Rd. BH15: Poole..............4C 4 (5A 56)
Emily Cl. BH23: Chri...................................4E 45
Emily Ct. BH12: Poole 2A 58
Emma Cl. BH10: Bour 5F 25
Empire Cinema Poole 4E 39
Empress Rd. SO43: Lynd..............................3F 71
Emsworth Rd. SO41: Lymi 1G 53
Encombe Cl. BH12: Poole 5B 40
Endeavour Pk. BH17: Poole...........................4B 38
Endeavour Pk. BH24: Ring 5D 8
Endfield Cl. BH23: Chri................................4D 44
Endfield Rd. BH23: Chri...............................4C 44
Endfield Rd. BH9: Bour 3A 42
Enefco Ho. BH15: Poole..............5A 4 (6H 55)
....(off The Quay)
Enfield Av. BH15: Poole 1C 56
Enfield Cres. BH15: Poole 1C 56
Enfield Rd. BH15: Poole 1C 56
Englands Way BH11: Bour 1H 39
ENSBURY 5G 25
Ensbury Av. BH10: Bour 4F 41
Ensbury Cl. BH10: Bour 4F 41
Ensbury Ct. BH10: Bour 3G 41
Ensbury Gdns. BH10: Bour 3F 41
ENSBURY PARK 3F 41
Ensbury Pk. Rd. BH9: Bour 3G 41
Enterprise Way BH23: Bour A 2C 26
Erica Dr. BH21: Cor M 5D 20
Ericksen Rd. BH11: Bour 2E 41
Erinbank Mans. BH1: Bour 4C 60
Erpingham Rd. BH9: Bour 3C 58
Esmonde Way BH17: Poole 5D 38
Esplanade BH13: Poole 2B 70
Essex Av. BH23: Chri 3D 44
Etches Cl. BH10: Bour 1F 41
Ethelbert Rd. BH21: W Min 5F 15
Eton Gdns. BH4: Bour 3E 59
Ettrick Rd. BH13: Poole 6C 58
Eucalyptus Av. BH24: Match 5C 12
Eulalia Ct. BH9: Bour 6H 41
....(off Alma Rd.)
Euston Gro. BH24: Ring 5C 8
Evans Cl. BH11: Bour 4B 40
Evans Cl. BH24: Ashl H 1A 12
Evelyn M. BH9: Bour 4H 41
Evelyn Rd. BH9: Bour 4H 41
Evening Glade BH22: Fern 6C 18
Eventide Homes BH8: Bour 3E 43
Everdene Cl. BH22: Fern 1E 25
Everdene Ho. BH7: Bour 4H 43
Everest Rd. BH23: Chri 5A 46
Everglades Cl. BH22: Fern 2B 18
Evergreen Cl. BH21: Thr C............................2A 10
Evergreens BH24: Ashl H 2A 12
Evering Av. BH12: Poole 4G 39
Evering Gdns. BH12: Poole 4G 39
Everlea Cl. BH24: Ever 4H 51
Everon Gdns. BH25: New M 3H 49
Evershot Rd. BH8: Bour 3E 43
Eversleigh Rd. BH22: Fern 5F 59
EVERTON 4A 52
Everton Rd. SO41: Ever 1D 50
Everton Rd. SO41: Hor 1D 50
Everyone Active Leisure Cen.
    Ashdown 4C 38
Everyone Active Leisure Cen.
    Poole 5B 56
Everyone Active Leisure Cen.
    Rossmore 5H 39
Evesham Cl. BH22: Fern 5H 43
Evesham Ct. BH13: Poole 5C 58
Exbourne Mnr. BH1: Bour 4C 60
Exbury Dr. BH11: Bour 6B 24
Excelsior Rd. BH14: Poole 4G 57
Exchange Bldg. BH1: Bour.........4H 5 (4H 59)
....(off Up. Hinton Rd.)
Exeter Ct. BH23: Highc 6B 48
Exeter Cres. BH2: Bour.................4C 5 (5H 59)
Exeter Grange BH2: Bour.............5C 5 (5H 59)
....(off Exeter Pk. Rd.)
Exeter La. BH2: Bour...................4C 5 (4H 59)
Exeter Pk. Mans. BH2: Bour 5C 5 (5H 59)
....(off Exeter Pk. Rd.)
Exeter Pk. Rd. BH2: Bour.............5C 5 (5H 59)
Exeter Rd. BH2: Bour..................4G 5 (4H 59)
Exton Rd. BH6: Bour 6A 44

F

Eynon M. BH24: Ring................................5B 8

Factory Rd. BH16: Upton 6C 36
Fairfield BH23: Chri 6F 45
Fairfield Cl. BH21: Cole 4H 15
Fairfield Cl. BH23: Chri................................6F 45
Fairfield Cl. SO41: Lymi 2G 53
Fairfield Ct. BH8: Bour 1C 60
....(off Richmond Pk. Rd.)
Fairfield Rd. BH21: W Min 5F 15
Fairfield Rd. BH25: B Sea 6E 49
Fairhaven Ct. BH5: Bour 3E 61
Fairies Dr. BH22: Fern 6D 18
Fair Lea BH2: Bour....................6E 5 (5G 59)
Fairlea Rd. SO41: Lymi 1G 53
Fairlie BH24: Poul 2E 9
Fairlie Pk. BH24: Poul 2D 8
Fairlight La. SO41: Tip 2B 32
Fairmead Ct. BH1: Bour 2A 60
FAIRMILE 5E 45
Fairmile Ho. BH23: Chri 5D 44
Fairmile Rd. BH23: Chri 3C 44
Fairthorn Ct. BH2: Bour...............1G 5 (3H 59)
Fairview Cres. BH18: Broad 6G 21
Fairview Dr. BH18: Broad 6G 21
Fairview Pk. BH14: Poole 4G 57
Fairview Rd. BH18: Broad 6G 21
Fairway, The BH25: B Sea 6H 49
Fairway Dr. BH23: Chri 1D 62
Fairway Est. BH11: Bour 1H 39
Fairway Rd. BH14: Poole 1G 69
Fairways BH22: Fern 3D 18
Fairways BH8: Bour 6C 42
....(off Richmond Pk. Rd.)
Fairwinds BH13: S'bks 6F 69
Fairwood Rd. BH31: Ver 4G 7
Faith Gdns. BH12: Poole 6F 39
Falcon Dr. BH23: Mude 2C 64
Falconer Dr. BH15: Hamw 3E 55
Falkland Sq. BH15: Poole.............3C 4 (5A 56)
Fallows, The BH25: New M 6H 31
Fancy Rd. BH12: Poole 5F 39
Farcroft Rd. BH12: Poole 2F 57
Farleigh BH4: Bour 3E 59
Farley Lodge BH14: Poole 3G 57
Farm Cl. BH24: Ring 3C 8
Farm Ct. BH21: Hayes 5A 16
Farmdene Cl. BH23: Chri 5F 47
Farmers Wlk. BH21: W Min 3D 14
Farmers Wlk. SO41: Ever 5H 51
Farm La. BH23: Mude 2C 64
Farm La. Nth. BH25: B Sea 5G 49
Farm La. Sth. BH25: B Sea 6G 49
Farm Rd. BH22: W Moo 5B 10
Farnham Rd. BH12: Poole 6C 40
Farnleys Mead SO41: Lymi 3G 53
Farriers Cl. BH21: Cole 3B 16
Farringford Ct. SO41: Lymi 1F 53
Farrington BH4: Bour 5E 59
Farthings, The BH25: Highc 5A 48
Farthings Cl. BH1: Bour 4C 60
Farthings Ct., The BH1: Bour 4A 60
Farwell Cl. BH23: Burt 2G 45
Farwell Rd. BH12: Poole 2G 39
Fathersfield SO42: Broc 2E 73
Faversham BH4: Bour 5F 59
....(off W. Cliff Rd.)
Fawcett Rd. BH25: New M 3F 49
Fawley Grn. BH8: Bour 2D 42
Fawn Gdns. BH25: New M 1F 49
Fayrewood Ct. BH31: Ver 2D 6
Felton Ct. BH14: Poole 2D 56
Felton Cres. BH23: Highc 5H 47
Felton Rd. BH14: Poole 2D 56
Fenleigh Cl. BH25: B Sea 4H 49
Fennel Gdns. SO41: Lymi 6F 35
Fenton M. BH6: Bour 1A 62
Fenton Rd. BH6: Bour 1A 62
Fenwick Ct. BH1: Bour 2B 60
Fern Bank BH2: Bour..................3G 5 (4H 59)
Fern Bank BH21: Thr C................................2A 10
Fern Barrow BH21: Poole 5D 40
Fern Cl. BH23: Burt 3G 45
Ferncroft Gdns. BH10: Bour 6F 25
Ferncroft Rd. BH10: Bour 6F 25
Ferndale BH25: New M 6H 31
FERNDOWN 4B 18
Ferndown Cen. 4B 18
Ferndown Forest Golf Course 6A 10
Ferndown Golf Course 5C 18
Ferndown Ind. Est. BH21: Stap 2G 17
Ferndown Leisure Cen. 3H 17
Fernglade BH25: New M 2G 49

Fernheath Cl. BH11: Bour 3C 40
Fernheath Rd. BH11: Bour 2C 40
Fernhill Cl. BH17: Poole 3E 39
Fernhill Flats BH2: Bour.............3G 5 (4H 59)
Fernhill La. BH25: New M 6G 31
Fernhill Rd. BH25: New M 2G 49
Fernlea BH23: Chri 1H 63
Fernlea Av. BH22: Fern 5B 18
Fernlea Cl. BH22: Fern 5B 18
Fernlea Cl. BH24: Ashl H 3A 12
Fernlea Gdns. BH22: Fern 5B 18
Fernmount BH2: Bour.................3E 5 (4G 59)
....(off Suffolk Rd.)
Fernmount Cen., The BH25: New M 6G 31
Ferns, The BH25: Highc 5C 18
Ferns, The BH25: New M 2G 49
Fernside Av. BH14: Poole 3D 56
Fernside Pk. BH21: Stap 2G 17
Fernside Rd. BH15: Poole 2B 56
Fernside Rd. BH22: W Moo 6C 10
Fernside Rd. BH9: Bour 5F 41
Fernway Cl. BH21: Hayes 5B 16
Fernwood Cl. BH24: St l 2D 12
Ferris Av. BH8: Bour 3D 42
Ferris Cl. BH8: Bour 3D 42
Ferris Pl. BH8: Bour 3D 42
Ferry Point SO41: Wal 1H 53
Ferry Rd. BH15: Hamw 6A 4 (6H 55)
Ferry Rd. BH6: Bour 4D 62
Ferry Way BH13: S'bks 6F 69
Feversham Av. BH8: Bour 4E 43
Fibbards Rd. SO42: Broc 3E 73
Field Pl. BH25: New M 5D 48
Field Pl. BH31: Ver 2C 6
Field Way BH21: Cor M 3E 21
Field Way BH23: Chri 4F 47
Fieldway BH24: Ring 3D 8
Filton Rd. SO41: Lymi 1F 53
Finchfield Av. BH11: Bour 5B 24
Fir Av. BH25: New M 3H 49
Firbank Rd. BH9: Bour 5B 42
Fir Cl. BH22: W Moo 4C 10
Fir Cl. SO43: Lynd 4F 71
Firmain Rd. BH12: Poole 4H 39
Firmount Cl. SO41: Ever 4A 52
Firs, The BH1: Bour 3A 60
Firs Glen Rd. BH22: W Moo 5C 10
Firs Glen Rd. BH31: Ver 4D 6
Firs Glen Rd. BH9: Bour 5F 41
Firshill BH23: Chri 4G 47
Firside Rd. BH21: Cor M 1C 36
Firs La. BH14: Poole 1F 69
First Marine Av. BH25: B Sea 6F 49
Firsway BH16: Upton 6C 36
Fir Tree Cl. BH21: Cole 5H 11
Firtree Cres. SO41: Hor 2D 50
Fir Tree La. BH23: Chri 3F 47
Fir Va. Rd. BH1: Bour................3H 5 (4H 59)
Fishermans Av. BH6: Bour 3H 61
Fishermans Bank BH23: Mude 2A 64
Fishermans Quay SO41: Lymi 1H 53
Fishermans Rd. BH15: Poole.........5B 4 (6A 56)
Fishermans Wlk. BH6: Bour 3H 61
Fisher M. BH23: Chri 6B 46
Fitness First Poole 1H 55
Fitzharris Av. BH9: Bour 6A 42
Fitzmaurice Rd. BH23: Chri 5C 44
Fitzpain Cl. BH22: W Par 1F 25
Fitzpain Rd. BH22: W Par 1F 25
Fitzwilliam Cl. BH11: Bour 6A 24
Fitzworth Av. BH16: Hamw 3C 54
Five-O-One BH9: Bour 5H 41
Flag Farm BH13: S'bks 2H 69
Flaghead Chine Rd. BH13: Poole 3A 70
Flaghead Rd. BH13: Poole 2A 70
Flambard Av. BH23: Chri 4D 44
Flambard Rd. BH14: Poole 5G 57
Flazen Cl. BH11: Bour 2H 39
Fleetsbridge Bus. Cen. BH17: Poole 6H 37
Fleets Cnr. BH17: Poole 6A 38
Fleets Est. BH15: Poole 1H 55
Fleets La. BH15: Poole 6H 37
Fleetspoint Bus. Cen. BH15: Poole 2H 55
Fleetwood Ct. BH15: Poole 6A 38
Fletcher Cl. BH10: Bour 2F 41
Fletcher Rd. BH10: Bour 2F 41
Fletcher Way BH11: Bour 6G 15
Fleur De Lys Pk. SO41: Pil 2H 35
Flexford Cl. SO41: Sway 5G 33
Floral Farm BH21: Mer 1D 22
Florence Ct. BH25: Poole 3D 60
Florence Rd. BH14: Poole 3G 57
Florence Rd. BH5: Bour 3E 61
Florin Mall BH1: Bour 3E 61

Floris Ct. BH1: Bour 3D **60**
Floriston Gdns. BH25: Ashy 2B **50**
Flower Ct. BH21: W Min 6F **15**
Flushards SO41: Lymi 2H **53**
Foldsgate Cl. SO43: Lynd 2F **71**
Folly Farm La. BH24: Ashy 1E **13**
Fontmell Rd. BH18: Broad 3A **38**
Footners La. BH23: Burt 2D **18**
Ford Cl. BH22: Fern 2E **19**
Ford La. BH22: Fern 2E **19**
Foreland Cl. BH23: Chri 1B **44**
Foreland Rd. BH16: Hamw 3B **54**
Forelle Cen., The BH31: Ver 5G **7**
Forest Arts Cen. New Milton 4F **49**
Forest Cl. BH23: Chri 4F **47**
Forest Cl. BH31: Ver 5H **7**
Forest Cl. BH25: New M 3H **49**
Forest Edge BH25: Ashy 1A **50**
Forest Edge Cl. BH24: Ashl H 2H **11**
Forest Edge Cl. SO41: Sway 1E **33**
Forest Edge Dr. BH24: Ashl H 2H **11**
Forest Edge Rd. BH24: Crow 6G **9**
Forest Gdns. SO43: Lynd 3F **71**
Forest Ga. Bus. Pk. BH24: Ring 5C **8**
Forest Ga. Ct. BH24: Ring 4B **8**
Forest Ga. Gdns. SO41: Lymi 4F **53**
Forest Glade Cl. SO42: Broc 3C **72**
Forest Hall SO42: Broc 3F **73**
Forest Hills Ct. BH24: Hight 5F **9**
FOREST HOLME HOSPICE 4B **56**
Forest Ho. BH24: Hight 5A **60**
Forestlake Av. BH24: Hight 5F **9**
Forest La. BH24: Hight 5G **9**
Forest La. BH31: Ver 2C **6**
Forest Oak Dr. BH25: New M 6G **31**
FOREST PARK 2D **72**
Forest Pk. Rd. SO42: Broc 2D **72**
Forest Pines BH25: New M 1G **49**
Forest Ri. BH23: Chri 3F **47**
Forest Rd. BH13: Poole 6C **58**
Forest Rd. BH22: W Moo 4H **7**
Forestside, The BH31: Ver 2E **9**
Forestside Gdns. BH24: Poul 3B **48**
Forest Vw. BH23: Walk 6D **30**
Forest Vw. BH25: Bash 6D **30**
Forest Vw. SO42: Broc 3C **72**
Forest Vw. Cl. BH9: Bour 3A **42**
Forest Vw. Dr. BH21: Stap 3G **17**
Forest Vw. Rd. BH9: Bour 2A **42**
Forest Wlk. BH25: Bash 6D **30**
Forest Way BH21: Stap 4G **17**
Forest Way BH23: Chri 3F **47**
Forest Way SO41: Ever 4H **51**
Forge La. BH31: Ver 4B **6**
Forrest Mnr. BH5: Bour 2H **61**
(off Seabourne Rd.)
Forsyte Shades BH14: Poole 4E **41**
Forsyth Gdns. BH10: Bour 3D **40**
Fort Cumberland Cl. BH15: Hamw 5D **54**
Fortescue Cl. BH12: Poole 6H **39**
Fortescue Rd. BH3: Bour 1A **60**
Forton Cl. BH10: Bour 1G **41**
Forward Dr. SO41: Penn 3E **53**
Fountain Ct. BH13: Poole 5D **58**
FOUNTAIN RDBT. Christchurch 1F **63**
Fountain Way BH23: Chri 1F **63**
Four Wells Rd. BH21: Cole 2A **16**
Foxbury Rd. BH24: St L 6B **12**
Foxcote Gdns. BH25: New M 2E **49**
Foxcroft Dr. BH21: Hayes 4B **16**
Foxdale BH23: Chri 4B **44**
Foxdale Ct. BH2: Bour 4F **5** (4G **59**)
(off Terrace Rd.)
Foxes Cl. BH31: Ver 4D **6**
Fox Fld. SO41: Ever 4H **51**
Foxglove Cl. BH23: Chri 5E **47**
Foxglove Pl. BH25: Ashy 1B **50**
Foxgloves BH23: Bran 3B **28**
Foxgloves Cl. BH15: Hamw 5E **55**
Foxhills BH31: Ver 3F **7**
FOX HOLES 6E **39**
Foxholes BH16: Upton 6B **36**
Foxholes BH6: Bour 3D **62**
Foxholes Rd. BH15: Poole 1D **56**
Foxholes Rd. BH6: Bour 3D **62**
Fox La. BH21: Lit C 4C **16**
(not continuous)
Fox Pond La. SO41: Penn 3E **53**
Foxwold Ho. BH6: Bour 3D **62**
Foxwood Av. BH23: Mude 2B **64**
Frampton Cl. BH25: Ashy 6A **32**
Frampton Pl. BH24: Ring 4B **8**
Frampton Rd. BH9: Bour 5A **42**
Francesca Ct. BH23: Chri 6A **46**
Francesca Grange BH23: Chri 6A **46**

Francesca Lodge BH23: Chri 6A **46**
Frances Ct. BH23: Highc 6B **48**
Frances Ct. BH8: Bour 6C **42**
(off Richmond Pk. Rd.)
Frances Rd. BH1: Bour 3B **60**
Francis Av. BH11: Bour 2H **39**
Francis Rd. BH12: Poole 2A **58**
Frankland Cres. BH14: Poole 4A **58**
Franklin Rd. BH25: Ashy 1A **50**
Franklin Rd. BH9: Bour 2A **42**
Franklyn Cl. BH16: Upton 6B **36**
Frankston Rd. BH6: Bour 3A **62**
Franks Way BH12: Poole 6F **39**
Fraser Ct. BH25: New M 2F **49**
Fraser Ct. BH9: Bour 4B **40**
Fraser Rd. BH12: Poole 4B **40**
Freda Rd. BH23: Chri 1D **62**
Frederica Rd. BH9: Bour 5G **41**
Freemans Cl. BH21: Cole 3B **16**
Freemans La. BH21: Cole 4B **16**
Fremington Ct. BH25: New M 2H **49**
French Rd. BH17: Poole 4H **37**
French's Farm Rd. BH16: Upton 6A **36**
Frensham Cl. BH10: Bour 2G **41**
Freshwater Dr. BH15: Hamw 4D **54**
Freshwater Rd. BH23: Fri C 1E **65**
FRIARS CLIFF 1E **65**
Friars Rd. BH23: Fri C 1D **64**
Friars Wlk. BH25: B Sea 5G **49**
Friends of New Forest Airfields Mus. 3A **28**
Fritham Gdns. BH8: Bour 2D **42**
Frobisher Av. BH12: Poole 4B **40**
Frobisher Cl. BH23: Mude 1B **64**
Frobisher Cl. BH24: Poul 3E **9**
Fromond Cl. SO41: Lymi 6G **35**
Frost Gdns. BH11: Bour 1B **40**
Frost Rd. BH11: Bour 1B **40**
Froud Way BH21: Cor M 1C **36**
Fryer Cl. BH11: Bour 6D **24**
Fryer M. BH22: W Moo 6C **10**
Fryers Cl. BH11: Bour 6C **10**
Fryers Copse BH21: Cole 3C **16**
Fryers Rd. BH21: Thr C 3C **16**
Frys La. SO41: Ever 4H **51**
Fulbrook Hgts. BH13: Poole 1C **70**
Fullerton Rd. SO41: Lymi 1E **53**
Fulmar Rd. BH23: Mude 2C **64**
Fulwood Av. BH11: Bour 4B **8**
Furlong, The BH24: Ring 4B **8**
Furlong M. BH24: Ring 4B **8**
Furlong Shop. Cen., The BH24: Ring 4B **8**
Furnell Rd. BH15: Poole 5D **4** (6B **56**)
Furzebank La. BH10: Bour 3E **41**
Furzebrook Cl. BH17: Poole 2C **38**
Furze Cft. BH25: New M 4G **49**
Furzehill BH21: Holt 1E **15**
Furzehill BH21: W Min 1E **15**
FURZEHILL 1F **15**
Furze Hill Dr. BH14: Poole 6G **57**
Furzelands Rd. BH21: Thr C 2A **10**
Furzey Cl. BH24: Poole 3D **56**
Furzey Rd. BH16: Upton 1B **54**
Furzy Whistlers Cl. BH23: Bran 2D **28**

G

Gadbridge Ct. BH4: Bour 5E **59**
(off W. Cliff Rd.)
Gainsborough Av. BH25: New M 6H **31**
Gainsborough Ct. BH5: Bour 2H **61**
Gainsborough Rd. BH24: Ashl H 2A **12**
Gainsborough Rd. BH7: Bour 6F **43**
Gala Bingo Bournemouth 4B **60**
Gala Bingo Poole 4F **39**
Gallop Way BH12: Poole 6E **41**
Galloway Rd. BH15: Hamw 3D **54**
Gallows Dr. BH22: W Par 2F **25**
Galton Av. BH23: Chri 1D **62**
Garden Cl. BH25: New M 4G **49**
Garden Cl. SO43: Lynd 3E **71**
Garden Ct. BH1: Bour 1D **60**
Garden Ct. BH4: Bour 3E **59**
(off Surrey Rd.)
Garden Ct. Cotts. BH22: W Moo 4B **10**
Garden Ho. BH1: Bour 4A **60**
Garden La. BH24: St L 4A **12**
Garden Quays BH15: Poole 4D **4** (5B **56**)
Garden Ridge BH4: Bour 3E **59**
Gardens Cl. BH15: Poole 4C **56**
Gardens Cres. BH14: Poole 1F **69**
Gardens Outlook BH14: Poole 3E **59**
Gardens Rd. BH14: Poole 1F **69**
Gardens Vw. BH1: Bour 3C **60**
Garden Vw. BH4: Bour 3E **59**
(off Branksome Wood Rd.)
Garden Wlk. BH22: Fern 2C **18**

Gardner Ct. BH23: Chri 5C **44**
Gardner Pl. BH23: Chri 5D **46**
Gardner Rd. BH23: Chri 5C **44**
Gardner Rd. BH24: Ring 5D **8**
Garfield Av. BH1: Bour 3B **56**
Garland Rd. BH15: Poole 6G **35**
Garrow Dr. SO41: Lymi 6G **35**
Garsdale Cl. BH11: Bour 5C **24**
Garth Cl. BH24: St L 3H **11**
Garth Rd. BH9: Bour 4A **42**
Gateway, The BH13: Poole 3B **58**
Gaydon Ri. BH11: Bour 1A **40**
Geneva Av. BH6: Bour 2B **62**
Genoa Cl. SO41: Penn 4E **53**
George Cl. BH10: Bour 4F **41**
George Ct. BH8: Bour 1C **60**
George M., The BH24: Ring 4B **8**
George Rd. BH21: Cor M 4D **20**
George Rd. SO41: M Sea 2C **66**
GEORGE RDBT., THE 2D **4** (4B **56**)
Georges M. BH21: Cor M 3C **8**
Georgian Cl. BH24: Ring 1H **41**
Georgian Way BH10: Bour 5E **41**
Georgina Cl. BH12: Poole 5D **40**
Georgina Talbot Ho. BH12: Poole 5D **40**
Gerald Rd. BH3: Bour 1A **60**
Germaine Cl. BH23: Highc 5H **47**
Gervis Cres. BH14: Poole 3E **57**
Gervis Pl. BH1: Bour 4C **5** (4H **59**)
Gervis Rd. BH1: Bour 4A **60**
Gibson Cl. BH23: Chri 6D **46**
Gibson Rd. BH17: Poole 6C **38**
Giddylake BH21: W Min 3E **15**
Gilbert Cl. SO41: Lymi 3F **53**
Gilbert Rd. BH8: Bour 6F **25**
Gillam Rd. BH10: Bour 6E **41**
Gillett Rd. BH12: Poole 2C **42**
Gillingham Cl. BH9: Bour 3D **66**
Gillingham Rd. SO41: M Sea 5E **39**
Gilmore Dr. BH17: Poole 5E **39**
Gilpin Cl. SO41: Pil 2H **35**
Gilpin Hill SO41: Sway 1F **33**
Gilpin Pl. SO41: Sway 1E **33**
Gladdis Rd. BH11: Bour 1B **40**
Glade, The BH2: Bour 1G **5** (3H **59**)
Glade, The BH23: Chri 4C **44**
Glade, The BH24: Ashl H 2A **12**
Gladelands Cl. BH18: Broad 1E **37**
Gladelands Pk. BH22: Fern 1D **18**
Gladelands Way BH18: Broad 1E **37**
Gladman Ho. BH6: Bour 3A **62**
Gladstone Cl. BH23: Chri 1H **63**
Gladstone M. BH7: Bour 2F **61**
Gladstone Rd. BH12: Poole 2G **57**
Gladstone Rd. BH7: Bour 2F **61**
Gladstone Rd. E. BH7: Bour 2F **61**
Gladstone Rd. W. BH1: Bour 2E **61**
Gladys Ct. BH8: Bour 2A **60**
Glamis Av. BH10: Bour 6G **25**
Gleadowe Av. BH23: Chri 1D **62**
Glebefields SO41: M Sea 2D **66**
Glen, The BH12: Poole 1H **57**
Glen, The BH13: Poole 1A **70**
Glenair Av. BH14: Poole 4E **57**
Glenair Cres. BH14: Poole 4D **56**
Glenair Rd. BH14: Poole 4E **57**
Glenavon BH25: New M 3A **50**
Glenavon Rd. BH23: Highc 4H **47**
Glen Cl. BH25: B Sea 5D **48**
Glencoe Rd. BH12: Poole 2H **57**
Glencoe Rd. BH7: Bour 6F **43**
Glendale Av. BH22: Fern 3B **18**
Glendale Cl. BH21: W Min 4E **15**
Glendale Cl. BH23: Chri 2B **44**
Glendale Ct. BH23: Chri 2B **44**
Glendale Rd. BH6: Bour 3E **63**
Glendales BH25: New M 5D **48**
Glendene Pk. BH25: Bash 5E **31**
Glendon Av. BH10: Bour 5C **24**
Glen Dr. BH25: New M 5C **48**
Gleneagles BH13: Poole 6E **58**
Gleneagles Av. BH14: Poole 5H **57**
Gleneagles Cl. BH22: Fern 3D **18**
Gleneagles Cl. BH3: Bour 1F **59**
Glenferness Av. BH4: Bour 2E **59**
Glenfern Hall BH4: Bour 2E **59**
(off Glenferness Av.)
Glen Fern Rd. BH1: Bour 3H **5** (4A **60**)
Glengariff Rd. BH14: Poole 5G **57**
Glengarry BH25: New M 3A **50**
Glengarry Way BH23: Fri C 1E **65**
Glenives Cl. BH24: St I 3B **12**
Glenleven BH4: Bour 2E **59**
Glenmeadows Dr. BH10: Bour 6D **24**

Glenmoor Cl. BH10: Bour 4F 41
Glenmoor Gdns. BH10: Bour 4F 41
Glenmoor Rd. BH22: W Par 6A 18
Glenmoor Rd. BH9: Bour 5F 41
Glenmount Dr. BH14: Poole 2F 57
Glen Rd. BH14: Poole 2F 57
Glen Rd. BH5: Bour 3E 61
Glenroyd Gdns. BH6: Bour 3C 62
Glenside BH25: New M 6B 48
Glen Spey BH25: New M 3B 50
Glenville Cl. BH23: Walk 3B 48
Glenville Gdns. BH10: Bour 3E 41
Glenville Gdns. BH23: Walk 3B 48
Glenville Rd. BH10: Bour 3E 41
Glenville Rd. BH23: Walk 3B 48
Glenwood Cl. BH22: W Moo 5C 10
Glenwood La. BH22: W Moo 5C 10
Glenwood Rd. BH22: W Moo 5C 10
Glenwood Rd. BH31: Ver 4D 6
Glenwood Way BH22: W Moo 5C 10
Glissons BH22: Long 1C 24
Globe Ct. BH15: Poole 4C 4 (5A 56)
(off Globe La.)
Globe La. BH15: Poole 4C 4 (5A 56)
Gloucester Rd. BH12: Poole 2A 58
Gloucester Rd. BH7: Bour 1F 61
Glynville Cl. BH21: Cole 2A 16
Glynville Ct. BH21: Cole 2A 16
Glynville Rd. BH21: Cole 2A 16
Goathorn Cl. BH16: Hamw 3D 54
Godmanston Cl. BH17: Poole 4E 39
Godshill Cl. BH8: Bour 2D 42
GODWINSCROFT 5E 29
Golden Cres. SO41: Ever 4H 51
Golden Gates BH13: S'bks 6F 69
GOLDEN HILL 1D 50
Goldenleas Ct. BH11: Bour 2H 39
(off Goldenleas Dr.)
Goldenleas Dr. BH11: Bour 2H 39
Goldfinch Cl. BH25: New M 3F 49
Goldfinch Rd. BH17: Poole 5E 37
Gold Mead Cl. SO41: Lymi 3G 53
Golf Links Rd. BH18: Broad 6H 21
Golf Links Rd. BH22: Fern 1G 25
Goliath Rd. BH15: Hamw 5D 54
Good Rd. BH12: Poole 6G 39
Gooseberry La. BH24: Ring 4B 8
GOOSE GREEN 4G 71
Goose Grn. SO43: Lynd 4F 71
Gordleton Ind. Est. SO41: Penn 6B 34
Gordon Ct. BH4: Bour 3F 59
Gordon Mt. BH23: Highc 4B 48
Gordon Mt. Flats BH23: Highc 5A 48
Gordon Rd. BH1: Bour 3D 60
Gordon Rd. BH12: Poole 2C 58
Gordon Rd. BH21: W Min 5G 15
Gordon Rd. BH23: Highc 5A 48
Gordon Rd. SO41: Lymi 2E 53
Gordon Rd. SO41: Penn 2E 53
Gordon Rd. Sth. BH12: Poole 2C 58
Gordon Way BH23: Burt 4G 45
Gore Grange BH25: New M 3F 49
Gore Rd. BH25: New M 3D 48
Gore Rd. Ind. Est. BH25: New M 3F 49
Gorey Rd. BH12: Poole 4H 39
Gorleston Rd. BH12: Poole 2B 58
Gorley Rd. BH24: Poul 3E 9
Gorse Bank Cl. BH23: Chri 5F 47
Gorsecliff Cl. BH5: Bour 3D 60
Gorsecliff Rd. BH10: Bour 6F 25
Gorse Cl. BH24: St L 3H 11
Gorse Cl. BH25: Ashy 1B 50
Gorsefield Rd. BH25: New M 6H 31
Gorse Hill Cl. BH15: Poole 2C 56
Gorse Hill Cres. BH15: Poole 2C 56
Gorse Hill Rd. BH15: Poole 2C 56
Gorse Knoll Dr. BH31: Ver 2C 6
Gorseland BH22: W Par 6B 18
Gorse La. BH16: Upton 6C 36
Gorse Rd. BH21: Cor M 6C 20
Gort Rd. BH11: Bour 2D 40
Gort Rd. BH17: Poole 4G 37
Gosling Cl. BH17: Poole 6D 38
Gosport La. SO43: Lynd 3G 71
Gosport St. SO41: Lymi 1H 53
Gough Cres. BH17: Poole 4H 37
Grace Darling Ho. BH15: Poole 5D 4 (6B 56)
(off Vallis Cl.)
Gracelands Pk. BH23: Chri 5D 46
Gracie Ct. BH23: Chri 6F 25
Gracie M. BH10: Bour 6F 25
Grafton Cl. BH23: Chri 1H 63
Grafton Cl. BH3: Bour 6A 42
Grafton Gdns. SO41: Penn 4E 53
Grafton Rd. BH3: Bour 1A 60

Grammar School La. BH21: W Min 5D 14
Granby Rd. BH9: Bour 1A 42
Grand Av. BH6: Bour 3A 62
Grand Marine Ct. BH2: Bour 6E 5 (5F 59)
Grand Pde. BH10: Bour 5E 25
Grand Pde. BH15: Poole 5A 4 (6H 55)
(off High St.)
Grange, The BH2: Bour 2E 5 (3G 59)
(off Branksome Wood Rd.)
Grange, The SO41: Ever 5A 52
Grange Cl. SO41: Ever 5A 52
Grange Ct. BH1: Bour 4B 60
GRANGE ESTATE 6B 12
Grange Gdns. BH12: Poole 5A 40
Grange Rd. BH18: Broad 1G 37
Grange Rd. BH23: Chri 6D 46
Grange Rd. BH24: St L 5H 11
Grange Rd. BH6: Bour 4B 62
Grange Rd. Bus. Cen. BH23: Chri 6C 46
Grangewood Hall BH21: W Min 4F 15
Grantham Rd. BH1: Bour 2E 61
Grantley Rd. BH5: Bour 3F 61
Grants Av. BH1: Bour 1D 60
Grants Cl. BH1: Bour 1D 60
Granville Rd. BH4: Bour 3E 59
(off Branksome Wood Rd.)
Granville Pl. BH1: Bour 3H 5 (4H 59)
(off Verulam Pl.)
Granville Rd. BH1: Bour 2F 57
Granville Rd. BH5: Bour 2G 61
Grasmere Ct. BH23: Chri 2B 44
Grasmere Gdns. BH25: New M 6H 31
Grasmere Rd. BH13: S'bks 6F 69
Grasmere Rd. BH5: Bour 3G 61
Grason BH13: Poole 1D 70
Gravel Hill BH17: Poole 3A 38
Gravel Hill BH21: Mer 6B 22
Gravel La. BH24: Ring Regency Pl. 3C 8
Gravel La. BH24: Ring The Sweep 4B 8
Gray Cl. BH17: Poole 5D 38
Graycot Cl. BH10: Bour 6E 25
Grayson Ct. BH22: Fern 5C 18
Gray's Yd. BH15: Poole 5B 4 (6A 56)
(off E. Quay Rd.)
Gt. Mead SO43: Lynd 4F 71
Great Mead Pk. SO43: Lynd 3G 71
Greaves Cl. BH10: Bour 2E 41
Grebe Cl. BH17: Poole 5D 38
Grebe Cl. BH23: Mude 1C 64
Grebe Cl. BH23: Mude 1C 64
Grebe Ho. BH15: Hamw 6G 55
(off Norton Way)
Green, The BH4: Bour 2E 59
Greenacre BH25: B Sea 5G 49
Greenacre Cl. BH10: Upton 1C 54
Greenacres BH13: Poole 4C 58
Greenacres BH23: Chri 6B 46
Grn. Acres BH4: Bour 4E 59
(off Marlborough Rd.)
Greenacres Cl. BH10: Bour 5G 25
Greenacres Cl. BH24: Ashy 1H 11
Greenbanks Cl. SO41: M Sea 2D 66
Grn. Bottom BH21: Cole 2A 16
Green Cl. BH15: Poole 5D 4 (6B 56)
Greenclose La. BH21: W Min 4F 15
Greenfield Gdns. BH25: B Sea 5H 49
Greenfield M. BH15: Poole 2B 56
(off Darby's La.)
Greenfield Rd. BH15: Poole 1C 56
Greenfields BH12: Poole 5B 40
Greenfinch Cl. BH17: Poole 4F 37
Greenfinch Wlk. BH24: Hight 5E 9
Green Gdns. BH15: Poole 5D 4 (6B 56)
(not continuous)
Greenhayes BH18: Broad 3A 38
Greenhays Ri. BH21: W Min 4E 15
Greenhill Cl. BH21: Cole 3F 15
Greenhill La. BH21: Cole 3F 15
Greenhill Rd. BH21: Cole 3F 15
Green La. BH10: Bour 1E 41
Green La. BH22: Long 2C 24
Green La. BH23: Hin 6A 30
Green La. BH24: Ring 4C 8
Green La. BH25: B Sea 5H 49
Green La. BH25: Oss 1D 30
Grn. Loaning BH23: Mude 2B 64
Greenmead Av. SO41: Ever 4H 51
Green Pk. BH1: Bour 4D 60
Grn. Reef BH1: Bour 4D 60
Green Rd. BH15: Poole 4C 4 (5A 56)
Green Rd. BH9: Bour 5A 42
Greenside Ct. BH25: B Sea 6H 49
Greensleeves BH18: Broad 5H 21
Greensome Dr. BH22: Fern 3D 18
Greenway Cl. SO41: Lymi 2E 53

Greenway Cres. BH16: Upton 6A 36
Greenways BH23: Highc 5H 47
Greenways SO41: M Sea 2C 66
Greenways Av. BH25: Bour 2C 42
Greenways Ct. BH22: Fern 6C 18
Greenwood Av. BH14: Poole 6G 57
Greenwood Av. SO42: Broc 3F 73
Greenwood Copse BH24: St I 3B 12
Greenwood Rd. BH9: Bour 4G 41
Greenwoods BH25: New M 4H 49
Greenwood Way BH24: St I 3C 12
Grenfell Rd. BH9: Bour 2H 41
Grenville Cl. BH24: Poul 2F 9
Grenville Ct. BH15: Poole 4C 4 (5A 56)
Grenville Ct. BH4: Bour 3F 59
Grenville Rd. BH21: W Min 5F 15
Gresham Point BH9: Bour 4B 42
Gresham Rd. BH9: Bour 4A 42
Greycot Cl. BH21: Thr C 2A 10
Greystoke Av. BH11: Bour 6B 24
Greywell BH23: Hurn 4H 27
Griffin Cl. BH21: W Min 6F 15
Griffin Ct. BH21: W Min 6F 15
Griffiths Gdns. BH10: Bour 6D 24
Grigg La. SO42: Broc 3E 73
Grosvenor Cl. BH24: Ashl H 2H 11
Grosvenor Ct. BH1: Bour Grove Rd. 4B 60
Grosvenor Ct. BH1: Bour Vale Rd. 3D 60
Grosvenor Ct. BH2: Bour 3E 5 (4G 59)
(off Suffolk Rd.)
Grosvenor Gdns. BH1: Bour 3E 61
Grosvenor Gdns. SO41: Lymi 2G 53
Grosvenor Hgts. BH14: Poole 4F 57
Grosvenor M. SO41: Lymi 6F 35
Grosvenor Rd. BH4: Bour 4E 59
Grove, The BH22: Fern 5A 18
Grove, The BH23: Chri 4C 44
Grove, The BH31: Ver 4E 7
Grove, The BH9: Bour 2H 41
Grove Copse Nature Reserve 3B 44
Grove Farm Mdw. Cvn. Pk. BH23: Chri 3B 44
Grove Gdns. BH23: B Sea 6G 49
Grove Ho. BH5: Bour 4F 61
(off Wollstonecraft Rd.)
Groveley Bus. Cen. BH23: Chri 1A 64
Groveley Rd. BH23: Chri 1A 64
Groveley Rd. BH4: Bour 5D 58
Grovely Av. BH5: Bour 3F 61
Grove Pk. BH13: Poole 3B 58
Grove Pastures SO41: Lymi 2G 53
Grove Pl. SO41: Lymi 2G 53
Grove Rd. BH1: Bour 4A 60
Grove Rd. BH12: Poole 1F 57
Grove Rd. BH21: W Min 5F 15
Grove Rd. BH25: B Sea 6F 49
Grove Rd. SO41: Lymi 2H 53
Grove Rd. E. BH23: Chri 5E 45
Grove Rd. W. BH23: Chri 5D 44
Grower Gdns. BH11: Bour 1C 40
Guernsey Rd. BH12: Poole 4H 39
Guest Av. BH12: Poole 1B 58
Guest Cl. BH12: Poole 1C 58
Guest Rd. BH16: Upton 6B 36
Guildford Cl. BH4: Bour 3E 59
Guildhall Ct. BH15: Poole 4A 4 (5H 55)
Guildhill Rd. BH6: Bour 3C 62
Guillemot Ho. BH15: Hamw 6G 55
(off Norton Way)
Gulliver Cl. BH14: Poole 1G 69
Gulliver Ct. BH21: W Min 4E 15
Gundrymoor Trad. Est. BH21: W Moo 1C 10
Gunville Cres. BH9: Bour 2B 42
Gurjun Cl. BH16: Upton 5A 36
Gurney Rd. BH21: Cor M 5E 21
Gussage Rd. BH12: Poole 5A 40
Guy's Cl. BH24: Ring 4D 8
Gwenlyn Rd. BH16: Upton 1C 54
Gwynne Rd. BH12: Poole 2A 58
Gypsy La. BH24: Ring 3D 8

H

Haarlem M. BH23: Chri 6H 45
Hadden Rd. BH8: Bour 5D 42
Hadley Way BH18: Broad 2E 37
Hadow Rd. BH10: Bour 2E 41
Hadrian Cl. BH22: W Par 1F 25
Hadrian Way BH21: Cor M 3E 21
Haglane Copse SO41: Penn 3E 53
Hahnemann Rd. BH2: Bour 5E 5 (5G 59)
Haig Av. BH13: Poole 6A 58
Hainault Dr. BH31: Ver 3E 7
Haking Rd. BH23: Chri 6H 45
Hale Av. BH25: New M 3H 49

Halebrose Ct. BH6: Bour....................4C 62
Hale Gdns. BH25: New M...................3H 49
Halewood Way BH23: Chri..................5D 44
Halifax Way BH23: Chri.....................6D 46
Hall Rd. BH11: Bour........................2B 40
Halstock Cres. BH17: Poole................3B 38
Halter Path BH15: Hamw...................4E 55
Halter Ri. BH21: Cole.......................3C 16
Halton Cl. BH23: Bran......................3D 28
Hamble Ct. BH23: Bran.....................3D 60
Hambledon Gdns. BH6: Bour...............1A 62
Hambledon Rd. BH6: Bour..................1A 62
Hambledon Rd. BH6: Bour..................6H 43
Hamble Rd. BH15: Poole....................6D 38
Hamblin Way BH8: Bour.....................3E 43
Ham Common Nature Reserve..............5B 54
Hamilton Bus. Pk. BH25: New M...........3E 49
Hamilton Cl. BH21: Hamp...................2D 60
Hamilton Cl. BH15: Hamw..................5E 55
Hamilton Cl. BH23: Mude...................3B 64
Hamilton Cl. BH8: Bour.....................2B 60
Hamilton Ct. SO41: M Sea.................3C 66
Hamilton Cres. BH15: Hamw................5E 55
Hamilton Pl. SO41: Lymi...................2F 53
Hamilton Rd. BH1: Bour....................2G 61
Hamilton Rd. BH15: Hamw..................5E 55
Hamilton Rd. BH21: Cor M.................6E 21
Hamilton Way BH25: New M................3E 49
Ham La. BH21: Hamp........................5D 16
Ham La. BH21: Hayes.......................5B 16
Ham La. BH21: Lit C........................5D 16
Ham La. BH21: Long.........................5D 16
Ham La. BH22: Long.........................1B 24
Hampden La. BH6: Bour.....................2H 61
HAMPRESTON.................................1B 24
Hampreston Rd. BH22: Long................1C 24
Hampshire Cl. BH23: Chri...................3D 44
Hampshire Cl. BH2: Bour............3G 5 (4H 59)
Hampshire Hatches La. BH24: Ring........4H 13
Hampshire Ho. BH2: Bour.............3G 5 (4H 59)
                          (off Bourne Av.)
Hampton Ct. BH2: Bour.....................3F 59
Hampton Dr. BH24: Poul.....................2D 8
Hampton Lodge BH4: Bour..................4E 59
Hampton Pl. BH8: Bour......................6B 42
Hamptons, The BH14: Poole................1A 70
HAMWORTHY..................................4E 55
Hamworthy Lodge BH15: Hamw............5F 55
Hamworthy Sports Club.....................3F 23
Hamworthy Station (Rail)....................3D 54
Handley Ct. BH24: Ring.......................4B 8
HANGERSLEY...................................1G 9
HANGERSLEY HILL.............................2G 9
Hanham Rd. BH21: Cor M...................6D 20
Hanham Rd. BH21: W Min...................4E 15
Hankinson Rd. BH9: Bour...................5A 42
Hanlon Cl. BH11: Bour......................1D 40
Hannah Grange BH1: Bour..................2C 60
Hannah Way SO41: Penn....................5B 34
Hannington Gro. BH7: Bour................2G 61
                      (off Hannington Pl.)
Hannington Pl. BH7: Bour..................2G 61
Hannington Rd. BH7: Bour..................2G 61
Hanover Cl. BH23: Chri......................5C 44
Hanover Grn. BH17: Poole..................5D 38
Hanover Ho. BH15: Poole....................4B 56
HAPPY BOTTOM...............................2F 21
Harbeck Rd. BH8: Bour.....................2C 42
Harbour Cl. BH13: S'bks....................3H 69
Harbour Ct. BH15: Poole............3B 4 (5H 55)
Harbour Ct. BH23: Chri......................1A 64
Harbour Ct. BH25: B Sea...................6E 49
Harbour Cres. BH23: Chri...................2A 64
Harbour Ga. BH15: Poole.........1C 4 (4A 56)
Harbour Hill Cres. BH15: Poole.............2C 56
Harbour Hill Rd. BH15: Poole...............3C 56
Harbour Lights BH14: Poole.................2E 57
Harbour Pk. BH15: Poole....................5B 56
Harbour Prospect BH14: Poole.............1G 69
Harbour Rd. BH6: Bour......................4E 63
Harbour Sail BH15: Poole............3B 4 (5A 56)
Harbour Vw. Cl. BH14: Poole...............2E 57
Harbour Vw. Ct. BH23: Chri................2F 63
Harbour Vw. Rd. BH14: Poole..............2E 57
Harbour Watch BH14: Poole................2G 69
Harcombe Cl. BH17: Poole..................2C 38
Harcourt BH1: Bour.........................4C 60
                          (off Derby Rd.)
Harcourt Rd. BH5: Bour.....................2G 61
Hardy Cl. BH22: W Moo.....................6D 10
Hardy Cl. BH25: New M.....................2F 49
Hardy Cres. BH21: W Min...................6F 15
Hardy Rd. BH14: Poole......................3H 57
Hardy Rd. BH22: W Moo....................6D 10
Hare La. BH25: Ashy........................2B 50

Hare La. SO41: Hor..........................2C 50
Hares Grn. BH7: Bour.......................5G 43
Harewood Av. BH7: Bour....................6F 43
Harewood Cres. BH7: Bour.................6F 43
Harewood Gdns. BH7: Bour.................6F 43
Harewood Grn. SO41: Key..................3G 67
Harewood Pl. BH7: Bour....................1H 61
Harford Cl. SO41: Penn.....................4D 52
Harford Rd. BH12: Poole....................5G 39
Harkwood Dr. BH15: Hamw.................3E 55
Harland Rd. BH6: Bour......................3E 63
Harleston Vs. BH21: W Min.................5F 15
Harley Gdns. BH1: Bour.....................3D 60
Harling Ho. BH6: Bour.......................3A 62
                       (off Stourwood Av.)
Harness Cl. BH21: Cole......................3B 16
Harraby Grn. BH21: Cole...................2G 37
Harrier Dr. BH21: Mer......................1B 22
Harriers Cl. BH23: Chri......................5F 47
Harrison Av. BH1: Bour.....................1D 60
Harrison Cl. BH23: Burt.....................2G 45
Harrison Way BH22: W Moo................4C 10
Harris Way BH25: New M...................5A 32
Harrow Cl. BH23: Nea.......................4D 28
Harrow Rd. BH23: Bock.....................4C 28
Harrow Rd. BH23: Bran....................4C 28
Harrow Rd. BH23: Nea......................4C 28
Harrow Wood Farm Cvn. Pk. BH23: Bran..3E 29
Harry Barrows Cl. BH24: Ring...............5C 8
Harry Paye Cl. BH14: Poole.................3C 56
Hart Cl. BH25: New M.......................1F 49
Hartford Cl. BH1: Bour......................3C 60
Hartford Rd. BH7: Bour......................6B 44
Harting Rd. BH6: Bour.......................4F 41
Hartmoor Gdns. BH10: Bour...............6D 20
Hartnell Ct. BH21: Cor M....................5H 43
Hartsbourne Dr. BH7: Bour.................5H 43
Hartshill Ct. BH22: Fern....................5C 18
Harts Way SO41: Ever......................4H 51
Hartwell Rd. BH17: Poole...................6B 38
Harvester Way SO41: Lymi.................5F 35
Harvey Rd. BH21: Mer Merley La..........2D 22
Harvey Rd. BH21: Mer Queen Anne Dr....3C 22
Harvey Rd. BH5: Bour.......................2G 61
Harwell Rd. BH17: Poole....................6B 38
Harwood Ct. BH25: New M.................2F 49
Haskells Cl. SO43: Lynd....................4E 71
Haskells Rd. BH12: Poole...................6F 39
Haslemere Av. BH23: Highc................5H 47
Haslemere Pl. BH23: Highc.................4A 48
Hasler Rd. BH17: Bour......................3A 38
Haslop Rd. BH21: Cole......................1H 37
Hastings Rd. BH17: Poole..................3H 37
Hastings Rd. BH8: Bour.....................3F 43
Hatch Pond Rd. BH17: Poole...............5A 38
Hatfield Ct. BH25: New M..................2E 49
Hatfield Gdns. BH7: Bour...................5H 43
Hathaway Rd. BH6: Bour...................3B 62
Hatherden Av. BH14: Poole................2D 56
Havelock Rd. BH12: Poole..................2C 58
Havelock Way BH23: Chri..................3F 47
Haven Cl. BH23: Chri.........................1A 64
Haven Ct. BH13: S'bks......................6F 69
Haven Ct. SO41: M Sea.....................3C 66
Haven Gdns. BH25: New M.................3H 49
Haven Hgts. BH13: Poole...................1H 53
Haven Point SO41: Lymi....................3H 69
Haven Rd. BH13: Poole......................3H 69
Haven Rd. BH13: S'bks......................5C 20
Haven Rd. BH21: Cor M.....................3B 42
Haverstock Rd. BH9: Bour.................2F 61
Haviland M. BH7: Bour......................2F 61
Haviland Rd. BH21: Stap...................2G 17
Haviland Rd. BH7: Bour.....................2F 61
Haviland Rd. E. BH7: Bour.................2F 61
Haviland Rd. W. BH1: Bour................3H 7
Hawden Rd. BH11: Bour....................4C 40
Hawkchurch Gdns. BH17: Poole..........3C 38
Hawk Cl. BH21: Cole........................2A 16
Hawker Cl. BH21: Mer......................2D 22
Hawkins Cl. BH24: Poul......................2E 9
Hawkins Rd. BH12: Poole..................4B 40
Hawks Lea SO41: M Sea....................3D 66
Hawkwood M. BH5: Bour....................2F 61
Hawkwood Rd. BH5: Bour..................3E 61
Haworth Cl. BH23: Chri.....................4E 45
Hawthorn Cl. BH25: Ashy..................1A 50
Hawthorn Dr. BH17: Poole.................4F 37
Hawthorn Dr. SO41: Sway..................1F 33
Hawthorn Rd. BH23: Bock.................4A 28
Hawthorn Rd. BH23: Burt..................4A 28
Hawthorn Rd. BH9: Bour...................5H 41
Hawthorns, The BH23: Chri................1B 64
Haydens Ct. SO41: Lymi...................1H 53
Haydon Rd. BH13: Poole...................6D 58

HAYES...5B 16
Hayes Av. BH7: Bour........................1E 61
Hayes Cl. BH21: Hayes.....................5A 16
Hayes La. BH21: Cole.......................5B 16
Hayes La. BH21: Hayes.....................5B 16
Hayeswood Rd. BH21: Cole................3A 16
Haymoor Rd. BH15: Poole..................6D 38
Haymoor Rd. BH15: Poole..................3B 56
Haysom Av. BH15: Ver......................4C 6
Haysoms Cl. BH25: New M................4H 49
Hayward Cres. BH31: Ver...................4C 6
Haywards Farm Cl. BH31: Ver..............4C 6
Haywards La. BH21: Cor M................3C 20
Hayward Way BH31: Ver.....................4B 6
Hazel Cl. BH23: Chri.........................4E 47
Hazel Cl. BH25: New M.....................4H 49
Hazeldene BH18: Broad.....................1G 37
Hazeldene Ct. BH8: Bour...................6B 42
                     (off Richmond Pk. Rd.)
Hazel Dr. BH22: Fern........................1A 18
Hazell Av. BH10: Bour......................3D 40
Hazel Rd. SO41: Penn.......................1C 52
Hazelton Cl. BH7: Bour......................5G 43
Hazelwood Av. BH25: New M..............1E 49
Hazelwood Cl. BH9: Bour...................5H 41
Hazelwood Dr. BH31: Ver....................5F 7
Hazlebury Rd. BH17: Poole................6G 37
Hazlemere Dr. BH4: St L....................4A 12
Headlands Adventure Cen. BH24: Blas.....1C 8
Headlands Bus. Pk. BH24: Blas.............1C 8
Headlinglea BH13: Poole....................4D 58
Heads Farm Cl. BH10: Bour................6G 25
Heads La. BH10: Bour.......................6G 25
Headswell Av. BH10: Bour..................1G 41
Headswell Cres. BH10: Bour................1G 41
Headswell Gdns. BH10: Bour...............6G 25
Heanor Cl. BH10: Bour......................3E 41
Hearts of Oak M. SO41: Lymi..............1F 53
Heath Av. BH10: Bour.......................1B 56
Heath Cl. BH21: Cole........................2B 16
Heathcote Cl. BH5: Bour....................3F 61
                       (off Heathcote Rd.)
Heathcote Ho. BH5: Bour....................4E 61
Heathcote Rd. BH5: Bour....................3F 61
Heatherbank Rd. BH4: Bour................4E 59
Heatherbrae La. BH16: Upton..............1B 54
Heather Cl. BH21: Cor M....................5E 21
Heather Cl. BH23: Walk.....................3A 48
Heather Cl. BH4: St L.......................4A 12
Heather Cl. BH8: Bour......................1D 42
Heather Cl. SO41: Hor......................2E 51
Heatherdell BH16: Upton....................1B 54
Heatherdown Rd. BH22: W Moo...........6E 11
Heatherdown Way BH22: W Moo..........6E 11
Heather Dr. BH22: Fern.....................2B 18
Heather Grange BH24: Ashl H.............2A 12
Heatherlands Ri. BH12: Poole.............2H 57
Heatherlea Rd. BH6: Bour..................3B 62
Heather Lodge BH25: New M...............2G 49
Heather Rd. BH10: Bour....................2F 41
Heather Vw. Rd. BH12: Poole..............6B 40
Heather Way BH22: Fern...................2B 18
Heath Farm Cl. BH22: Fern.................6A 18
Heath Farm Rd. BH22: Fern................6A 18
Heath Farm Way BH22: Fern...............6A 18
HEATHFIELD...................................2H 29
Heathfield Av. BH12: Poole.................5C 40
Heathfield Cvn. Pk. BH23: Bran............1H 29
Heathfield Rd. BH22: W Moo...............6D 10
Heathfield Way BH22: W Moo.............6D 10
Heathland Discovery Cen...................5C 12
Heathlands SO41: Hor......................2D 50
Heathlands Av. BH22: W Par...............1F 25
Heathlands Cl. BH23: Burt..................2G 45
Heathlands Cl. BH31: Ver...................3E 7
Heathlands Lodge BH22: Fern.............2B 18
Heath Rd. BH23: Walk......................4B 48
Heath Rd. BH24: St L.......................3H 11
Heath Rd. SO41: Hor.......................2D 50
Heathwood Av. BH25: B Sea..............5E 49
Heathwood Rd. BH9: Bour.................5G 41
Heathy Cl. BH25: B Sea....................5F 49
Heaton Rd. BH10: Bour....................3D 40
Heavytree Rd. BH14: Poole................3F 57
Heckford La. BH15: Poole..........1D 4 (4B 56)
Heckford Lodge BH15: Poole......2D 4 (4B 56)
                       (off Longfleet Rd.)
Heckford Rd. BH15: Poole..........1D 4 (3B 56)
Heckford Rd. BH21: Cor M.................6C 20
Hectors Ho. BH9: Bour......................4H 41
Hedgerley BH25: B Sea.....................5H 49
Hedges, The BH25: Ashy...................1A 50
Heights App. BH16: Upton..................6C 36
Heights Rd. BH16: Upton...................5C 36
Helic Ho. BH21: W Min.....................4E 15
Helyar Rd. BH8: Bour.......................3F 43

Henbest Cl. BH21: Hayes............................4C 16
Henbury Cl. BH17: Poole...........................3E 39
Henbury Cl. BH21: Cor M..........................5D 20
Henbury Ri. BH21: Cor M...........................5D 20
Henbury Vw. Rd. BH21: Cor M....................5C 20
Henchard Cl. BH22: Fern...........................1E 25
Henderson Ct. SO41: Lymi.........................1H 53
Hendford Gdns. BH10: Bour.......................3F 41
Hendford Rd. BH10: Bour..........................3F 41
Hengistbury Head Nature Reserve..............3G 63
Hengistbury Head Outdoor Education Cen......4H 63
Hengistbury Head Vis. Cen.........................4H 63
Hengistbury Ho. BH23: Chri........................1H 63
....(off Purewell)
Hengistbury Rd. BH25: B Sea.....................5E 49
Hengistbury Rd. BH6: Bour.........................3D 62
Hengist Pk. BH6: Bour..............................3F 63
Hengist Rd. BH1: Bour..............................3D 60
Henley Gdns. BH7: Bour............................6G 43
Hennings Pk. Rd. BH15: Poole....................2B 56
Hennings Wharf BH15: Poole...............5B 4 (6A 56)
....(off The Quay)
Henville Rd. BH8: Bour.............................2C 60
Hepburn Ct. BH23: Chri.............................1D 62
....(off King's Av.)
Herbert Av. BH12: Poole............................5G 39
Herbert Ct. BH12: Poole............................5H 39
Herberton Rd. BH6: Bour...........................2A 62
Herbert Rd. BH25: New M..........................2H 49
Herbert Rd. BH4: Bour...............................5D 58
Hercules Rd. BH15: Hamw..........................4D 54
Hereford Ct. BH23: Chri.............................1D 62
Hermitage Cl. BH21: Thr C..........................2A 10
Hermitage Rd. BH14: Poole.........................1E 57
Herm Rd. BH12: Poole..............................4H 39
Heron Cl. SO41: Sway...............................2F 33
Heron Ct. Rd. BH3: Bour............................6A 42
Heron Ct. Rd. BH9: Bour............................6A 42
Heron Dr. BH21: Cole...............................2A 16
Heron Ho. BH31: Ver.................................2C 6
....(off Peel Cl.)
Herons Mead BH8: Bour............................6D 26
Herstone Cl. BH17: Poole...........................4D 38
Hesketh Cl. BH24: St I...............................2C 12
Hestan Cl. BH23: Chri................................1B 44
Heston Way BH22: W Moo...........................4B 10
Hevalo Cl. BH1: Bour.................................2E 61
Hewitt Rd. BH15: Hamw.............................3E 55
Heysham Rd. BH18: Broad..........................2G 37
Heytesbury Rd. BH6: Bour..........................2B 62
Hibberd Cl. BH10: Bour..............................4F 41
Hibberd Way BH10: Bour............................4F 41
Hibbs Cl. BH16: Upton...............................6C 36
Hickes Cl. BH11: Bour...............................1B 40
Hickory Cl. BH16: Upton.............................5A 36
Higham Hgts. BH15: Poole..........................5B 56
....(off Mt. Pleasant Rd.)
Highbridge Rd. BH14: Poole........................4G 57
Highbury Cl. BH25: New M..........................2H 49
Highclere Hall BH1: Bour............................3D 60
....(off Manor Rd.)
HIGHCLIFFE...5A 48
Highcliffe Castle.....................................6G 47
Highcliffe Castle Golf Course......................6G 47
Highcliffe Cnr. BH23: Highc.......................5B 48
Highcliffe Ho. BH23: Chri...........................5B 48
Highcliffe Rd. BH23: Chri...........................5C 46
Highcliffe Sailing Club..............................3C 64
Higher Blandford Rd. BH18: Broad...............5F 21
Higher Blandford Rd. BH21: Cor M...............4E 21
Higher Merley La. BH21: Cor M...................3E 21
Highfield SO41: Lymi.................................2F 53
Highfield Av. BH24: Ring............................3C 8
Highfield Av. SO41: Lymi...........................2E 53
Highfield Cl. BH21: Cor M..........................6E 21
Highfield Cl. SO41: Sway...........................1F 33
Highfield Dr. BH24: Ring............................2C 8
Highfield Gdns. SO41: Sway.......................1F 33
Highfield Ho. BH11: Bour...........................3F 57
Highfield Rd. BH21: Cor M.........................1E 37
Highfield Rd. BH22: W Moo........................3B 10
Highfield Rd. BH24: Ring............................3C 8
Highfield Rd. SO41: Lymi...........................1E 53
High Firs Rd. BH11: Bour...........................1A 40
High Howe Cl. BH11: Bour..........................1A 40
High Howe Gdns. BH11: Bour......................1A 40
High Howe La. BH11: Bour..........................1A 40
Highland Av. BH23: Highc..........................4B 48
Highland Rd. BH14: Poole..........................2F 57
Highland Rd. BH21: Cole...........................3F 15
Highland Rd. BH21: W Min..........................3F 15
Highlands Cres. BH10: Bour........................1E 41
Highland Vw. Cl. BH21: W Min.....................4F 15

High Marryats BH25: B Sea........................6F 49
High Mead BH22: Long.............................1C 24
High Mead La. BH22: Long.........................2C 24
Highmoor Cl. BH14: Poole..........................4F 57
Highmoor Cl. BH21: Cor M.........................6D 20
Highmoor Rd. BH11: Poole.........................4C 40
Highmoor Rd. BH14: Poole.........................4G 57
Highmoor Rd. BH21: Cor M.........................6D 20
High Oaks Gdns. BH11: Bour......................1A 40
High Pk. Rd. BH18: Broad..........................1E 37
High Pines BH23: Chri...............................5F 47
High Point BH14: Poole..............................3G 57
High Ridge Cres. BH25: Ashy......................2A 50
High St. BH15: Poole...........................5A 4 (6H 55)
High St. BH21: W Min..............................4D 14
High St. BH23: Chri..................................1F 63
High St. BH24: Ashl H...............................1A 12
High St. BH24: Ring.................................4B 8
High St. SO41: Lymi.................................2G 53
High St. SO41: M Sea...............................3D 66
High St. SO43: Lynd.................................3F 71
High St. Nth. BH15: Poole....................2D 4 (4B 56)
HIGHTOWN...5F 9
Hightown Gdns. BH24: Ring.......................5D 8
Hightown Hill BH24: Hight..........................5F 9
Hightown Hill BH24: Pic H..........................5F 9
Hightown Ind. Est. BH24: Ring.....................5D 8
Hightown Rd. BH24: Hight.........................5C 8
Hightown Rd. BH24: Ring...........................5C 8
High Trees BH13: Poole............................1C 70
Hightrees SO41: Penn...............................4F 53
Hightrees Av. BH8: Bour............................4E 43
High Trees Wlk. BH22: Fern........................2B 18
Highview Cl. BH23: Chri.............................2C 44
Highview Ct. BH23: Highc...........................6A 48
Highview Gdns. BH12: Poole.......................6G 39
Highwood Rd. BH18: Broad.........................2F 37
Highwood Rd. BH14: Poole.........................3A 58
Highwood Rd. SO42: Broc..........................4E 73
Hilary Rd. BH17: Poole..............................4A 38
Hilda Rd. BH12: Poole...............................1A 58
Hiley Rd. BH15: Poole...............................1A 56
Hillary Cl. SO43: Lynd..............................5G 71
Hillary Rd. BH23: Chri...............................1A 56
HILLBOURNE...3G 37
Hillbourne Rd. BH17: Poole........................3G 37
Hillbrow Rd. BH6: Bour..............................1H 61
HILLBUTTS..3B 14
HILLCREST...4F 41
Hillcrest Av. BH22: Fern............................1A 18
Hillcrest Cl. BH9: Bour..............................2A 42
Hillcrest Rd. BH12: Poole...........................2E 57
Hillcrest Rd. BH21: Cor M..........................6C 20
Hillcrest Rd. BH9: Bour.............................2A 42
Hillcroft Cl. SO41: Lymi............................1G 53
Hillditch SO41: Lymi.................................5F 35
Hill La. BH23: Bran..................................3C 28
Hill La. BH23: Wat..................................3A 46
Hillman Rd. BH14: Poole...........................2H 57
Hillmeadow BH31: Ver..............................5E 7
Hillmorton Ct. BH8: Bour...........................2A 60
....(off Wellington Rd.)
Hillside Dr. BH23: Chri..............................1B 44
Hillside Gdns. BH21: Cor M........................1C 36
Hillside M. BH21: Cor M............................1C 36
Hillside Rd. BH12: Poole............................4B 40
Hillside Rd. BH21: Cor M...........................1C 36
Hillside Rd. BH31: Ver..............................2D 6
Hillside Rd. SO41: Lymi............................2E 53
Hill St. BH15: Poole...........................4B 4 (5A 56)
Hill Ter. BH21: Mer..................................1E 23
Hilltop Cl. BH22: Fern..............................2H 17
Hilltop Rd. BH21: Cor M............................6E 21
Hilltop Rd. BH22: Fern..............................2H 17
HILL VIEW..6D 20
Hill Vw. Rd. BH10: Bour............................1F 41
Hill Vw. Rd. BH22: Fern............................2A 18
Hill Way BH24: Ashl H..............................2B 12
Hiltom Rd. BH24: Ring..............................4D 8
Hilton Cl. BH15: Poole..............................1E 57
Hilton Grange BH1: Bour...........................3C 60
Hilton Rd. BH25: New M...........................1H 49
Hinchliffe Cl. BH15: Hamw.........................5F 55
Hinchliffe Rd. BH15: Hamw.........................5F 55
HINTON..2H 47
Hinton Admiral M. BH23: Hin.......................3G 47
Hinton Admiral Station (Rail).......................3G 47
Hinton Rd. BH1: Bour.........................4H 5 (4H 59)
Hinton Wood BH1: Bour............................5A 60
Hinton Wood Av. BH23: Hin........................3G 47
Hinton Wood La. BH23: Hin........................3G 47
Hive Gdns. BH13: S'bks............................3H 69
Hives Way SO41: Lymi.............................5F 35
Hobart Rd. BH25: New M...........................3F 49

Hobbs Pk. BH24: St L...............................3B 12
Hobbs Rd. BH12: Poole.............................5G 39
Hoburne Cvn. Pk. BH23: Chri......................5E 47
Hoburne Gdns. BH23: Chri.........................4E 47
Hoburne La. BH23: Chri.............................4E 47
Hoburne Naish Holiday Pk. BH25:
   New M..5C 48
HOBURNE RDBT.....................................5D 46
Hodges Cl. BH17: Poole............................6C 38
Hogarth Ct. BH8: Bour..............................5C 42
Hogarth Way BH8: Bour.............................3G 43
Hogue Av. BH10: Bour..............................6F 25
Holbury Ct. BH9: Bour..............................2E 43
Holcombe Rd. BH16: Upton........................1B 54
HOLDENHURST.......................................2H 43
Holdenhurst Av. BH7: Bour.........................1A 62
Holdenhurst Rd. BH8: Bour.........................4B 60
Holdenhurst Village Rd. BH8: Bour...............2F 43
HOLES BAY NORTH RDBT...........................1H 55
Holes Bay Pk. BH15: Poole........................3H 55
Holes Bay Rd. BH15: Poole........................1H 55
HOLES BAY RDBT....................................1H 55
Holes Cl. SO41: Hor................................1D 50
Hollands Wood Dr. BH25: New M.................6G 31
Holland Way BH18: Broad..........................6F 21
Hollenden BH12: Poole.............................3C 58
....(off Poole Rd.)
Hollies Cl. SO41: Sway.............................2F 33
Holloway Av. BH11: Bour...........................6B 24
Hollybrook BH22: W Moo...........................5C 10
Hollybush Ho. BH5: Bour...........................4F 61
....(off Woilstonecraft Rd.)
Holly Cl. BH16: Upton...............................6A 36
Holly Cl. BH22: W Moo.............................5B 10
Holly Cl. BH24: St L.................................3H 11
Holly Ct. BH1: Bour.................................1D 60
Holly Ct. BH15: Poole...............................3B 56
Holly Ct. BH22: W Moo.............................5B 10
Holly Ct. BH5: Bour.................................3F 61
....(off Florence Rd.)
Holly Ct. BH9: Bour.................................5H 41
Holly Gdns. BH23: Burt..............................4H 45
Holly Gdns. BH23: M Sea..........................2C 66
Holly Grn. Ri. BH11: Bour...........................1A 40
Holly Hedge La. BH17: Poole......................5A 38
Holly La. BH21: Cowg..............................4A 14
Holly La. BH21: Pamp..............................4A 14
Holly La. BH23: Walk...............................3C 48
Holly La. BH25: Ashy...............................1A 50
Holly Lodge BH13: Poole...........................3C 58
Hollywood La. SO41: Lymi.........................6F 35
Holm Cl. BH24: Poul................................2E 9
Holmdene BH2: Bour...............................4F 59
....(off Cambridge Rd.)
Holme Rd. BH23: Highc.............................5B 48
Holmfield Av. BH7: Bour............................6A 44
Holm Hill La. BH23: Hin.............................4B 30
Holm Hill La. BH23: Oss............................4B 30
Holmhurst Av. BH23: Highc.........................4G 47
Holm Oak Cl. BH31: Ver............................2C 6
Holm Oaks SO41: Penn.............................3E 53
Holmsley Cl. SO41: Penn...........................3D 52
HOLMWOOD...1D 24
Holmwood Gth. BH24: Hight.......................5F 9
Holnest Rd. BH17: Poole............................4B 38
Holt Ho. BH1: Bour.................................2D 60
Holt Rd. BH12: Poole...............................1B 58
Holworth Cl. BH11: Bour............................2A 40
Holyrood Cl. BH17: Poole...........................5G 37
Holywell Cl. BH17: Poole...........................2B 38
Homechurch Ho. BH23: Chri.......................1H 63
....(off Purewell)
Homecorfe Ho. BH18: Broad.......................6H 21
Homedale Ho. BH2: Bour...........................2H 59
Homedene Ho. BH15: Poole........................4B 56
Home Farm Rd. BH31: Ver.........................2C 6
Home Farm Way BH31: Ver........................3C 6
Homefield Cl. BH23: Wink..........................1G 45
Homefield Ho. BH25: New M........................3G 49
Homeforde Ho. SO42: Broc........................3F 73
Homelake Ho. BH14: Poole.........................4F 57
Homelands Est. BH23: Chri.........................1D 62
Homelands Ho. BH22: Fern.........................4B 18
Homeleigh Ho. BH8: Bour..........................2A 60
Homemill Ho. BH25: New M........................2G 49
Homeoaks Ho. BH2: Bour...........................2H 59
Home Rd. BH11: Bour...............................5D 24
Homeside Rd. BH9: Bour...........................3A 42
HOME STREET......................................4F 9
Homeview Ho. BH15: Poole........................4B 56
Homewaye Ho. BH4: Bour...........................4E 59
Homewest Ho. BH4: Bour...........................4E 59
Homewood Cl. BH25: Ashy.........................2A 50

Honeybourne Cres. – Kelsall Gdns.

Honeybourne Cres. BH6: Bour	3E **63**
Honeysuckle Gdns. SO41: Ever	4G **51**
Honeysuckle La. BH17: Poole	4F **37**
Honeysuckle Way BH23: Chri	5D **46**
Hood Cl. BH10: Bour	4D **40**
Hood Cres. BH10: Bour	4D **40**
Hooke Cl. BH17: Poole	3E **39**
Hoopers BH15: Hamw	3D **54**
Hop Cl. BH16: Upton	6A **36**
Hopkins Cl. BH8: Bour	3G **43**
Horace Rd. BH5: Bour	3E **61**
	2D **50**
HORDLE	
Hordle La. SO41: Down	5D **50**
Hordle La. SO41: Hor	5D **50**
Horizon Pk. BH12: Poole	5E **39**
Horlock Rd. SO42: Broc	2F **73**
Hornbeam Sq. BH15: Poole	5B **56**
Hornbeam Way BH21: Cole	4G **15**
Hornby Ii BH23: Chri	6E **45**
(off Arthur Rd.)	
Horning Rd. BH12: Poole	2B **58**
Horsa Cl. BH6: Bour	3C **62**
Horsa Cl. BH6: Bour	3C **62**
Horsa Rd. BH6: Bour	3C **62**
Horseshoe, The BH13: S'bks	5F **69**
Horseshoe Cl. BH21: Cole	3B **16**
HORSESHOE COMMON RDBT.	5H 4 (5H **59**)
(off Old Christchurch Rd.)	
Horseshoe Ct. BH1: Bour	2H 5 (3H **59**)
Horseshoe Cres. BH22: Fern	1E **25**
Horsham Av. BH10: Bour	5E **25**
Horton Cl. BH9: Bour	2C **42**
Horton Rd. BH24: Ashl H	1G **11**
Horton Rd. BH24: Ashy	1G **11**
Horton Way BH31: Ver	4B **6**
Hosiers La. BH15: Poole	5A 4 (6H **55**)
(off The Quay)	
Hosker Rd. BH5: Bour	2H **61**
Houlton Rd. BH15: Poole	3C **56**
HOUND HILL	2B **14**
Hounds Way BH21: Hayes	4B **16**
Hounslow Cl. BH15: Hamw	5E **55**
House, The BH23: Chri	5E **45**
Howard Cl. BH23: Mude	1B **64**
Howard Rd. BH31: Ver	3D **6**
Howard Rd. BH1: Bour	6C **42**
Howard Rd. BH8: Bour	3D **52**
Howards Mead SO41: Penn	6F **15**
Howarth Rd. BH21: W Min	6F **15**
Howe Cl. BH23: Mude	2H **15**
Howe Cl. BH25: New M	2F **49**
Howe La. BH31: Ver	4C **6**
Howell Ho. BH21: Cole	2H **15**
Howeth Cl. BH10: Bour	1F **41**
Howeth Rd. BH10: Bour	1F **41**
Howlett Cl. SO41: Lymi	1E **53**
Howton Cl. BH10: Bour	6E **25**
Howton Rd. BH10: Bour	6E **25**
Hoxley Rd. BH10: Bour	1F **41**
Hoyal Rd. BH15: Hamw	4D **54**
Hub Verwood, The	2C **6**
Hudson Rd. BH12: Poole	3G **39**
Hudson Cl. BH24: Poul	3E **9**
Hudson Davies Cl. SO41: Pil	2H **35**
Hughs Bus. Cen. BH23: Chri	6C **46**
Hull Cres. BH11: Bour	1H **39**
Hull Rd. BH11: Bour	1H **39**
Hull Way BH11: Bour	1A **40**
Humber Rd. BH22: Fern	3E **19**
Humphrey's Bri.	6E **47**
Hundred La. SO41: Lymi	4H **35**
Hundred La. SO41: Portm	4H **35**
Hungerfield Cl. BH23: Bran	2C **28**
Hungerford Rd. BH8: Bour	2D **42**
Hunger Hill BH15: Poole	3B 4 (5A **56**)
(off West Quay Rd.)	
Hunter Cl. BH21: Cole	3C **16**
Hunter Cl. BH23: Chri	6C **46**
Hunters Cl. BH31: Ver	4G **7**
Huntfield Rd. BH9: Bour	2B **42**
Huntingdon Dr. BH21: Mer	2C **22**
Huntingdon Gdns. BH23: Chri	3E **45**
Huntly Mans. BH7: Bour	1H **61**
(off Christchurch Rd.)	
Huntly Rd. BH3: Bour	1F **59**
Hunt Rd. BH15: Poole	3C **56**
Hunt Rd. BH23: Chri	5A **46**
Huntvale Rd. BH9: Bour	2B **42**
Hurdles, The BH23: Chri	5C **44**
Hurdles Mead SO41: M Sea	4D **66**
Hurlingham Ho. BH1: Bour	4C **60**
(off Manor Rd.)	
HURN	4H **27**
Hurn Bridge Sports Club	4H **27**
Hurn Cl. BH24: Ashy	1F **13**
Hurn Ct. BH23: Chri	1G **43**

Hurn Ct. La. BH23: Hurn	5F **27**
Hurn Ho. BH1: Bour	4B **60**
(off Christchurch Rd.)	
Hurn La. BH24: Ashy	1F **13**
Hurn Rd. BH23: Chri	1B **44**
Hurn Rd. BH23: Ashy	6E **13**
Hurn Rd. BH24: Match	6E **13**
Hurn Way BH23: Chri	4B **44**
Hursley Cl. BH7: Bour	5A **44**
Hurstbourne Av. BH23: Chri	4G **47**
Hurst Cl. BH23: Walk	3C **48**
Hurst Cl. BH25: New M	5D **48**
Hurst Ct. SO41: M Sea	3C **66**
Hurstdene Rd. BH8: Bour	3C **42**
Hurst Hill BH14: Poole	1G **69**
Hurst Rd. BH24: Ring	2C **8**
Hurst Rd. SO41: M Sea	4D **66**
Hurst Vw. Cvn. Pk. SO41: Penn	6F **53**
Hussar Cl. BH17: Poole	6D **44**
Hyacinth Cl. BH17: Poole	4F **37**
Hyde, The BH25: New M	1E **49**
Hyde Cl. SO41: Sway	1F **33**
Hyde La. BH23: Chri	6E **45**
Hyde M. BH23: Chri	6E **45**
Hyde Rd. BH10: Bour	6E **25**
Hynesbury Rd. BH23: Fri C	1E **65**
Hythe Rd. BH15: Poole	6E **39**

I

Ibbertson Cl. BH8: Bour	3F **43**
Ibbertson Rd. BH8: Bour	4F **43**
Ibbertson Way BH8: Bour	3F **43**
Ibbett Rd. BH10: Bour	3E **41**
Ibsley Cl. BH8: Bour	1C **60**
Iddesleigh Rd. BH3: Bour	1H **59**
IFORD	6A **44**
Iford Bri. Home Pk. BH6: Bour	6B **44**
Iford Cl. BH6: Bour	1C **62**
Iford Gdns. BH7: Bour	6A **44**
Iford Golf Cen.	3A **44**
Iford La. BH6: Bour	6B **44**
IFORD RDBT.	6A **44**
Iford Sports Complex	5B **44**
Iley La. SO41: Penn	1H **67**
Images BH15: Poole	4B 4 (6A **56**)
Imber Dr. BH23: Highc	5H **47**
Imbrecourt BH13: Poole	2A **70**
Indigo M. BH2: Bour	4A **60**
Infinity Sq. BH1: Bour	4F **49**
Inglegreen Cl. BH25: New M	3E **55**
Inglesham Way BH15: Hamw	4F **43**
Inglewood Av. BH8: Bour	3H **49**
Inglewood Dr. BH25: New M	3H **49**
Ingram Wlk. BH21: W Min	5F **15**
Ingworth Rd. BH12: Poole	2C **58**
Innovation Cl. BH12: Poole	5E **39**
Insley Cres. BH18: Broad	6E **21**
Inveravon BH23: Mude	2B **64**
Inverclyde Rd. BH14: Poole	3F **57**
Inverleigh Rd. BH6: Bour	1A **62**
Inverness Rd. BH13: Poole	2A **70**
Ipswich Rd. BH12: Poole	3D **58**
Ipswich Rd. BH4: Bour	3D **58**
Iridium Inn BH23: Mude	4E **47**
Iris Cl. BH23: Chri	4H **41**
Iris Rd. BH9: Bour	5A **46**
Irvine Way BH23: Chri	5A **46**
Irving La. BH6: Bour	2B **62**
Irving Rd. BH6: Bour	3A **62**
Isaacs Cl. BH17: Poole	6D **40**
Island Point SO41: Wal	1H **53**
Island Vw. BH25: New M	6C **48**
Island Vw. Av. BH23: Fri C	1D **64**
Island Vw. Ct. SO41: M Sea	3E **67**
Island Vw. Ct. BH25: B Sea	6F **49**
Island Vw. Gdns. SO41: M Sea	3E **67**
Island Vw. Rd. BH25: New M	6C **48**
(not continuous)	
Ivamy Pl. BH11: Bour	3B **40**
Ivor Rd. BH15: Hamw	6G **55**
Ivor Rd. BH21: Cor M	1D **36**
Ivy Cl. BH24: St L	3H **11**
Ivy Ct. BH9: Bour	5H **41**
Ivy Ho. BH2: Bour	4F **59**
Ivy Rd. BH21: Mer	3B **22**
Iwerne Cl. BH9: Bour	1B **42**

J

Jacklin Ct. BH18: Broad	6H **21**
Jackson Gdns. BH12: Poole	1G **57**
Jackson Rd. BH12: Poole	1G **57**
Jacobean Cl. BH23: Walk	4B **48**
Jacobs Rd. BH15: Hamw	5E **55**
Jacqueline Rd. BH12: Poole	6F **39**

James Ct. BH8: Bour	6B **42**
(off Richmond Pk. Rd.)	
James Michael Ho. BH2: Bour	4F **59**
(off Norwich Av.)	
Jameson Rd. BH9: Bour	4G **41**
James Rd. BH12: Poole	2C **58**
Jamie Ct. BH16: Upton	6D **36**
Janred Ct. BH25: B Sea	6E **49**
Jasmine Cl. BH12: Poole	6G **39**
Jasmine Cl. BH1: Bour	3D **60**
Jasmine Ct. BH25: New M	2G **49**
(off Whitefield Rd.)	
Jasmine Ct. SO41: Lymi	1F **53**
Jaundrells Cl. BH25: New M	2A **50**
Jays Ct. BH23: Highc	5B **48**
Jealous La. SO41: Bold	1C **34**
Jealous La. SO41: Lymi	1C **34**
Jefferson Av. BH1: Bour	1D **60**
Jellicoe Dr. BH14: Poole	2D **56**
Jellicoe Dr. BH23: Mude	1B **64**
Jellicoe Theatre	2D **56**
Jenner Cl. BH31: Ver	2C **6**
Jenni Cl. BH31: Ver	5C **24**
Jennings Rd. BH14: Poole	5G **57**
Jephcote Rd. BH11: Bour	1B **40**
Jersey Cl. BH12: Poole	4H **39**
Jersey Rd. BH12: Poole	4H **39**
Jesmond Av. BH23: Highc	5H **47**
Jessica Av. BH31: Ver	2B **6**
Jessop Ho. BH21: W Min	4E **15**
Jessopp Cl. BH10: Bour	1H **41**
Jessopp Rd. BH21: Cole	3B **16**
Jewell Rd. BH8: Bour	3G **43**
Jimmy Brown Av. BH22: W Moo	2C **10**
Johnson Rd. BH21: Stap	2G **17**
Johnstone Rd. BH23: Chri	1A **64**
Johnston Rd. BH15: Poole	6B **38**
Jolliffe Av. BH15: Poole	3B **56**
Jolliffe Rd. BH15: Poole	3B **56**
Jonathan Cl. SO41: Lymi	1G **45**
Jopps Cnr. BH23: Wink	1G **33**
Jordans La. SO41: Sway	1G **33**
Joshua Cl. BH15: Hamw	5E **55**
Jowitt Dr. BH25: New M	3F **49**
Joyce Dickson Cl. BH24: Ring	5D **8**
Joys Rd. BH21: Thr C	2A **10**
Jubilee Cl. BH21: Cor M	4E **21**
Jubilee Cl. BH24: Poul	3E **9**
Jubilee Ct. SO41: Sway	2F **33**
Jubilee Cres. BH12: Poole	2H **57**
Jubilee Gdns. BH10: Bour	3F **41**
Jubilee Rd. BH12: Poole	2H **57**
Jubilee Rd. BH21: Cor M	4E **21**
Julia Cl. BH23: Highc	5H **47**
Julian's Rd. BH21: W Min	5C **14**
Julian Ter. BH5: Bour	2H **61**
JULIA'S HOUSE (HOSPICE)	1E **37**
Julyan Av. BH12: Poole	5C **40**
JUMPERS COMMON	5C **44**
JUMPERS COMMON	4C **44**
Jumpers Rd. BH23: Chri	5D **44**
Junction Rd. BH16: Hamw	3C **54**
Junction Rd. BH9: Bour	5H **41**
Junction Sports & Leisure Cen., The	1G **37**
Juniper Cen., The BH23: Chri	5D **44**
Juniper Cl. BH21: Thr C	2A **10**
Juniper Cl. BH22: Fern	1A **18**
Juniper Cl. SO41: Penn	3D **52**
Juniper Dr. BH23: Chri	4E **47**
Jupiter Way BH21: Cor M	3E **21**
(not continuous)	
Justin Gdns. BH10: Bour	1G **41**

K

Kamptee Copse BH25: New M	5H **31**
Kangaw Pl. BH15: Hamw	5D **54**
Katherine Chance Cl. BH23: Burt	2G **45**
Katie Cl. BH14: Poole	2G **57**
Katterns Cl. BH23: Chri	3C **44**
Kay Cl. BH23: Chri	6A **46**
Keats Av. SO41: M Sea	2D **66**
Keats Ho. BH25: New M	3G **49**
Keeble Cl. BH10: Bour	5F **25**
Keeble Cres. BH10: Bour	5F **25**
Keeble Rd. BH10: Bour	5F **25**
Keel Gdns. SO41: Lymi	1G **53**
Keel Ho. BH15: Poole	2D 4 (4B **56**)
(off High St. Nth.)	
Keepers La. BH21: Stap	4E **17**
Keighley Av. BH18: Broad	3F **37**
Keith Rd. BH3: Bour	1E **59**
Kellaway Rd. BH17: Poole	5D **38**
Kelly Cl. BH17: Poole	5D **38**
Kelsall Gdns. BH25: New M	2G **49**

Kemp Rd. BH9: Bour......5H **41**
Kempthorne Ho. SO41: Lymi......1G **53**
Kenilworth Cl. BH25: New M......2H **49**
Kenilworth Ct. BH13: Poole......1B **70**
Kenilworth Dr. BH23: Chri......6E **45**
Kennard Ct. BH25: New M......2F **49**
Kennard Pl. BH25: New M......2G **49**
......(off Kennard Rd.)
Kennard Rd. BH25: New M......1F **49**
Kennart Rd. BH17: Poole......6H **37**
Kenneth Ct. BH23: Highc......6B **48**
Kennington Rd. BH17: Poole......5B **38**
Ken Rd. BH6: Bour......3C **62**
Kensington Ct. BH1: Bour......3D **60**
Kensington Dr. BH2: Bour......3F **59**
Kensington Pk. SO41: M Sea......3C **66**
Kent Ho. BH4: Bour......4E **59**
......(off Marlborough Rd.)
Kent Rd. BH12: Poole......1A **58**
Kenyon Cl. BH15: Poole......6C **38**
Kenyon Rd. BH15: Poole......6C **38**
Keppel Cl. BH24: Ring......4D **8**
Kerley Rd. BH2: Bour......5F **5** (5G **59**)
Kernella Ct. BH4: Bour......3D **58**
Kerry Cl. SO41: Penn......2E **53**
Kestrel Cl. BH16: Upton......5B **36**
Kestrel Cl. BH22: Fern......2H **17**
Kestrel Cl. BH24: Ring......3C **8**
Kestrel Dr. BH23: Mude......1C **64**
Keswick Ct. BH25: New M......6H **31**
Keswick Rd. BH25: New M......6H **31**
Keswick Rd. BH5: Bour......3F **61**
Keswick Way BH31: Ver......4C **6**
Keverstone Ct. BH1: Bour......4D **60**
Keyes Cl. BH12: Poole......4B **40**
Keyes Cl. BH23: Mude......1B **64**
KEYHAVEN......3G **67**
Keyhaven Rd. SO41: Key......3E **67**
Keyhaven Rd. SO41: M Sea......3E **67**
Key La. BH15: Poole......5A **4** (6H **55**)
......(off Strand St.)
Keysworth Av. BH25: B Sea......5F **49**
Keysworth Rd. BH16: Hamw......3C **54**
Keythorpe BH1: Bour......4C **60**
Khyber Rd. BH12: Poole......2H **57**
Kilbride BH13: Poole......3C **58**
Kilmarnock Rd. BH9: Bour......4H **41**
Kilmington Way BH23: Highc......5G **47**
Kiln Cl. BH21: Cor M......1C **36**
Kiln Way BH31: Ver......5G **7**
Kimberley Cl. BH23: Chri......5D **44**
Kimberley Rd. BH14: Poole......4F **57**
Kimberley Rd. BH6: Bour......1A **62**
Kimber Rd. BH11: Bour......2B **40**
Kimmeridge Av. BH12: Poole......5F **39**
King Cl. BH24: St I......3B **12**
King Ct. BH13: Poole......5D **58**
Kingcup Cl. BH18: Broad......3E **37**
King Edward Av. BH9: Bour......3H **41**
King Edward Ct. BH9: Bour......3H **41**
Kingfisher Barn Vis. Cen. BH8......1B **42**
Kingfisher Cl. BH22: W Moo......5D **10**
Kingfisher Cl. BH6: Bour......2H **61**
Kingfisher Ct. BH1: Bour......4C **60**
......(off Christchurch Rd.)
Kingfisher Pk. BH21: W Moo......1C **10**
Kingfisher Pk. BH24: Blas......1C **8**
Kingfisher Pk. Homes BH10: Bour......1H **41**
Kingfishers, The BH31: Ver......4E **7**
Kingfisher Way BH23: Mude......2C **64**
Kingfisher Way BH24: Poul......1D **8**
King George Av. BH9: Bour......3H **41**
King George Mobile Home Pk. BH25: New M......4F **49**
King John Av. BH11: Bour......5H **23**
King John Cl. BH11: Bour......5H **23**
Kingland Cres. BH15: Poole......3C **4** (5A **56**)
Kingland Rd. BH15: Poole......3D **4** (5B **56**)
King Richard Dr. BH11: Bour......6H **23**
Kings Arms La. BH24: Ring......4B **8**
Kings Arms Row BH24: Ring......4B **8**
King's Av. BH23: Chri......1D **62**
Kings Av. BH14: Poole......5H **57**
Kingsbere Av. BH10: Bour......3D **40**
Kingsbere Gdns. BH23: Highc......4A **48**
Kingsbere Rd. BH15: Poole......2C **56**
Kingsbridge Rd. BH14: Poole......4G **57**
Kings Brook SO41: Hor......1D **50**
Kings Cl. BH10: Bour......3F **41**
Kings Cl. BH15: Poole......2B **56**
Kings Cl. BH22: W Moo......6C **10**
Kings Cl. SO41: Lymi......1F **53**
Kings Cl. SO43: Lynd......3F **71**
Kings Ct. BH6: Bour......2D **62**
Kings Ctyd. BH1: Bour......3C **60**

Kings Cres. BH14: Poole......5A **58**
Kings Cres. SO41: Lymi......1F **53**
Kings Farm La. SO41: Hor......3F **51**
Kings Farm Rural Workshops SO41: Hor......2F **51**
Kingsfield BH24: Ring......5C **8**
Kingsfield SO41: Lymi......1H **53**
Kingsgate BH13: Poole......4D **58**
Kings Grange BH4: Bour......5F **59**
Kingsholme BH8: Bour......6B **42**
Kingsland Rd. BH4: Bour......4H **33**
Kingsley Av. BH6: Bour......3E **63**
Kingsley Cl. BH6: Bour......3E **63**
Kingsley Ho. BH9: Bour......3H **41**
Kingsmead Ct. BH21: W Min......4D **14**
Kingsmill Rd. BH17: Poole......4E **59**
Kings Pk. BH17: Poole......6C **38**
Kings Pk. Athletics Cen.......1F **61**
Kings Pk. Dr. BH7: Bour Holdenhurst Rd.......1E **61**
Kings Pk. Dr. BH7: Bour Petersfield Rd.......1G **61**
KING'S PARK HOSPITAL......1F **61**
King's Rd. BH3: Bour......6A **42**
Kings Rd. BH25: Ashy......1A **50**
Kings Rd. SO41: Lymi......1F **53**
King's Saltern Rd. SO41: Lymi......3H **53**
KINGSTON......5H **13**
Kingston Pk. SO41: Penn......3F **53**
Kingston Rd. BH15: Poole......3B **56**
Kingston Rd. BH21: W Min......5H **13**
Kingsway BH22: Fern......1H **17**
Kingsway Cl. BH23: Chri......4D **44**
Kingswell Cl. BH10: Bour......3F **41**
Kingswell Gdns. BH10: Bour......2D **40**
Kingswell Gro. BH10: Bour......3D **40**
Kingswell Rd. BH10: Bour......3D **40**
Kingswood BH4: Bour......5E **59**
......(off W. Cliff Rd.)
Kingswood Pl. BH2: Bour......4F **59**
Kinross Rd. BH3: Bour......1G **59**
Kinsbourne Av. BH10: Bour......3F **41**
KINSON......5D **24**
Kinson Av. BH15: Poole......6E **39**
Kinson Common Nature Reserve......6D **24**
Kinson Gro. BH10: Bour......5E **25**
Kinson Pk. Rd. BH10: Bour......5F **25**
Kinson Pottery Ind. Est. BH14: Poole......1E **57**
Kinson Rd. BH10: Bour......4C **40**
Kiosks, The BH15: Poole......5B **4** (6A **56**)
......(off The Quay)
Kipling Rd. BH14: Poole......2F **57**
Kirby Cl. BH15: Poole......1D **56**
Kirby Way BH6: Bour......3B **62**
Kirkham Av. BH23: Burt......2G **45**
Kirkway BH18: Broad......1H **37**
Kitchener Cres. BH17: Poole......4H **37**
Kitchers Cl. SO41: Sway......1F **33**
Kitscroft Rd. BH10: Bour......6E **25**
Kittiwake Cl. BH6: Bour......1B **62**
Kittiwake Ho. BH15: Hamw......6G **55**
......(off Norton Way)
Kitwalls La. SO41: M Sea......1D **66**
Kivernell Pl. SO41: M Sea......2C **66**
Kivernell Rd. SO41: M Sea......3C **66**
Kiwi Cl. BH15: Poole......4C **56**
Knapp Cl. BH23: Chri......5E **45**
Knapp Mill Av. BH23: Chri......5E **45**
Knightcrest Pk. SO41: Ever......4A **52**
KNIGHTON......3H **23**
Knighton Cvn. Pk. SO41: Ever......4A **52**
Knighton Heath Cl. BH11: Bour......1A **40**
Knighton Heath Golf Course......2G **39**
Knighton Heath Ind. Est. BH11: Bour......2A **40**
Knighton Heath Rd. BH11: Bour......1A **40**
Knighton La. BH21: Mer......4H **23**
Knighton Pk. BH25: B Sea......5E **49**
Knightsbridge Ct. BH2: Bour......5F **5** (5G **59**)
......(off Cranborne Rd.)
Knights Rd. BH11: Bour......6H **23**
Knightstone Gro. BH22: W Moo......5B **10**
Knightwood Cl. SO43: Lynd......3F **71**
Knightwood Cl. BH25: New M......5F **47**
Knightwood Cl. SO43: Lynd......3F **71**
KNOBCROOK......3D **14**
Knobcrook Rd. BH21: W Min......3D **14**
Knole Ct. BH1: Bour......3D **60**
Knole Rd. BH1: Bour......2D **60**
Knoll Gdns.......4G **17**
Knoll Gdns. BH24: St I......3B **12**
Knoll La. BH21: Cor M......3B **20**
Knoll Mnr. BH2: Bour......2H **59**
Knowland Dr. SO41: M Sea......2D **66**
Knowle Rd. SO42: Broc......2D **72**
Knowles Cl. BH23: Chri......6A **46**
Knowlton Gdns. BH9: Bour......1B **42**

Knowlton Rd. BH17: Poole......3D **38**
Knyveton Ho. BH1: Bour......3B **60**
......(off Knyveton Rd.)
Knyveton Rd. BH1: Bour......3B **60**
Kyrchil La. BH21: Cole......3H **15**
Kyrchil Way BH21: Cole......2H **15**

L

Labrador Dr. BH15: Poole......5D **4** (6B **56**)
Laburnum Cl. BH22: Fern......3H **17**
Laburnum Cl. BH31: Ver......4G **7**
Laburnum Dr. SO41: Ever......5A **52**
Laburnum Rd. BH10: Poole......1H **41**
Lacey Cres. BH15: Poole......1E **57**
Lacy Cl. BH21: W Min......3E **15**
Lacy Dr. BH21: W Min......3E **15**
Ladin Ho. BH8: Bour......1D **60**
......(off Richmond Pk. Rd.)
Ladysmith Cl. BH23: Chri......6A **46**
Ladywell BH15: Poole......5D **58**
Lagado Cl. BH14: Poole......1G **69**
Lagland Cl. BH15: Poole......5B **4** (6A **56**)
Lagland St. BH15: Poole......3C **4** (5A **56**)
Lagoon Cl. BH14: Poole......1F **69**
Lagoon Rd. BH14: Poole......1F **69**
Laidlaw Cl. BH12: Poole......5D **40**
LAKE......6D **54**
Lake Av. BH15: Hamw......6D **54**
Lake Cnr. BH25: New M......1G **49**
......(off Fernhill La.)
Lake Cres. BH15: Hamw......4E **55**
Lake Dr. BH15: Hamw......5C **54**
......(not continuous)
Lake Farm Cl. BH22: Long......3D **24**
Lake Gro. Rd. BH25: New M......1F **49**
Lake Rd. BH11: Bour......5D **24**
Lake Rd. BH15: Hamw......6D **54**
Lake Rd. BH31: Ver......5E **7**
Lakeside BH24: Hight......5E **9**
Lakeside Pines BH25: New M......1H **49**
Lakeside Rd. BH13: Poole......6C **58**
Lake Vw. Ct. BH15: Poole......4B **56**
......(off Mt. Pleasant Rd.)
Lakeview Dr. BH24: Hight......5F **9**
Lake Vw. Mnr. BH25: New M......2G **49**
Lakewood Rd. BH23: Highc......4G **47**
Lake Yd. BH15: Hamw......6D **54**
Lambs Cl. BH17: Poole......4A **38**
LAMBS GREEN......1F **21**
Lambs Grn. La. BH21: Cor M......1F **21**
Lampton Cl. BH9: Bour......4H **41**
Lampton Gdns. BH9: Bour......4H **41**
Lanark Cl. BH15: Hamw......5F **55**
Lancaster Cl. BH18: Broad......6F **21**
Lancaster Cl. BH23: Chri......6E **47**
Lancaster Dr. BH18: Broad......6E **21**
Lancaster Dr. BH31: Ver......3C **6**
Lancaster Rd. BH21: Stap......1G **17**
Lancer Cl. BH23: Chri......1D **44**
Lander Cl. BH15: Poole......5D **4** (6B **56**)
Landford Gdns. BH8: Bour......3D **42**
Landford Way BH8: Bour......3D **42**
Landseer Rd. BH4: Bour......4E **59**
Lane, The BH8: Bour......2C **60**
Lane, The SO43: Lynd......2F **71**
Lanes, The BH25: New M......6G **31**
Langdon Cl. BH14: Poole......3H **57**
Langdon Rd. BH14: Poole......3G **57**
Langley Chase BH24: Ashl H......2C **12**
Langley Rd. BH14: Poole......3A **58**
Langley Rd. BH23: Chri......4G **47**
Langside Av. BH12: Poole......5C **40**
Langton Cl. BH25: B Sea......5H **49**
Langton Dene BH4: Bour......4E **59**
......(off Portarlington Rd.)
Langton Rd. BH7: Bour......2F **61**
Lansdell Ct. BH15: Poole......4C **56**
Lansdowne Ct. BH1: Bour Christchurch Rd.......3C **60**
Lansdowne Ct. BH1: Bour......2A **60**
......(off Lansdowne Rd.)
Lansdowne Cres. BH1: Bour......4A **60**
Lansdowne Gdns. BH1: Bour......3A **60**
Lansdowne La. BH1: Bour......4A **60**
......(off Lansdowne Rd.)
Lansdowne M. BH1: Bour......3A **60**
Lansdowne Rd. BH1: Bour......2A **60**
LANSDOWN RDBT., THE......4A **60**
Lapwing Rd. BH21: Cole......2A **16**
Lara Cl. BH24: Bour......2D **42**
Larch Cl. BH17: Poole......4E **37**
Larch Cl. BH24: St I......3C **12**
Larch Cl. SO41: Hor......2D **50**
Larch Way BH22: Fern......1A **18**
Lark Rd. BH23: Mude......1C **64**

Larks Cl. BH22: Fern 2H 17
Larksfield Av. BH9: Bour 2C 42
Larkshill Cl. BH25: New M 1H 49
Larkspur Cl. BH23: Chri 4E 47
Larks Ri. BH22: Fern 2H 17
Lascelles Ct. BH7: Bour 1H 61
Lascelles Rd. BH7: Bour 1H 61
Laserquest Bournemouth 3H 5 (4A 60)
Lassells Cl. BH23: Highc 5A 48
Latch Farm Av. BH23: Chri 5E 45
Latchmoor Ct. SO42: Broc 3F 73
Latimer Cl. BH13: Poole 5D 58
Latimer Ct. BH9: Bour 5H 41
Latimer M. BH9: Bour 5H 41
Latimer Rd. BH9: Bour 5H 41
Latimers Cl. BH23: Highc 4H 47
Laundry La. SO41: M Sea 3E 67
Laurel Cl. BH21: Cor M 5D 20
Laurel Cl. BH23: Chri 4F 47
Laurel Cl. BH24: St L 3A 12
Laurel Cl. SO41: Hor 1C 50
Laurel Dr. BH18: Broad 1H 37
Laurel Gdns. BH18: Broad 4A 12
Laurel La. BH24: St L 2A 18
Laurels, The BH22: Fern 2A 18
Laurels, The SO42: Broc 4E 73
Lavender Cl. BH31: Ver 4G 7
Lavender Gdns. SO41: Hor 2C 50
Lavender Ho. BH8: Bour 2B 60
Lavender Knot BH14: Poole 3E 57
Lavender La. BH23: Chri 5C 44
Lavender Rd. BH8: Bour 1D 42
Lavender Rd. SO41: Hor 2C 50
Lavender Vs. BH23: Highc 5B 48
Lavender Wlk. BH5: B Sea 5G 49
                                        (off Waterford Rd.)
Lavender Wlk. BH8: Bour 1D 42
Lavender Way BH18: Broad 2D 36
Laverstock Ct. BH6: Bour 6G 39
Lavinia Rd. BH12: Poole 2A 42
Lawford Ri. BH9: Bour 1A 42
Lawford Rd. BH9: Bour 1A 42
Lawn Cl. SO41: M Sea 3E 67
Lawn Ct. BH2: Bour 3F 59
Lawn Rd. SO41: M Sea 3E 67
Lawn Rd. SO41: Penn 2D 52
Lawns, The BH23: Highc 5B 48
Lawns Cl. BH21: Cole 3C 16
Lawns Rd. BH21: Cole 3B 16
Lawn Vw. BH25: Bash 6D 30
Lawrence Ct. BH8: Bour 1C 60
Lawrence Dr. BH13: Poole 6A 58
Lawrence Rd. BH24: Poul 1E 9
Lawson Rd. BH12: Poole 1F 57
Layard Dr. BH21: Mer 1F 23
Layard Theatre 4D 16
Laymoor La. BH21: Lit C 4D 16
Layton Ct. BH12: Poole 2H 57
Layton Rd. BH12: Poole 2H 57
Lea, The BH31: Ver 4E 7
Leaf Gdns. BH11: Bour 1B 40
LEAGREEN 5F 51
Lea Grn. Farm SO41: Down 5F 51
Leamington Rd. BH9: Bour 6A 42
Leaphill Rd. BH7: Bour 1G 61
Learning La. BH10: Bour 2E 41
Learoyd Rd. BH17: Poole 6B 38
Leat Pk. BH23: Bran 4C 28
Lea Way BH11: Bour 5A 24
Lechlade Gdns. BH17: Poole 5G 43
Ledbury Rd. BH23: Chri 2B 64
Ledgard Cl. BH14: Poole 3F 57
Lee Ct. BH22: Fern 4B 18
Leedam Rd. BH10: Bour 1F 41
Leelands SO41: Penn 4F 53
Lees Cl. BH23: Chri 1B 44
Leeson Dr. BH22: Fern 2H 17
Leeson Rd. BH7: Bour 6E 43
Legg La. BH21: W Min 5F 15
Legion Cl. BH15: Hamw 5E 55
Legion Rd. BH15: Hamw 5E 55
Leicester Rd. BH13: Poole 3A 58
LEIGH 5H 15
Leigham Va. Rd. BH6: Bour 3B 62
Leigh Cl. BH21: W Min 5G 15
Leigh Comn. BH21: W Min 4G 15
Leigh Common Nature Reserve 4H 15
Leigh Gdns. BH21: W Min 5F 15
Leigh La. BH21: Cole 4G 15
LEIGH PARK 6G 15
Leigh Pk. SO41: Lymi 1E 53
Leigh Rd. BH21: W Min 5E 15
Leigh Rd. BH25: New M 2G 49
Leighton Lodge BH2: Bour 3F 59

Lemana Pl. SO41: Lymi 2H 53
Lentham Cl. BH17: Poole 4B 38
Lentune Way SO41: Lymi 3F 53
Leonard Hackett Ct. BH7: Bour 6H 45
Le Patourel Cl. BH23: Chri 6H 45
Leslie Rd. BH14: Poole 4E 57
Leslie Rd. BH9: Bour 5H 41
Leven Av. BH4: Bour 3F 59
Leven Cl. BH4: Bour 3F 59
Leverett Gdns. BH15: Poole 1C 56
Levet's La. BH15: Poole 4A 4 (5H 55)
Lewens Cl. BH21: W Min 5E 15
Lewens La. BH21: W Min 5E 15
Lewesdon Dr. BH18: Broad 1F 37
Lewis Ct. BH6: Bour 3D 62
Lewis Gdns. BH10: Bour 2E 41
LEWIS MANNING HOSPICE 2G 69
Leybourne Av. BH10: Bour 6E 25
                                               (not continuous)
Leybourne Cl. BH10: Bour 6E 25
LEYBROOK COMMON 5F 13
Leydene Av. BH8: Bour 4F 43
Leydene Cl. BH8: Bour 4F 43
Leyland Rd. BH12: Poole 3A 40
Leyside BH23: Chri 1B 64
Liberty Cl. BH21: Wool 1F 11
Liberty Ct. BH1: Bour 4C 60
                                            (off Christchurch Rd.)
Liberty Ct. BH23: Chri 6D 44
Liberty's Owl, Raptor & Reptile Cen. 6E 9
Liberty Way BH15: Poole 4D 4 (5B 56)
Library M. BH12: Poole 2H 57
Library Rd. BH12: Poole 2A 58
Library Rd. BH22: Fern 4B 18
Library Rd. BH9: Bour 4H 41
Liederbach Dr. BH31: Ver 4G 7
Lifeboat Quay BH15: Poole 2A 4 (4H 55)
Lighthouse, The BH2: Bour 5F 59
                                            (off Chine Cres. Rd.)
Lighthouse, The BH6: Bour 3A 62
Lighthouse
(Poole's Cen. for the Arts) 2D 4 (5B 56)
Lights Cl. BH23: Chri 6F 45
Lilac Cl. BH24: Ring 3D 8
LILLIPUT 4F 57
Lilliput Ct. BH14: Poole 1G 69
Lilliput Rd. BH14: Poole 6F 57
Lilliput Sailing Club 6F 57
Lime Cl. BH15: Poole 1D 56
Lime Gro. SO41: Ever 5H 51
Limes, The BH2: Bour 2E 5 (3G 59)
                                           (off Branksome Wood Rd.)
Lime Tree Ho. SO41: Lymi 1G 53
Limited Rd. BH9: Bour 4A 42
Linbrook Almshouses BH24: Rock 1E 9
Linbrook Ct. BH24: Ring 2C 8
Lin Brook Dr. BH24: Poul 1E 9
Linbrook Vw. BH24: Linf 1H 9
Lincoln Av. BH1: Bour 1D 60
Lincoln Av. BH23: Chri 3D 44
Lincoln Rd. BH12: Poole 6H 39
Lindberg Rd. BH21: Stap 1G 17
Linden Cl. BH22: W Par 2F 25
Linden Ct. BH1: Bour 2A 60
                                            (off Lansdowne Rd.)
Linden Ct. BH24: Ring 3B 8
Linden Ct. BH8: Bour 6C 42
                                           (off Richmond Pk. Rd.)
Linden Gdns. BH24: Ring 3B 8
Linden Rd. BH12: Poole 1G 57
Linden Rd. BH22: W Par 2F 25
Linden Rd. BH9: Bour 2A 42
Lindens, The BH23: Chri 2H 45
Linden Way SO41: Lymi 1E 53
Lindsay Ct. BH13: Poole 3C 58
Lindsay Mnr. BH13: Poole 3C 58
Lindsay Pk. BH13: Poole 3C 58
Lindsay Rd. BH13: Poole 3B 58
Lindsey Ct. BH22: Fern 6A 18
Lindum Ct. BH12: Poole 3C 58
Lineside BH23: Burt 5G 45
LINFORD 1H 9
Linford Cl. BH25: New M 1G 49
Linford Cl. BH24: Hang 2E 9
Linford Rd. BH24: Hang 2E 9
Lingdale Rd. BH6: Bour 1B 62
Lingfield Ct. BH22: Fern 5C 18
Lingfield Grange BH13: Poole 4D 58
Ling Rd. BH12: Poole 5E 39
Lingwood Av. BH23: Mude 1A 64
Linhorns La. BH25: New M 5G 31
Link Mall BH15: Poole 3D 4 (5B 56)
                                                 (off High St.)
Link Ri. BH21: Cor M 5E 21
Link Rd. BH24: Poul 2E 9

Links Dr. BH23: Chri 4B 44
Linkside Av. BH8: Bour 5E 43
Links Rd. BH14: Poole 5H 57
Links Vw. Av. BH14: Poole 5A 58
Linmead Dr. BH11: Bour 5C 24
Linnet Cl. BH24: Hight 5E 9
Linnet Ct. BH25: New M 3F 49
Linnet Rd. BH17: Poole 5F 37
Linnies La. SO41: Sway 4E 33
Linthorpe Rd. BH15: Poole 3C 56
Linton Lawns BH22: Fern 6C 18
Linwood Rd. BH9: Bour 6B 42
Lionheart Cl. BH11: Bour 6H 23
Lions Cl. BH15: Poole 3B 56
LIONS HILL 2G 11
Lions Hill Way BH24: Ashl H 2G 11
Lions La. BH24: Ashl H 2H 11
Lions Wood BH24: St L 3A 12
Lisle Cl. SO41: Lymi 2F 53
Lissenden BH13: Poole 4C 58
Litchford Rd. BH25: Ashy 1A 50
Lit. Barrs Dr. BH25: New M 1H 49
Lit. Burn SO41: Sway 1F 33
LITTLE CANFORD 5D 16
Little Cl. BH15: Poole 1B 70
Little Ct. BH14: Poole 2G 69
Littlecroft Av. BH9: Bour 2B 42
Littlecroft Rd. BH12: Poole 1F 57
Lit. Dene Copse SO41: Penn 3D 52
Lit. Dewlands BH31: Ver 3B 6
LITTLEDOWN 5G 43
Littledown Av. BH7: Bour 6E 43
Littledown Cen. 5G 43
Littledown Dr. BH7: Bour 3A 60
Littledown Dr. BH7: Bour 6E 43
Lit. Forest Mans. BH1: Bour 4A 60
Lit. Forest Rd. BH4: Bour 2F 59
Lit. Fosters BH13: S'bks 3A 70
Lit. Lonnen BH21: Cole 1H 15
Littlemead Cl. BH17: Poole 6G 37
Littlemoor Av. BH11: Bour 1H 39
LITTLE PAMPHILL 4A 14
Litzo, The BH5: Bour 4E 61
Livingstone Rd. BH12: Poole 1F 57
Livingstone Rd. BH21: W Min 5G 15
Livingstone Rd. BH23: Chri 6H 45
Livingstone Rd. BH5: Bour 3H 61
Llewellin Cl. BH16: Upton 5C 36
Llewellin Cl. BH16: Upton 6C 36
Loader Cl. BH9: Bour 2A 58
Loch Rd. BH14: Poole 2A 58
Lockerley Cl. SO41: Lymi 3G 53
Locksley Dr. BH21: Fern 6A 18
Lockyers Dr. BH22: Fern 3D 18
Lockyers Rd. BH21: Cor M 3E 21
Loders Cl. BH17: Poole 2B 38
Lodge Cl. BH14: Poole 3A 58
Lodge Ct. BH14: Poole 3A 58
Lodge Rd. BH23: Chri 5C 44
Lodge Rd. SO41: Penn 2D 52
Loewy Cres. BH17: Poole 3H 39
Lombard Av. BH6: Bour 2B 62
Lombardy Cl. BH31: Ver 4F 7
Londesborough Pl. SO41: Lymi 3F 53
London Tavern Cvn. Pk., The BH24: Poul............2E 9
Lone Pine Dr. BH22: W Par 1H 25
Lone Pine Mobile Homes Pk. BH22: Fern............6D 18
Lone Pine Way BH22: W Par 1H 25
Longacre Dr. BH22: Fern 5A 18
Longbarrow Cl. BH8: Bour 4F 43
Long Cl. SO41: Penn 2C 52
Longespee Rd. BH21: Mer 3C 22
Longfield Dr. BH11: Bour 5C 24
Longfield Dr. BH22: Fern 3G 25
Longfield Rd. SO41: Hor 3F 51
LONGFLEET 3B 56
Longfleet Dr. BH17: Poole 4B 38
Longfleet Rd. BH15: Poole 2D 4 (4B 56)
Longford Pl. SO41: Penn 4F 53
LONGHAM 2C 22
Longham Bus. Cen. BH22: Long 1D 24
Longham Farm Cl. BH22: Long 3D 24
Long La. BH24: Crow 2F 15
Long La. BH24: Crow 6D 8
Longleat Gdns. BH25: New M 2E 49
Longmeadow La. BH17: Poole 6E 37
Long Rd. BH10: Bour 1E 41
Lonnen Rd. BH21: Cole 2H 15
Lonnen Wood Cl. BH21: Cole 1A 16
Lonsdale Rd. BH3: Bour 6H 41
Loraine Av. BH23: Highc 5C 48
Lord Cl. BH17: Poole 6D 38
Loring Rd. BH23: Chri 5D 44
Lorne Pk. Rd. BH1: Bour 4A 60
Louise Ct. BH21: Cor M 5D 20

Love La. SO41: M Sea 3D 66
Lwr. Ashley Rd. BH25: Ashy 2B 50
Lwr. Ashley Rd. BH25: New M. 2B 50
Lwr. Blandford Rd. BH18: Broad 2H 37
LOWER BUCKLAND 6G 35
Lwr. Buckland Rd. SO41: Lymi 6F 35
Lwr. Golf Links Rd. BH18: Broad 6H 21
LOWER HAMWORTHY 6F 55
LOWER KINGSTON 6H 13
Lwr. Mead End Rd. SO41: Sway 2D 52
LOWER PARKSTONE 3E 57
LOWER PENNINGTON 5F 53
Lwr. Pennington La. SO41: Penn 3F 53
Lwr. Woodside SO41: Lymi 5G 53
Lowther Gdns. BH8: Bour 2C 60
Lowther Rd. BH8: Bour 1A 60
Lucas Rd. BH12: Poole 1G 57
Lucas Rd. BH15: Hamw 6A 4 (6H 55)
Lucerne Av. BH6: Bour 2B 62
Lucerne Rd. SO41: M Sea 3D 66
Luckham Cl. BH9: Bour 3B 42
Luckham Gdns. BH9: Bour 3C 42
Luckham Pl. BH9: Bour 3B 42
Luckham Rd. BH9: Bour 3B 42
Luckham Rd. E. BH9: Bour 3B 42
Lucky La. SO41: Pil 2H 35
Lukas Ct. BH8: Bour Ascham Rd 2B 60
Lukas Ct. BH8: Bour 1C 60
                    (off Richmond Pk. Rd.)
Lulworth Av. BH15: Hamw 6E 55
Lulworth Cl. BH15: Hamw 6E 55
Lulworth Cl. BH15: Hamw 5E 55
Lulworth Cres. BH15: Hamw 6E 55
Lumby Dr. BH24: Poul 3D 8
Lumby Dr. Mobile Home Pk. BH24: Poul ...3D 8
Luscombe Rd. BH14: Poole 5G 57
Luscombe Valley Nature Reserve 2H 69
Luther Rd. BH9: Bour 5H 41
Lych Ga. Ct. BH24: Hight 5E 9
Lydford Gdns. BH11: Bour 3C 40
Lydford Rd. BH11: Bour 3C 40
Lydgate SO41: M Sea 2A 66
Lydlinch Cl. BH22: W Par 2F 25
Lydwell Cl. BH11: Bour 6B 24
Lyell Rd. BH12: Poole 1G 57
Lyme Cres. BH23: Highc 5H 47
Lymefields SO41: M Sea 1E 67
LYMINGTON 2G 53
Lymington Ent. Cen. SO41: Bold 5G 35
Lymington Health & Leisure Cen. 3E 53
Lymington-Keyhaven Nature Reserve ...4H 53
LYMINGTON NEW FOREST HOSPITAL ..5G 35
Lymington Reedbeds Nature Reserve 5G 35
Lymington Rd. BH23: Chri 6E 47
Lymington Rd. BH23: Highc 6E 47
Lymington Rd. BH25: New M 4G 49
                          (not continuous)
Lymington Rd. SO41: Down 5D 50
Lymington Rd. SO41: Ever 5A 52
Lymington Rd. SO41: Ever 5D 50
Lymington Rd. SO41: M Sea 5A 52
Lymington Town Station (Rail) 1H 53
Lymington Visitor Info. Point 1G 53
LYMORE 6A 52
Lymore La. SO41: Key 5A 52
Lymore La. SO41: Lymo 5A 52
Lymore Valley SO41: Lymo 6A 52
Lyndale Cl. SO41: M Sea 2E 67
LYNDHURST 3G 71
Lyndhurst Rd. BH23: Bock 1B 46
Lyndhurst Rd. BH23: Bran 1B 46
Lyndhurst Rd. BH23: Chri 5C 46
Lyndhurst Rd. BH23: Hin 5C 46
Lyndhurst Rd. BH23: Wat 1B 46
Lyndhurst Rd. SO42: Broc 3F 73
Lyndhurst Tourist Info. Cen. 3G 71
Lyndon Ga. BH2: Bour 5F 59
                       (off Chine Cres. Rd.)
Lynes Ct. BH24: Ring 4B 8
Lyne's La. BH24: Ring 4B 8
Lynn Rd. BH17: Poole 4D 38
Lynric Cl. BH25: B Sea 6G 49
Lynton Cres. BH23: Chri 2B 44
Lynwood Cl. SO41: Lymi 2F 53
Lynwood Dr. BH21: Mer 3C 22
Lyon Av. BH25: New M 2H 49
Lyon Rd. BH12: Poole 3A 40
Lyric Pl. SO41: Lymi 1G 53
Lysander Cl. BH23: Chri 6E 47
Lystra Rd. BH9: Bour 3A 42
Lytchett Dr. BH18: Broad 3F 37
Lytchett Minster & Upton By-Pass
  BH16: Upton 5A 36
Lytchett Way BH16: Upton 1B 54

Lyteltane Rd. SO41: Lymi 3F 53
Lytham Rd. BH18: Broad 2G 37
Lytton Rd. BH1: Bour 2C 60

M

Mabey Av. BH10: Bour 3F 41
Macandrew Rd. BH13: Poole 2B 70
Macaulay Rd. BH18: Broad 1G 37
McIntyre Rd. BH23: Bour A 3F 27
McKinley Rd. BH4: Bour 5E 59
Maclaren Rd. BH9: Bour 2H 41
Maclean Rd. BH11: Bour 2B 40
MacPennys Woodland Walks & Gdns. 2E 29
McWilliam Cl. BH9: Bour 5E 41
McWilliam Rd. BH9: Bour 5E 41
Madeira Cl. BH1: Bour 3A 42
Madeira Rd. BH1: Bour 3H 5 (3A 60)
Madeira Rd. BH14: Poole 2H 57
Madeira Wlk. SO41: Lymi 2H 53
Madeline Cres. BH12: Poole 6F 39
Madison Av. BH1: Bour 1D 60
Madrisa Ct. SO41: Lymi 1G 53
Magdalen La. BH23: Chri 1E 63
Magistrates' Court Poole 4D 56
Magna Cl. BH11: Bour 5B 24
Magna Gdns. BH11: Bour 5B 24
Magna Rd. BH11: Bour 4H 23
Magna Rd. BH21: Mer 3E 23
Magnolia Cl. BH31: Ver 5G 7
Magnolia Cl. BH6: Bour 2E 63
Magnolia Ct. BH25: New M 2H 49
Magnolia Ct. BH4: Bour 4F 59
Magnolia Ho. BH10: Bour 1H 41
Magpie Cl. BH8: Bour 2C 42
Magpie Gro. BH25: New M 3F 49
Mag's Barrow BH22: W Par 1G 25
Maiden La. SO41: Lymi 4G 53
Maidment Cl. BH11: Bour 1A 40
Main Rd. SO41: Portm 5H 35
Main Rd. SO41: Wal 5H 35
Maitland Ct. SO41: Lymi 2F 53
Maitlands, The BH4: Bour 5F 59
Majorca Mans. BH2: Bour 3E 5 (4G 59)
Malan Cl. BH17: Poole 5C 38
Malcomb Cl. BH6: Bour 4E 63
Mallard Cl. BH23: Mude 1C 64
Mallard Cl. BH8: Bour 4C 42
Mallard Cl. SO41: Hor 2E 51
Mallard Rd. BH21: Cole 2A 16
Mallard Rd. BH8: Bour 4D 42
Mallard Rd. Retail Pk. 4D 42
Mallory Cl. BH23: Chri 5B 46
Mallow Cl. BH18: Broad 2E 37
Mallow Cl. BH23: Chri 5E 47
Mallows, The BH25: Ashy 1B 50
Malmesbury Cl. BH23: Chri 2E 63
Malmesbury Cl. BH8: Bour 1C 60
Malmesbury M. BH8: Bour 2C 60
                     (off Malmesbury Pk. Pl.)
Malmesbury Pk. Pl. BH8: Bour 2C 60
Malmesbury Pk. Rd. BH8: Bour 1A 60
Malmesbury Rd. BH24: St L 4A 12
Maloren Way BH22: W Moo 6E 11
Malt, The 1G 53
Malthouse BH15: Poole 4B 4 (5A 56)
Maltings, The BH15: Poole 4C 56
Malvern Cl. BH9: Bour 2A 42
Malvern Ct. BH23: Chri 5B 46
                             (off Dorset Rd.)
Malvern Ct. BH9: Bour 3A 42
                            (off Malvern Rd.)
Malvern Rd. BH9: Bour 2A 42
Mandalay Cl. BH31: Ver 4C 6
Mandale Cl. BH11: Bour 1C 40
Mandale Rd. BH11: Bour 2B 40
Manderley SO41: M Sea 4E 67
Manning Av. BH23: Chri 4E 47
Mannings Heath Retail Pk. 5E 39
Mannings Heath Rd. BH12: Poole 3F 39
MANNINGS HEATH RDBT. 2F 39
Mannington Hall BH4: Bour 4F 59
                     (off Portarlington Rd.)
Mannington Pl. BH2: Bour 4E 5 (4G 59)
                         (off Commercial Rd.)
Mannington Way BH22: W Moo 5B 10
Mannock Way BH17: Poole 5D 38
Manor, The BH1: Bour 4C 60
                                (off Derby Rd.)
Manor Av. BH12: Poole 5G 39
Manor Cl. BH22: Fern 4C 18
Manor Cl. SO41: M Sea 1D 66
Manor Cl. BH24: Ring 3B 8
Manor Farm Cl. BH25: New M 4F 49

Manor Farm Rd. BH10: Bour 5D 24
Manor Farmyard BH8: Bour 2H 43
Manor Gdns. BH24: Ring 3B 8
Manor Gdns. BH25: New M 2G 49
Manor Gdns. BH31: Ver 3D 6
Manorhurst BH4: Bour 3E 59
                         (off Snowdon Rd.)
Manor La. BH31: Ver 4D 6
Manor Pk. BH15: Poole 2H 55
Manor Rd. BH1: Bour 4B 60
Manor Rd. BH23: Chri 1E 63
Manor Rd. BH24: Ring 4C 8
Manor Rd. BH25: Ashy 2G 49
Manor Rd. BH25: New M 2G 49
Manor Rd. BH31: Ver 3D 6
Manor Rd. SO41: M Sea 1D 66
Manor Way BH31: Ver 2D 6
Mansel Cl. BH12: Poole 6E 41
Mansfield Av. BH14: Poole 3G 57
Mansfield Cl. BH14: Poole 3G 57
Mansfield Cl. BH22: W Par 1F 25
Mansfield Ct. BH4: Bour 5E 59
                       (off Portarlington Rd.)
Mansfield Rd. BH14: Poole 3G 57
Mansfield Rd. BH24: Ring 4B 8
                            (not continuous)
Mansfield Rd. BH9: Bour 4G 41
Manton Cl. BH15: Hamw 4E 55
Manton Rd. BH15: Hamw 4E 55
                            (not continuous)
Maple Bus. Pk. BH21: Stap 2F 17
Maple Cl. BH16: Upton 1C 54
Maple Cl. BH23: Highc 6H 47
Maple Cl. BH25: B Sea 6H 49
Maple Dr. BH22: Fern 1A 18
Maple Lodge BH16: Upton 6C 36
Maple Rd. BH15: Poole 1D 4 (4B 56)
Maple Rd. BH9: Bour 5H 41
Mapperton Cl. BH17: Poole 3D 38
Marabout Cl. BH23: Chri 6H 45
Marchwood BH1: Bour 4C 60
Marchwood Rd. BH11: Bour 2E 41
Marden Paddock SO42: Broc 3E 73
Margards La. BH31: Ver 4B 6
Marian Cl. BH21: Cor M 1C 36
Mariann Ct. BH6: Bour 3B 62
Marianne Rd. BH21: Cole 5E 41
Marianne Rd. BH21: Cole 2A 16
Marian Rd. BH21: Cor M 1C 36
Marie Ct. BH12: Poole 6H 39
Marina, The BH5: Bour 4E 61
Marina Dr. BH14: Poole 6F 57
Marina Towers BH5: Bour 4E 61
Marina Vw. BH23: Chri 2D 62
Marine Cl. BH25: B Sea 6D 48
Marine Dr. BH25: B Sea 6E 49
Marine Dr. E. BH25: B Sea 6F 49
Marine Dr. W. BH25: B Sea 6D 48
Marine Point BH25: B Sea 6F 49
Marine Prospect BH25: B Sea 6F 49
Marine Rd. BH6: Bour 4B 62
Mariners Ct. BH23: Mude 1C 64
Mariners Ct. SO41: Lymi 3H 53
Mariners Reach BH25: B Sea 6G 49
Market Cl. BH15: Poole 4B 4 (5A 56)
Market Pl. BH24: Ring 4B 8
Market St. BH15: Poole 5A 4 (6H 55)
Market Way BH21: W Min 5F 15
Markham Av. BH10: Bour 5F 25
Markham Cl. BH10: Bour 4F 25
Markham Rd. BH9: Bour 5A 42
Mark's La. BH25: Bash 5G 31
Marks Rd. BH9: Bour 2H 41
Marlborough Ct. BH12: Poole 3D 58
                             (off Princess Rd.)
Marlborough Ct. BH21: W Min 4E 15
Marlborough Ct. BH4: Bour 4E 59
                          (off Marlborough Rd.)
Marlborough Mans. BH7: Bour 1H 61
                         (off Christchurch Rd.)
Marlborough Pines BH4: Bour 4E 59
                          (off Marlborough Rd.)
Marlborough Pl. BH21: W Min 4F 15
Marlborough Pl. SO41: Lymi 6F 35
Marlborough Rd. BH14: Poole 3G 57
Marlborough Rd. BH4: Bour 4E 59
Marley Av. BH25: New M 1E 49
Marley Cl. BH25: New M 2F 49
Marley Mt. SO41: Sway 2C 32
Marline Rd. BH12: Poole 1H 57
Marlott Rd. BH15: Poole 2A 56
Marlow Dr. BH23: Chri 2B 44
Marlpit Dr. BH23: Walk 3A 48
Marlpit La. BH25: Bash 3G 31

Marmion Grn. BH23: Chri 6B **46**
Marnhull Rd. BH15: Poole 3B **56**
Marpet Cl. BH11: Bour 5B **24**
Marquis Way BH11: Bour 6G **23**
Marram Cl. SO41: Lymi 5G **35**
Marryat Cl. BH23: Highc 2F **49**
Marryat Ct. BH25: New M 2F **49**
Marryat Rd. BH25: New M 6H **31**
Marryat Way BH23: Bran 3B **28**
Marshal Rd. BH17: Poole 4H **37**
Marsh Ct. BH6: Bour 4B **62**
(off Clifton Rd.)
Marshfield BH21: Cole 2H **15**
Marshlands Cl. BH23: Chri 1H **63**
Marsh La. BH23: Chri
  Purewell 1H **63**
Marsh La. BH23: Chri
  St Catherine's Hill La. 3D **44**
Marsh La. BH16: Upton 6A **36**
Marsh La. SO41: Lymi 5F **35**
Marshwood Av. BH17: Poole 3D **38**
Marston Cl. BH25: New M 6H **31**
Marston Gro. BH23: Chri 4G **47**
Marston Rd. BH15: Poole .....4A **(5H 55)**
Marston Rd. BH25: New M 6H **31**
Martello Ho. BH13: Poole 2B **70**
Martello Pk. BH13: Poole 2B **70**
Martello Rd. BH13: Poole 6A **58**
Martello Rd. Sth. BH13: Poole 1B **70**
Martello Towers BH13: Poole 2B **70**
Martells, The BH25: B Sea 6H **49**
Martha Ct. BH12: Poole 6A **40**
Martin Cl. BH17: Poole 6F **37**
Martindale Av. BH21: Hayes 4B **16**
(not continuous)
Martingale Cl. BH16: Upton 6D **36**
Martins Cl. BH22: Fern 2C **18**
Martins Dr. BH22: Fern 1C **18**
Martin's Hill Cl. BH23: Burt 4G **45**
Martins Hill La. BH23: Burt 2F **73**
Martin's Rd. SO42: Broc 2C **18**
Martins Way BH22: Fern 6G **43**
Marwell Cl. BH7: Bour 4F **15**
Maryland Ct. SO41: M Sea 3B **66**
Maryland Gdns. SO41: M Sea 3B **66**
Maryland Rd. BH16: Hamw 3C **54**
Mary La. BH22: W Moo 5B **10**
Mary Mitchell Cl. BH24: Ring 4B **8**
(off Lyne's La.)
Mary Mitchell Ct. BH23: Chri 1D **62**
(off King's La.)
Masters Ct. BH2: Bour 4F **59**
Masterson Cl. BH23: Burt 6H **45**
Matchams La. BH23: Hurn 4H **27**
Matlock Rd. BH22: Fern 6A **18**
Matthew Ct. BH6: Bour 3B **62**
Maturin Cl. SO41: Lymi 2G **53**
Maundeville Cres. BH23: Chri 5B **44**
Maundeville Rd. BH23: Chri 5C **44**
Maureen Cl. BH17: Poole 6F **39**
Maurice Rd. BH8: Bour 5D **42**
Mavis Rd. BH9: Bour 4B **42**
Maxwell Cl. BH11: Bour 5B **24**
Maxwell Rd. BH13: Poole 2B **70**
Maxwell Rd. BH18: Broad 2D **36**
Maxwell Rd. BH9: Bour 5A **42**
May Av. SO41: Lymi 6F **35**
May Ct. BH9: Bour 5G **41**
Maycrete Rd. BH23: Bour A 2D **26**
Mayfair BH4: Bour 5E **59**
Mayfair Gdns. BH11: Bour 1C **40**
Mayfield Av. BH14: Poole 4A **58**
Mayfield Cl. BH22: Fern 3A **18**
Mayfield Dr. BH22: Fern 3A **18**
Mayfield Rd. BH9: Bour 3H **41**
Mayfield Way BH22: Fern 3A **18**
Mayflower Cl. SO41: Lymi 2H **53**
Mayford Rd. BH12: Poole 1D **58**
May Gdns. BH11: Bour 2A **40**
May Gdns. BH23: Walk 3B **48**
May La. SO41: Pil 2H **35**
Maylyn Rd. BH16: Bea H 3A **36**
Mazion BH12: Poole 5F **39**
(off Ringwood Rd.)
Mead Cl. BH18: Broad 4G **37**
MEAD END 2D **32**
Mead End Rd. SO41: Sway 2D **32**
Meadow, The BH25: New M 5C **48**
Meadowbank BH16: Upton 5C **36**
Meadow Cl. BH22: W Par 2F **25**
Meadow Cl. BH23: Bran 3C **28**
Meadow Cl. BH24: 2D **8**
Meadow Cl. BH21: W Min 5F **15**
Meadow Cl. BH31: Ver 5E **7**
Meadow Ct. BH9: Bour 2A **54**

Meadow Ct. Cl. BH9: Bour 2A **42**
Mdw. Crest Wood SO42: Broc 2C **72**
Meadow Farm La. BH21: Cor M 3D **20**
Meadow Gro. BH31: Ver 4F **7**
Meadowland BH23: Chri 1A **64**
Meadowlands BH24: Ring 6C **8**
Meadowlands SO41: Lymi 1D **52**
Meadow La. BH23: Burt 3G **45**
Mdw. Point BH21: W Min 6E **15**
Meadow Ri. BH18: Broad 6F **21**
Meadow Rd. BH24: Ring 3D **8**
Meadow Rd. BH25: New M 1H **49**
Meadow Rd. SO41: Penn 3E **53**
Meadows, The BH25: New M 4F **49**
Meadows, The SO43: Lynd 4F **71**
Meadows Cl. BH16: Upton 5C **36**
Meadows Dr. BH16: Upton 6C **36**
Meadowsweet Rd. BH17: Poole 5E **37**
Meadow Vw. Rd. BH11: Bour 1A **40**
Mdw. Way BH24: Ring 3D **8**
Mdw. Way BH25: B Sea 6G **49**
Mdw. Way BH31: Ver 4E **7**
Mead Rd. SO41: Penn 3D **52**
Meadway, The BH23: Chri 3F **47**
Medina Way BH23: Fri C 1E **65**
Medlar Cl. BH23: Burt 4H **45**
Medway Rd. BH22: Fern 3E **19**
Meerut Rd. SO42: Broc 2E **73**
Meeting Ho. La. BH24: Ring 4B **8**
Melbourne Rd. BH5: Bour 2H **61**
(off Seabourne Rd.)
Melbourne Rd. BH23: Chri 4C **44**
Melbourne Rd. BH8: Bour 1C **60**
Melbury Av. BH12: Poole 6H **39**
Melbury Cl. BH22: Fern 5B **18**
Melbury Cl. BH31: Ver 2F **53**
Melbury Cl. SO41: Lymi 2F **53**
Melford Ct. BH1: Bour .....3H **5 (4A 60)**
Melgate Cl. BH9: Bour 4H **41**
Mellstock Rd. BH15: Poole 2A **56**
Melrose Ct. BH25: Ashy 2A **50**
Melton Ct. BH13: Poole 3C **58**
Melverley Gdns. BH21: W Min 4F **15**
Melville Gdns. BH9: Bour 5H **41**
Melville Rd. BH9: Bour 5G **41**
Mendip Cl. BH25: New M 3A **50**
Mendip Cl. BH31: Ver 4D **6**
Mendip Ct. BH23: Chri 5B **46**
(off Dorset Rd.)
Mendip Rd. BH31: Ver 3D **6**
Mentone Rd. BH14: Poole 4E **57**
Meon Rd. BH7: Bour 1H **61**
Meredith Cl. BH23: Chri 6A **46**
Meriden Cl. BH13: Poole 2B **70**
Meridians, The BH23: Chri 1D **62**
Meridiens BH14: Poole 3C **56**
Merino Way BH22: W Moo 6D **10**
Meriton Ct. BH1: Bour 2A **60**
(off Lansdowne Rd.)
Merlewood Cl. BH2: Bour .....1G **5 (3H 59)**
MERLEY 2C **22**
Merley Ct. Touring Pk. BH21: Mer 2A **22**
Merley Dr. BH23: Highc 5A **48**
Merley Gdns. BH21: Mer 2B **22**
Merley Ho. Holiday Pk. BH21: Mer 2H **21**
Merley Ho. La. BH21: Mer 2B **22**
Merley La. BH21: Mer 2H **21**
Merley Pk. Rd. BH21: A'ton 3F **21**
Merley Ways BH21: Mer 1A **22**
Merlin Cl. BH24: Hight 5E **9**
Merlin Way BH23: Mude 2C **64**
Mermaid Ct. BH5: Bour 4E **61**
Merriefield Av. BH18: Broad 6H **21**
Merriefield Cl. BH18: Broad 5H **21**
Merriefield Dr. BH18: Broad 5H **21**
Merrifield BH21: Cole 1G **15**
MERRITOWN 4E **27**
Merritown La. BH23: Hurn 4D **26**
Merrivale Av. BH6: Bour 2C **62**
Merrow Av. BH12: Poole 6D **40**
Merrow Chase BH13: Poole 2B **70**
(off Haven Rd.)
Merryfield Cl. BH23: Bran 3C **28**
Merryfield La. BH31: Ver 3D **6**
MERRY FIELD HILL 1G **15**
Merryfield La. BH10: Bour 1E **41**
Merryweather Est. BH24: Poul 3E **9**
Merton Ct. BH23: Highc 6A **48**
Merton Gro. BH24: Ring 3B **8**
Methuen Cl. BH8: Bour 2C **60**
Methuen Rd. BH17: Poole 2B **60**
Methuen Rd. BH8: Bour 2C **60**
Mews, The BH2: Bour 4F **59**
Mews, The BH31: Ver 5E **7**
Meybury Cl. BH23: Bran 4C **28**
Meyrick Cl. BH23: Bran 4C **28**

Meyrick Ct. BH2: Bour 2H **59**
Meyrick Ga. BH2: Bour .....1H **5 (3H 59)**
(off Wimborne Rd.)
Meyrick Pk. Cres. BH2: Bour 1H **59**
Meyrick Pk. Golf Course .....1F **5 (3G 59)**
Meyrick Pk. Mans. BH2: Bour .....2G **5 (3H 59)**
Meyrick Rd. BH2: Bour 4B **60**
Michelgrove Rd. BH5: Bour 4E **61**
Michelmersh Grn. BH8: Bour 3D **42**
Mickleham Cl. BH17: Poole 5D **40**
Middlebere Cres. BH16: Hamw 3C **54**
MIDDLE BOCKHAMPTON 5A **28**
Middle Comn. Rd. SO41: Penn 2C **52**
Middlehill Dr. BH21: Cole 3B **16**
Middlehill Rd. BH21: Cole 2H **15**
Middle La. BH24: Ring 4C **8**
Middle Rd. BH10: Bour 6E **25**
Middle Rd. BH15: Poole 1C **56**
Middle Rd. SO41: Lymi 1F **33**
Middle Rd. SO41: Sway 3B **32**
Middle Rd. SO41: Tip 5B **32**
Middleton Gdns. BH7: Bour 1F **61**
Middleton Rd. BH25: New M 4F **49**
Middleton Rd. BH24: Ring 3C **8**
Middleton Rd. BH9: Bour 3G **41**
Midland Rd. BH9: Bour 4H **41**
Midway Path BH13: S'bks 6G **69**
Midwood Av. BH8: Bour 4F **43**
Milborne Cres. BH17: Poole 6A **40**
Milbourne Cl. BH22: Fern 3A **18**
Milbourne Rd. BH22: Fern 3A **18**
Milburn Cl. BH4: Bour 3E **59**
Milburn Rd. BH4: Bour 3D **58**
Mildenhall BH4: Bour 5F **59**
Milestone Rd. BH15: Poole 5D **10**
Milford Cl. BH22: W Moo 3E **59**
Milford Cl. SO41: M Sea 2E **67**
Milford Cres. SO41: M Sea 3E **67**
Milford Dr. BH11: Bour 6B **24**
MILFORD ON SEA 3E **67**
MILFORD ON SEA WAR
  MEMORIAL HOSPITAL 3E **67**
Milford Pl. SO41: M Sea 3E **67**
Milford Rd. BH25: New M 4H **49**
Milford Rd. SO41: Ever 5A **52**
Milford Rd. SO41: Lymi 5A **52**
Milford Rd. SO41: Penn 5A **52**
Milford Trad. Est. SO41: M Sea 3E **67**
Milky Down BH24: Hight 4F **9**
Milky Down BH24: Poul 4F **9**
Millbank Ho. BH21: W Min 1A **50**
Miller Cl. BH25: Ashy 5F **39**
Miller Cl. BH23: Chri 5F **39**
Miller Ct. BH23: Chri 1D **62**
Miller Gdns. BH6: Bour 2H **61**
Miller Rd. BH23: Chri 6H **45**
Millfield BH17: Poole 6G **37**
Millhams Cl. BH10: Bour 5D **24**
Millhams Dr. BH10: Bour 5D **24**
Millhams Mead Nature Reserve 5C **24**
Millhams Rd. BH10: Bour 4C **24**
Millhams St. BH23: Chri 1F **63**
Millhams St. Nth. BH23: Chri 1F **63**
Mill Hill Cl. BH14: Poole 4F **57**
Mill La. BH14: Poole 4D **14**
Mill La. BH21: W Min 5B **48**
Mill La. BH23: Highc 5H **27**
Mill La. BH23: Hurn 5H **27**
Mill La. SO41: Lymi 1H **53**
Mill La. SO41: Penn 4H **33**
Mill La. SO41: Sway 4H **33**
Mill La. SO42: Broc 3F **73**
Mill Mdw. SO41: M Sea 2C **66**
Mill Rd. BH23: Chri 5E **45**
Mill Rd. Nth. BH8: Bour 2D **42**
Mill Rd. Sth. BH8: Bour 2D **42**
Mills, The BH12: Poole 1A **58**
Millstream Cl. BH17: Poole 6G **37**
Millstream Cl. BH21: W Min 5E **15**
Millstream Cl. BH24: Ring 4B **8**
Millstream Trad. Est. BH24: Ring 6C **8**
Mill St. BH21: Cor M 6B **14**
Millyford Cl. BH25: New M 5D **48**
Milne Rd. BH17: Poole 4H **37**
Milner Rd. BH4: Bour 5E **59**
Milton Bus. Cen. BH25: New M 3E **49**
Milton Cl. BH14: Poole 4B **18**
Milton Cl. BH22: Fern 4B **18**
Milton Ga. BH25: New M 4F **49**
(off Old Milton Rd.)
Milton Gro. BH25: New M 3H **49**
Milton Mead BH25: New M 3F **49**
Milton Rd. BH14: Poole 4H **57**
Milton Rd. BH21: W Min 3E **15**
Milton Rd. BH8: Bour 2A **60**

Milverton Cl. BH23: Highc 4G 47
Mimosa Av. BH21: Mer 3B 22
MINOR INJURIES UNIT (LYMINGTON) 5G 35
MINOR INJURIES UNIT (WIMBORNE) 4C 14
Minstead Rd. BH10: Bour 2E 41
Minster Ct. BH12: Poole 3C 58
....(off Princess Rd.)
Minster Pk. BH21: W Moo 2C 10
Minster Vw. BH21: W Min 4E 15
Minster Way BH16: Upton 5B 36
Minterne Grange BH14: Poole 2G 69
Minterne Rd. BH14: Poole 2G 69
Minterne Rd. BH23: Chri 1A 64
Minterne Rd. BH9: Bour 3A 42
Minton M. BH2: Bour 2H 59
Mirage BH13: S'bks 4H 69
Mission La. BH18: Broad 3G 37
Mission Rd. BH18: Broad 3G 37
Mitchell Cl. BH25: B Sea 6G 49
Mitchell Rd. BH17: Poole 6D 38
Mitchell Rd. BH21: Stap 2G 17
Mitre Ct. BH23: Chri 6E 45
Moat Ct. BH4: Bour 2D 58
Moat La. BH25: B Sea 4F 49
Moffat Rd. BH23: Chri 6H 45
Molefields SO41: M Sea 2E 67
Molyneaux Rd. BH25: Ashy 2B 50
Monarch Ct. BH4: Bour 4E 59
....(off Marlborough Rd.)
Moneyfly Rd. BH31: Ver 4F 7
Monks Cl. BH22: W Moo 1E 19
Monks Ct. SO41: Lymi 3H 53
Monkshood Cl. BH23: Chri 4D 46
Monks Way BH11: Bour 6G 23
Monkswell Grn. BH23: Chri 1H 63
Monkton Cl. BH22: Fern 2B 18
Monkton Cl. BH4: Bour 3E 59
Monkton Cres. BH12: Poole 5A 40
Monkton Hgts. BH5: Bour 3D 60
....(off Boscombe Spa Rd.)
Monkworthy Cl. BH24: Ashl H 2B 12
Monkworthy Dr. BH24: Ashl H 2B 12
Monmouth Cl. BH24: Ring 5C 8
Monmouth Cl. BH31: Ver 5F 7
Monmouth Ct. BH24: Ring 4B 8
Monmouth Dr. BH31: Ver 5F 7
Monsal Av. BH22: Fern 6A 18
Montacute Way BH21: Mer 3C 22
Montague Rd. BH5: Bour 3H 61
Montagu Pk. BH23: Highc 6A 48
Montagu Rd. BH23: Highc 6B 48
Monteray Dr. SO41: Hor 1D 50
Montgomery Av. BH11: Bour 2D 40
Montrose Cl. BH31: Ver 3D 6
Montrose Dr. BH10: Bour 3D 40
Montrose Dr. BH31: Ver 3D 6
Monument La. SO41: Wal 6H 35
Moonrakers Way BH23: Chri 4G 47
Moorcroft Av. BH23: Burt 2G 45
MOORDOWN 3H 41
Moordown Cl. BH9: Bour 2A 42
Moore Av. BH11: Bour 1C 40
Moore Av. Recreation Ground 2C 40
....(off Moore Av.)
Moore Cl. BH25: New M 4F 49
Moorfield Gro. BH9: Bour 3H 41
Moorfields Rd. BH13: Poole 1B 70
Moorhills BH21: W Min 5F 15
Moorings, The BH23: Chri 2D 62
Moorings, The BH3: Bour 5F 41
Moorings Ct. BH15: Hamw 6F 55
Moorland Av. BH25: B Sea 5F 49
Moorland Cres. BH16: Upton 6B 36
Moorland Ga. BH24: Ring 6C 8
Moorland Pde. BH16: Upton 6B 36
Moorland Rd. BH11: Bour 3D 60
Moorlands Cl. SO42: Broc 3C 72
Moorlands Ri. BH22: W Moo 4D 10
Moorlands Rd. BH22: W Moo 5B 10
Moorlands Rd. BH31: Ver 2D 6
Moorland Way BH16: Upton 1B 54
Moorlea BH8: Bour 2B 60
Moor Rd. BH18: Broad 6H 21
Moors Cl. BH23: Hurn 4H 27
Moorside BH24: St L 1F 19
Moorside Cl. BH11: Bour 2D 40
Moorside Gdns. BH11: Bour 2D 40
Moorside Rd. BH11: Bour 2C 40
Moorside Rd. BH21: Cor M 6D 20
Moorside Rd. BH22: W Moo 5C 10
MOORTOWN 6C 8
Moortown Dr. BH21: Mer 3F 23
Moortown La. BH24: Crow 6C 8
Moortown La. BH24: Ring 6C 8
Moorvale Rd. BH9: Bour 3A 42

Moor Vw. Rd. BH15: Poole 1C 56
Morant Arms SO42: Broc 3F 73
....(off Brookley Rd.)
Morant Ct. BH25: New M 2H 49
Morant Rd. BH24: Poul 2D 8
Moray Ct. BH21: W Min 4D 14
Morden Av. BH22: Fern 5A 18
Morden Rd. BH9: Bour 4G 41
Moreton Rd. BH9: Bour 1B 42
Morgan Ct. BH2: Bour 2F 5 (3G 59)
....(off Durrant Rd.)
Moriconium Quay BH15: Hamw 6D 54
Morley Cl. BH23: Burt 2G 45
Morley Cl. BH5: Bour 2G 61
Morley Rd. BH5: Bour 2G 61
Mornish Rd. BH13: Poole 5B 58
Morrison Av. BH12: Poole 6B 40
Morris Rd. BH17: Poole 5B 38
Mortimer Cl. BH23: Mude 1C 64
Mortimer Rd. BH8: Bour 4B 42
Mosbach Pl. SO41: Lymi 1G 53
Moser Gro. SO41: Sway 1E 33
Mosquito Way BH23: Bran 3A 28
Mosquito Way BH23: Chri 6D 46
Mossley Av. BH12: Poole 4B 40
Motcombe Rd. BH15: Poole 5C 58
Mount, The BH24: Poul 3E 9
Mount Av. BH25: New M 4G 49
Mountbatten Cl. BH23: Mude 2C 64
Mountbatten Ct. BH25: New M 2F 49
Mountbatten Dr. BH22: Fern 4A 18
Mountbatten Gdns. BH8: Bour 3F 43
Mountbatten Rd. BH13: Poole 6D 58
Mountbatten Rd. BH4: Bour 6D 58
Mountclere BH4: Bour 6E 59
....(off Alumhurst Rd.)
Mountjoy Cl. BH21: Mer 1D 22
MOUNT PLEASANT 4E 21
MOUNT PLEASANT 3B 34
Mt. Pleasant BH24: Ring 4C 8
Mt. Pleasant Dr. BH23: Bran 2E 29
Mt. Pleasant Dr. BH8: Bour 4F 43
Mt. Pleasant La. SO41: Lymi 3B 34
Mt. Pleasant Pk. BH23: Hurn 2H 27
Mt. Pleasant Rd. BH15: Poole 5B 56
Mount Rd. BH11: Bour 1D 40
Mount Rd. BH14: Poole 2F 57
Mt. Zion BH1: Bour 4A 60
MUDEFORD 2C 64
Mudeford Grn. Cl. BH23: Mude 2B 64
Mudeford La. BH23: Chri 1A 64
....(not continuous)
Mudeford La. BH23: Mude 1A 64
....(not continuous)
Mudeford Quay BH23: Mude 3C 64
Mudeford Sailing Club 3A 64
Mude Gdns. BH23: Mude 2C 64
Mude Valley Nature Reserve 1C 64
Mulberry Gro. SO41: Ever 5H 51
Mulberry M. BH6: Bour 2B 62
Mullins Cl. BH12: Poole 5E 41
Munster Rd. BH23: Chri 4H 57
Murley Rd. BH9: Bour 5A 42
Murre Ho. BH15: Hamw 6F 55
MUSCLIFF 1B 42
Muscliffe La. BH9: Bour 1A 42
Muscliffe Rd. BH9: Bour 4H 41
Myrtle Cl. SO41: Hor 1D 50
Myrtle Rd. BH8: Bour 1C 60

N

Nada Rd. BH23: Chri 4F 47
Nairn Ct. BH3: Bour 6G 41
Nairn Rd. BH13: Poole 2A 70
Nairn Rd. BH3: Bour 1G 59
Naish M. BH25: B Sea 6G 49
Naish Rd. BH25: B Sea 6D 48
Namu Rd. BH9: Bour 4G 41
Nansen Av. BH15: Poole 2B 56
Napier Rd. BH15: Hamw 4B 54
Narrow La. BH24: Poul 3F 9
Naseby Rd. BH9: Bour 4A 42
Natasha Gdns. BH12: Poole 6G 39
Nathan Way BH15: Hamw 4D 54
Nautica Reach SO41: M Sea 4D 66
Navarac Ct. BH24: Poul 3E 9
Navier Ct. BH15: Poole 2D 4 (4B 56)
Nea Cl. BH23: Chri 5F 47
NEACROFT 5D 28
Neacroft Cl. BH25: New M 5D 48
Nea Meadows Local Nature Reserve 5G 47
Nea Rd. BH23: Chri 5G 47
Needles Ct. SO41: M Sea 3C 66
Needles Point BH1: Bour 4C 60
Needles Point SO41: M Sea 3D 66
Needles Vw. BH6: Bour 4C 62
Neighbourhood Cen. 3C 38
Nelson Cl. BH25: New M 2F 49
Nelson Ct. BH15: Poole 4C 4 (5A 56)
Nelson Ct. BH23: Chri 1D 62
Nelson Dr. BH23: Mude 1B 64
Nelson Pl. SO41: Lymi 2H 53
Nelson Rd. BH12: Poole 3C 58
Nelson Rd. BH4: Bour 3D 58
Netherhall Gdns. BH4: Bour 4E 59
Netherwood Pl. BH21: Cowg 4C 14
Netley Cl. BH15: Poole 6E 39
Nettleton Cl. BH17: Poole 6C 38
New Borough Rd. BH21: W Min 8F 15
Newbridge Way SO41: Penn 4E 53
Newbury Dr. BH10: Bour 4F 41
Newcombe Rd. BH22: W Moo 5B 10
Newcombe Rd. BH6: Bour 1C 62
New Ct. BH24: Ring 4A 8
Newcroft Gdns. BH21: W Min 5E 45
Newenham Rd. SO41: Lymi 3G 53
New Flds. Bus. Pk. BH17: Poole 5B 38
New Forest Dr. SO42: Broc 2C 72
New Forest Golf Course. 2H 71
New Forest Mus. 3G 71
Newfoundland Dr. BH15: Poole 4C 4 (5A 56)
NEWFOUNDLAND DRIVE RDBT. 5D 4 (6B 56)
....(off Newfoundland Dr.)
Newgate M. BH2: Bour 3E 5 (4G 59)
....(off Norwich Av.)
New Harbour Rd. BH15: Hamw 6A 4 (6H 55)
New Harbour Rd. Sth. BH15: Hamw 6H 55
New Harbour Rd. W. BH15: Hamw 6G 55
Newlands Mnr. SO41: Ever 6H 51
Newlands Rd. BH23: Chri 6B 46
Newlands Rd. BH25: New M 4H 49
Newlands Rd. BH7: Bour 1G 61
Newlands Way BH18: Broad 2D 36
New La. BH25: Bash 5F 31
New La. SO41: M Sea 3F 67
Newlyn Way BH17: Poole 6A 40
Newmans Cl. BH21: W Min 6F 15
Newmans Rd. BH22: W Moo 2C 10
New Merrifield BH21: Cole 2G 15
....(not continuous)
NEW MILTON 3G 49
New Milton Bowling Club 2G 49
New Milton Health & Leisure Cen. 3F 49
New Milton Station (Rail) 2G 49
Newmorton Rd. BH9: Bour 1A 42
New Orchard BH15: Poole 4A 4 (5H 55)
New Pde. BH10: Bour 2G 41
New Pk. Rd. BH6: Bour 3A 62
New Quay Rd. BH15: Hamw 6H 55
New Rd. BH10: Bour 5G 25
New Rd. BH12: Poole 1H 57
New Rd. BH22: Fern 4B 18
New Rd. BH22: W Par 4B 18
New Rd. BH24: Ring 3H 13
New Rd. SO41: Key 3G 67
Newstead Rd. BH6: Bour 3B 62
New St. BH15: Poole 5A 4 (6H 55)
New St. BH24: Ring 5C 8
New St. SO41: Lymi 1G 53
New St. M. SO41: Lymi 1G 53
Newton Morrell BH14: Poole 4H 57
Newton Rd. BH13: Poole 1A 70
Newton Rd. BH25: B Sea 5H 49
NEWTOWN 4D 10
NEWTOWN 6F 39
Newtown Bus. Pk. BH12: Poole 6F 39
Newtown La. BH21: Cor M 4D 20
Newtown La. BH31: Ver 4D 6
Newtown Rd. BH31: Ver 3E 7
....(not continuous)
New Valley Rd. SO41: M Sea 3C 66
Nichola Cl. BH24: Poul 6F 39
Nicholas Cl. BH23: Walk 3B 48
Nicholas Gdns. BH10: Bour 3E 41
Nicholson Cl. BH17: Poole 5C 38
Nigel Bowes Cen. 4F 41
Nightingale Cl. BH31: Ver 4E 7
Nightingale Ho. BH15: Poole 2D 4 (4B 56)
....(off Longfleet Rd.)
Nightingale La. BH15: Poole 3B 4 (5A 56)
Nightjar Cl. BH17: Poole 5F 37
Nimrod Way BH21: Stap 2F 17
Noble Cl. BH11: Bour 4B 40

Noel Cl. – Ossemsley Sth. Dr.

Noel Cl. BH17: Poole 5D 38
Noel Cl. SO42: Broc 3F 73
Noel Rd. BH10: Bour 4D 40
Noon Gdns. BH31: Ver 3F 7
Noon Hill Dr. BH31: Ver 3F 7
Noon Hill Rd. BH31: Ver 3F 7
Norcliffe Cl. BH11: Bour 2D 40
Norfolk Av. BH23: Chri 3D 44
Norleywood BH23: Highc 5H 47
Norman Av. BH12: Poole 1B 58
NORMANDY 4H 53
Normandy Cl. SO41: Sway 1E 33
Normandy Dr. BH23: Chri 6H 45
Normandy La. SO41: Lymi 3H 53
Normandy Way BH15: Hamw 5D 54
Norman Gdns. BH12: Poole 1C 58
Normanhurst Av. BH8: Bour 4D 42
Normans Way BH25: Ashy 2A 50
Normanton Cl. BH23: Chri 4D 44
Norris Cl. BH24: Ashl H 3A 12
Norris Gdns. BH25: New M 4G 49
Norrish Rd. BH12: Poole 2G 57
North Av. BH10: Bour 5F 25
NORTH BOCKHAMPTON 4B 28
NORTHBOURNE 6F 25
Northbourne Av. BH10: Bour 6F 25
Northbourne Gdns. BH10: Bour 6G 25
Northbourne M. BH10: Bour 5F 25
Northbourne Pl. BH10: Bour 6F 25
NORTHBOURNE RDBT. 5G 25
Northbrook Rd. BH18: Broad 3G 37
North Cl. SO41: Lymi 1G 53
North Comn. La. SO41: Lymi 4B 34
Northcote Rd. BH1: Bour 3B 60
North Dr. BH24: St L 1F 19
North Dr. BH25: Oss 4D 30
Nth. E. Sector BH23: Bour A 2E 27
Northerwood Av. SO43: Lynd 3E 71
Northey Rd. BH6: Bour 1C 62
Northfield Rd. BH24: Poul 2C 8
Northfield Rd. BH24: Ring 2C 8
Northfield Rd. SO41: M Sea 3F 67
Nth. Greenlands SO41: Penn 3E 53
North Haven Yacht Club 5G 69
Nth. Head SO41: M Sea 2A 66
Northleigh La. BH21: Cole 3G 15
Nth. Lodge Rd. BH14: Poole 3A 58
Northmead Dr. BH17: Poole 5F 37
Northmere Dr. BH12: Poole 6B 40
Northmere Rd. BH12: Poole 1A 58
Northover Ct. BH3: Bour 6F 41
Northover La. SO41: Tip 4C 32
Northover Rd. SO41: Penn 1C 52
NORTH POULNER 1E 9
Nth. Poulner Rd. BH24: Poul 2D 8
North Rd. BH14: Poole 3D 56
North Rd. BH7: Bour 2E 61
North Rd. SO42: Broc 3F 73
Northshore BH13: S'bks 5G 69
North St. BH15: Poole 3C 4 (5A 56)
North St. SO41: Penn 3E 53
Northumberland Ct. BH24: Ring 4B 8
NORTH WEIRS 3C 72
Nth. Weirs SO42: Broc 2B 72
Nth. Wood Ho. BH4: Bour 4E 59
(off Poole Rd.)
Nortoft Rd. BH8: Bour 1B 60
Norton Cl. BH23: Chri 6H 45
Norton Gdns. BH9: Bour 4G 41
Norton Grange BH13: Poole 3C 58
Norton Rd. BH9: Bour 5G 41
Norton Way BH15: Hamw 6G 55
Norway Cl. BH9: Bour 4H 41
Norwich Av. BH2: Bour 4F 59
Norwich Av. W. BH2: Bour 4F 59
Norwich Ct. BH2: Bour 4E 5 (4G 59)
(off Norwich Rd.)
Norwich Mans. BH2: Bour 4F 59
Norwich Rd. BH2: Bour 4E 5 (4G 59)
Norwood Pl. BH5: Bour 2H 61
Nouale La. BH24: Poul 4F 9
Noyce Gdns. BH8: Bour 3H 43
NUFFIELD HEALTH BOURNEMOUTH HOSPITAL 2A 60
Nuffield Ind. Est. BH17: Poole 5B 38
(not continuous)
Nuffield Rd. BH17: Poole 6A 38
Nugent Rd. BH6: Bour 3D 62
Nursery Rd. BH24: Ring 5C 8
Nursery Rd. BH9: Bour 2A 42
Nursling Grn. BH8: Bour 3D 42
Nuthatch Cl. BH17: Poole 6F 37
Nuthatch Cl. BH22: Fern 1H 17
Nutley Cl. BH11: Bour 1B 40
Nutley Way BH11: Bour 2B 40

O

Oak Av. BH23: Chri 5B 44
Oak Cl. BH21: Cor M 6C 20
Oak Cl. BH22: W Par 2G 25
Oak Cl. SO43: Lynd 4F 71
OAKDALE 1C 56
Oakdale Rd. BH15: Poole 1C 56
Oakdene Cl. BH21: W Min 4F 15
Oakdene Holiday Pk. BH24: St L 2G 19
Oak Dr. BH15: Poole 5B 56
Oakenbrow SO41: Sway 1E 33
Oakfield SO41: Lymi 2G 53
Oakfield Rd. BH15: Poole 1A 56
Oakford Ct. BH8: Bour 2D 42
Oak Gdns. BH11: Bour 4D 40
Oak Gdns. SO41: Ever 5H 51
Oakham Grange BH22: Fern 3C 18
OAKHAVEN HOSPICE 4F 53
Oak Ho. SO41: Lymi 5F 35
Oakhurst BH13: Poole 4D 58
Oakhurst BH23: Chri 6B 46
(off Newlands Rd.)
Oakhurst Cl. BH22: W Moo 5D 10
Oakhurst La. BH22: W Moo 5D 10
Oakhurst Rd. BH22: W Moo 6D 10
Oaklands SO41: Lymi 3H 53
Oaklands Cl. BH31: Ver 3C 6
Oakland Wlk. BH22: W Par 2H 25
Oak La. BH24: Ring 3D 8
Oakleigh Way BH23: Highc 6H 47
OAKLEY 1B 22
Oakley Gdns. BH16: Upton 6A 36
Oakley Hgts. BH2: Bour 2F 5 (3G 59)
Oakley Hill BH21: Mer 6F 15
Oakley La. BH21: Mer 1B 22
Oakley Rd. BH21: Mer 1B 22
Oakley Shop. Cen. 2C 22
Oakley Straight BH21: Mer 2C 22
Oakmead Gdns. BH11: Bour 1A 40
Oakmead Rd. BH17: Poole 5F 37
Oakmead Sports Cen. 1B 40
Oak Rd. BH16: Upton 1C 54
Oak Rd. BH25: Ashy 2A 50
Oak Rd. BH8: Bour 1C 60
Oaks, The BH31: Ver 2C 6
Oaks Dr. BH24: St L 4H 11
Oaks Mead BH31: Ver 3E 7
Oak Tree Ct. BH22: Fern 1D 24
Oaktree Ct. SO41: M Sea 3C 66
Oak Tree Pde. BH23: Bran 2D 28
Oak Tree Pk. BH24: St L 1F 19
Oakwood BH3: Bour 6G 41
Oakwood Av. BH25: New M 1H 49
Oakwood Cl. BH24: Ashl H 2B 12
Oakwood Cl. BH9: Bour 3B 42
Oakwood Rd. BH23: Highc 4G 47
Oakwood Rd. BH9: Bour 3A 42
Oakwoood Ct. BH25: New M 2H 49
Oasis, The BH13: Poole 3C 58
Oasis Cl. BH16: Upton 6B 36
Oasis M. BH16: Upton 6A 36
Oates Rd. BH9: Bour 4G 41
Oban Rd. BH3: Bour 6G 41
Oberfield Rd. SO42: Broc 2C 72
Ober Rd. SO42: Broc 2D 72
Oceanarium 6H 5 (5H 59)
Ocean Breeze BH25: B Sea 6E 49
Ocean Breeze BH4: Bour 6E 59
Ocean Hgts. BH5: Bour 4F 61
Odeon Cinema Bournemouth 4G 5 (4H 59)
Okeford Ho. BH9: Bour 6H 41
Okeford Rd. BH18: Broad 3A 38
Old Bakehouse M., The BH23: Highc 5A 48
Old Barn Cl. BH23: Chri 3B 44
Old Barn Cl. BH24: Ring 4E 9
Old Barn Farm Rd. BH21: Wool 2E 11
Old Barn La. BH23: Chri 3B 44
Old Barn Rd. BH23: Chri 3B 44
Old Boat Yd., The BH23: Chri 5C 44
Old Bound Rd. BH16: Upton 1C 54
Old Brewery, The BH15: Poole 4B 4 (5A 56)
(off Hill St.)
Old Bri. Rd. BH6: Bour 5B 44
Old Christchurch La. BH1: Bour 3H 5 (4H 59)
Old Christchurch Rd. BH1: Bour 4G 5 (4H 59)
Old Christchurch Rd. SO41: Ever 4H 51
Old Coach M. BH14: Poole 3E 57
Old Coastguard Rd. BH13: S'bks 5F 69
Old Courthouse, The BH14: Poole 2G 57
Old Dairy Cl. BH15: Poole 6B 38
Old Farm Cl. BH24: Poul 1E 9
Old Farmhouse M. SO41: Lymi 6G 35
(off Lwr. Buckland Rd.)
Old Farm Rd. BH15: Poole 1C 56
Old Farm Wlk. SO41: Lymi 2F 53
Old Forge Cl. BH24: Poul 2E 9
Old Forge Rd. BH21: Stap 3F 17
Old Ham La. BH21: Lit C 4C 16
Old Highways M. BH21: W Min 5G 15
Old Kiln Rd. BH16: Upton 6D 36
Old Maltings, The SO41: Lymi 1F 53
Old Mnr. Cl. BH21: W Min 5G 15
Old Mill Ho. BH24: Ring 5B 8
OLD MILTON 4F 49
Old Milton Grn. BH25: New M 4F 49
Old Milton Grn. Pde. BH25: New M 4F 49
Old Milton Rd. BH25: New M 4F 49
Old Mulberry Cl. BH10: Bour 4C 40
Old Orchard BH15: Poole 5B 4 (6A 56)
(not continuous)
Old Orchards SO41: Lymi 3H 53
Old Pines Cl. BH22: Fern 5C 18
Old Priory Rd. BH6: Bour 3D 62
Old Rectory Cl. BH21: Cor M 3D 20
Old Rectory M. BH15: Hamw 5F 55
Old Rd. BH21: W Min 5D 14
Old Rope Wlk., The BH15: Hamw 6F 55
Old St John's M. BH9: Bour 2H 41
Old Sandpit La. BH16: Bea H 3A 36
Old Sawmill Cl. BH31: Ver 2B 6
Old School Cl. BH14: Poole 3E 57
Old School Cl. BH22: Fern 4A 18
Old School Pl. BH15: Hamw 5F 55
Old Stacks Gdns. BH24: Ring 5E 9
OLD TOWN 4B 4 (5A 56)
Old Town Mkt. 4B 4 (5A 56)
Old Town M. BH15: Poole 4B 4 (5A 56)
(off Market Cl.)
Old Vicarage Cl. BH10: Bour 5G 25
Old Vicarage La. SO41: Sway 2G 33
Old Wareham Rd. BH12: Poole 6E 39
Old Wareham Rd. BH16: Bea H 3A 36
Old Wareham Rd. BH21: Cor M 3A 36
Oliver Rd. SO41: Penn 2E 53
Olivers Rd. BH21: Cole 3A 16
Olivers Way BH21: Cole 3A 16
Olivia Cl. BH16: Upton 2D 54
Olivia Cl. BH21: Cor M 5D 20
Olympus BH14: Poole 4F 57
Onslow Gdns. BH21: W Min 3F 15
Ophir Gdns. BH8: Bour 2B 60
Ophir Rd. BH8: Bour 2B 60
Oratory Gdns. BH13: Poole 1B 70
Orchard, The BH11: Bour 5H 23
Orchard, The BH23: Bran 3E 29
Orchard, The SO41: M Sea 3D 66
Orchard Av. BH14: Poole 5D 56
Orchard Cl. BH10: Bour 3F 41
Orchard Cl. BH21: Cor M 4D 20
Orchard Cl. BH22: Fern 4C 18
Orchard Cl. BH23: Chri 1E 63
Orchard Cl. BH24: Ring 3C 8
Orchard Ct. BH25: New M 2H 49
Orchard Ct. BH31: Ver 4E 7
Orchard Gdns. BH10: Bour 3E 41
Orchard Gdns. BH16: Upton 6B 36
Orchard Gro. BH10: Bour 1H 41
Orchard Gro. BH25: New M 4G 49
Orchard La. BH21: Cor M 4D 20
Orchard Leigh BH25: New M 3H 49
Orchard Mead BH24: Ring 3C 8
Orchard M. BH10: Bour 3E 41
Orchard M. BH23: Chri 1E 63
Orchard Mt. BH24: Ring 3C 8
(off Southampton Rd.)
Orchard Plaza BH15: Poole 5B 4 (6A 56)
Orchards, The BH24: Ring 5E 9
Orchard St. BH2: Bour 4F 5 (4G 59)
Orchard Wlk. BH10: Bour 3E 41
Orchard Wlk. BH2: Bour 4F 5 (4G 59)
Orcheston Rd. BH8: Bour 1B 60
Orchid Way BH23: Chri 6G 45
Orford Cl. BH23: Chri 1B 44
Ormonde Rd. BH13: Poole 5C 58
Osborne Ct. SO41: M Sea 3C 66
Osborne Pl. BH22: Fern 4B 18
Osborne Rd. BH14: Poole 4F 57
Osborne Rd. BH21: W Min 5F 15
Osborne Rd. BH25: New M 2G 49
Osborne Rd. BH9: Bour 5G 41
Osbourne Ho. BH25: New M 2G 49
Osbourne Lodge BH2: Bour 4F 59
Osprey Cl. BH23: Mude 2C 64
Osprey Ho. BH15: Hamw 6G 55
(off Norton Way)
OSSEMSLEY 2E 31
Ossemsley Sth. Dr. BH25: Oss 3E 31

96 A-Z Bournemouth

Ostlers, The SO41: Hor 2E 51
Oswald Cl. BH9: Bour 3G 41
Oswald Rd. BH9: Bour 3G 41
Otterbourne BH2: Bour 3F 59
Otter Cl. BH16: Upton 1B 54
Otter Cl. BH31: Ver 4E 7
Otter Rd. BH15: Poole 1D 56
Otters Wlk. BH25: New M 5H 31
Overbury Rd. BH14: Poole 4G 57
Overcliffe Mans. BH1: Bour 4C 60
Overcombe Cl. BH17: Poole 2C 38
Over Links Dr. BH14: Poole 5H 57
Overstrand Cres. SO41: M Sea 4D 66
Ovington Av. BH7: Bour 6A 44
Ovington Gdns. BH7: Bour 6A 44
Owls Cl. BH31: Ver 3E 7
Owls Rd. BH5: Bour 4D 60
Oxborrow Cl. BH16: Upton 6B 36
Oxey Cl. BH25: New M 4G 49
Oxford Av. BH6: Bour 2H 61
Oxford La. BH11: Bour 5D 24
Oxford Rd. BH8: Bour 3B 60
Oxford Ter. SO41: Sway 1G 33
Oyster Bay Apts. BH15: Poole 1A 4 (3H 55)
                                                        (off Sterte Cl.)
Oyster M. BH13: Poole 5C 58

P

Paddington Cl. BH11: Bour 1H 39
Paddington Gro. BH11: Bour 2H 39
Paddling Pool 3G 41
                                                      (off Redhill Av.)
Paddock, The BH16: Upton 6B 36
                                                   (off Coronation Av.)
Paddock, The BH24: St L 1F 19
Paddock, The BH25: New M 6C 48
Paddock, The SO41: Sway 1F 33
Paddock, The SO42: Broc 3E 73
Paddock Cl. BH12: Poole 1F 57
Paddock Cl. BH21: Stap 3G 17
Paddock Cl. BH24: St L 3B 12
Paddock Gdns. SO41: Lymi 6F 35
Paddock Gro. BH31: Ver 4E 7
Paddocks, The BH10: Bour 1F 41
Paddocks Way BH22: Fern 1E 47
Padfield Cl. BH6: Bour 1C 62
Padget Rd. BH24: Poul 2E 9
Paget Cl. BH21: Cole 2A 16
Paget Rd. BH11: Bour 1C 40
Paisley Rd. BH6: Bour 2A 62
Palermo Ct. BH2: Bour 4F 59
Palfrey Rd. BH10: Bour 1F 41
Palma Apts. BH25: New M 6C 48
Palmer Pl. BH25: New M 1G 49
Palmer Rd. BH15: Poole 2A 56
Palmerston Av. BH23: Chri 1H 63
Palmerston Cl. BH16: Upton 6D 36
Palmerston Hgts. BH1: Bour 2E 61
Palmerston Rd. BH1: Bour 2E 61
Palmerston M. BH1: Bour 2E 61
Palmerston Rd. BH14: Poole 3H 57
Palmerston Rd. BH16: Upton 6C 36
PAMPHILL 3A 14
Pamplyn Cl. SO41: Lymi 1E 53
Panorama BH14: Poole 4H 57
Panorama Rd. BH13: S'bks 6F 69
Pans Cnr. BH22: Fern 6D 18
Parade, The BH17: Poole 4H 37
Parade, The BH21: Cor M 6D 20
Parade, The BH25: Ashy 2B 50
Parade, The BH6: Bour 2E 61
Paradise St. BH15: Poole 5A 4 (6H 55)
Pardy's Hill BH21: Cor M 3C 20
Parham Cl. BH25: New M 2E 49
Parham Rd. BH10: Bour 3E 41
Parish Ct. SO41: Lymi 1G 53
Parish Rd. BH15: Poole 4C 56
Park, The BH25: New M 6C 48
Park Av. BH10: Bour 5E 25
Park Av. SO41: Lymi 1F 53
Parkbury BH13: Poole 4C 58
Park Cl. BH15: Poole 4C 56
Park Cl. BH23: Burt 2G 45
Park Cl. BH25: Ashy 6A 32
Park Cl. BH25: B Sea 6F 49
Park Cl. SO41: M Sea 3E 67
Park Cl. SO42: Broc 2F 73
Park Ct. BH13: Poole 3B 58
Park Ct. SO41: M Sea 3C 66
Park Dr. BH31: Ver 2C 6
Parker Rd. BH9: Bour 6H 41
Parkers Cl. BH24: Poul 2E 9
Park Gdns. BH23: Chri 6A 46
Park Ga. BH25: New M 3G 49

Parkgate Mnr. BH2: Bour 3E 5 (4G 59)
                                                    (off Suffolk Rd.)
Park Ga. M. BH2: Bour 4E 5 (4G 59)
                                               (off Up. Norwich Rd.)
Park Homer Dr. BH21: Cole 2H 15
Park Homer Rd. BH21: Cole 2H 15
Park Lake Rd. BH15: Poole 5C 56
Parkland Cl. BH31: Ver 5H 7
Parkland Dr. BH25: B Sea 5F 49
Parkland Pl. BH25: New M 3G 49
Parklands BH4: Bour Grosvenor Rd. 4E 59
Parklands BH4: Bour 2E 59
                                              (off Branksome Hill Rd.)
Parklands Ct. BH15: Poole 4C 56
Park La. BH10: Bour 1H 41
Park La. BH21: W Min 3E 15
Park La. SO41: M Sea 3C 66
Pk. Lodge BH8: Bour 6B 42
                                               (off Richmond Pk. Rd.)
Park Mans. BH8: Bour 6C 42
Park Pl. BH14: Poole 3D 56
Park Rd. BH14: Poole 4D 56
Park Rd. BH25: Poole 4D 56
Park Rd. BH25: Ashy 6A 32
Park Rd. BH25: New M 4F 49
Park Rd. BH8: Bour 3A 60
Park Rd. SO41: Lymi 1F 53
Park Rd. SO41: M Sea 3E 67
Parkside BH23: Chri 4F 47
Parkside BH24: Ring 5C 8
Parkside Gdns. BH10: Bour 3G 41
Parkside Rd. BH14: Poole 3G 57
Parkside Wlk. BH25: New M 3G 49
                                                       (off Park Vw.)
PARKSTONE 3F 57
Parkstone Av. BH14: Poole 3G 57
Parkstone Golf Course 5H 57
Parkstone Hgts. BH14: Poole 2D 56
                                                    (not continuous)
Parkstone Rd. BH15: Poole 2D 4 (4B 56)
Parkstone Station (Rail) 4F 57
Parkstone Yacht Club 6E 57
Park Vw. BH14: Poole 3F 57
Park Vw. BH15: Poole 4C 56
Park Vw. BH25: New M 3G 49
Park Vw. BH7: Bour 1E 61
Parkview BH2: Bour 2F 5 (3G 59)
Park Vw. Ct. BH8: Bour 6C 42
Pk. Way BH22: W Moo 5B 10
Parkway Dr. BH8: Bour 5E 43
Parkway Retail Pk. 3B 60
Parkwood La. BH5: Bour 2H 61
                                                  (off Seabourne Rd.)
Parkwood Rd. BH21: W Min 5E 15
Parkwood Rd. BH5: Bour 2G 61
Parley Cl. BH22: W Par 2H 25
PARLEY COMMON 6E 19
PARLEY CROSS 3G 25
Parley Golf Course 4C 26
PARLEY GREEN 4B 26
Parley Grn. La. BH23: E Par 4B 26
Parley La. BH23: E Par 3B 26
Parley La. BH23: Hurn 3B 26
Parley Rd. BH9: Bour 3A 42
Parmiter Dr. BH21: W Min 5G 15
Parmiter Rd. BH21: W Min 5G 15
Parmiter Way BH21: W Min 5G 15
Parr Ho. BH14: Poole 3E 57
Parr St. BH14: Poole 3E 57
Parsonage Barn La. BH24: Ring 3C 8
Parsonage Cl. BH23: Chri 4E 45
Parsonage Rd. BH1: Bour 4H 5 (4A 60)
Partridge Cl. BH23: Mude 2C 64
Partridge Dr. BH14: Poole 6F 57
Partridge Grn. BH25: New M 5H 31
Partridge Rd. SO42: Broc 4E 73
Partridge Wlk. BH14: Poole 6G 57
Pascoe Cl. BH14: Poole 3E 57
Passford Hill SO41: Bold 4F 35
Patchins, The BH14: Poole 1G 69
Patchins Rd. BH16: Hamw 3B 54
                                                    (not continuous)
Pauls La. SO41: Sway 3H 33
Pauncefote Rd. BH5: Bour 2G 61
Pauntley Rd. BH23: Chri 1A 64
Pavan Gdns. BH10: Bour 2E 41
Pavilion Dance 5H 5 (5H 59)
Pavilion Theatre Bournemouth 5H 5 (5H 59)
Payne Cl. BH22: W Moo 2C 10
Peace Cl. BH23: Bran 3C 28
Pearce Av. BH14: Poole 6E 57
Pearce Gdns. BH14: Poole 6E 57
Pearce Rd. BH16: Upton 1B 54
Pearcesmith Ct. BH25: B Sea 6E 49
Pear Cl. BH12: Poole 3D 58

Pearl Gdns. BH10: Bour 1E 41
Pearl Rd. BH10: Bour 1E 41
Pearman Ct. SO41: Penn 3E 53
Pearman Dr. SO41: Lymi 3H 53
Pearson Av. BH14: Poole 2F 57
Pearson Gdns. BH10: Bour 5F 25
Peartree Bus. Cen. BH21: Stap 3F 17
Pear Tree Cl. BH23: Bran 3D 28
Peartree Ct. SO41: Lymi 3G 53
Pebbles BH6: Bour 4D 62
Peckham Av. BH25: New M 3G 49
Peddlars Wlk. BH24: Ring 4B 8
Peel Cl. BH12: Poole 2G 57
Peel Cl. BH31: Ver 2C 6
Peel Ct. BH23: Chri 1D 62
Pegasus Av. SO41: Hor 3E 51
Pegasus Ct. BH1: Bour 2A 60
Pegasus Ct. BH25: New M 2G 49
Pegasus Lodge BH22: Fern 4B 18
Pelham BH13: Poole 3C 58
Pelham Ct. BH23: Chri 1H 63
Pelican Ho. BH15: Hamw 6G 55
                                                   (off Broomhill Way)
Pelican Mead BH24: Hight 5E 9
Pemberton Rd. SO43: Lynd 3G 71
Pembroke Cl. BH23: Highc 6A 48
Pembroke Pl. BH4: Bour 5D 58
Pembroke Rd. BH12: Poole 6H 39
Pembroke Rd. BH4: Bour 5D 58
Pen Craig BH13: Poole 4D 58
Pendennis BH1: Bour 3C 60
Penelope Ct. BH23: Highc 6B 48
Pengelly Av. BH10: Bour 6G 25
Peninsula, The BH13: S'bks 6G 69
Peninsula Hgts. BH13: Poole 2A 70
Penleaze Pl. BH23: Highc 4A 48
Pennant Way BH23: Chri 6B 46
Penn Cl. BH25: S Sea 4E 49
Penn Ct. BH22: W Moo 5B 10
Penn Hill Av. BH14: Poole 4H 57
Penn Hill Ct. BH14: Poole 4A 58
Pennine Ct. BH23: Chri 5B 46
Pennine Way BH31: Ver 4D 6
                                                      (off Hunt Rd.)
PENNINGTON 2E 53
Pennington Cl. BH22: W Moo 6B 10
Pennington Cl. SO41: Penn 3E 53
Pennington Cres. BH22: W Moo 5B 10
Pennington Cross SO41: Lymi 3F 53
Pennington Oval SO41: Penn 3D 52
Pennington Rd. BH22: W Moo 6B 10
Penny Ct. BH24: Poul 3E 9
Penny Hedge BH25: B Sea 5H 49
Penny La. BH1: Bour 3E 61
Penny's Ct. BH22: Fern 4B 18
Penny's Wlk. BH22: Fern 4B 18
Penny Way BH23: Fri C 1E 65
Pennywell Gdns. BH25: Ashy 1B 50
Penrhyn BH21: Bour 3D 60
Penrith Cl. BH31: Ver 4C 6
Penrith Rd. BH5: Bour 3G 61
Penrose Rd. BH22: Fern 3B 18
Penthouse, The BH13: Poole 2A 70
Peppercorn SO41: Sway 1G 33
Peppercorn Rd. BH23: Chri 5A 46
Percy Rd. BH5: Bour 3E 61
Peregrine Rd. BH23: Mude 1C 64
Pergin Cres. BH17: Poole 6H 37
Pergin Way BH17: Poole 6H 37
Perrin Lock Ct. BH23: Chri 1D 62
                                                     (off King's Av.)
Perryfield Gdns. BH7: Bour 5H 43
Perry Gdns. BH15: Poole 5C 4 (6H 56)
                                                   (not continuous)
Persley Rd. BH10: Bour 1F 41
Perth Cl. BH23: Chri 4C 44
Peter Grant Way BH22: Fern 4A 18
Peters Cl. BH16: Upton 1C 54
Petersfield Pl. BH7: Bour 6H 43
Petersfield Rd. BH7: Bour 1G 61
Petersham Rd. BH17: Poole 5F 37
Peterson's Tower 5F 33
Petersham Ct. BH22: Fern 6D 18
Petit Rd. BH9: Bour 2A 42
Petworth Cl. BH17: Poole 1E 57
Petwyn Cl. BH22: Fern 3E 19
Peverell Rd. BH16: Hamw 3B 54
Peverill Cl. BH24: Ashl H 1B 12
Phelipps Rd. BH21: Cor M 4D 20
Phippard Way BH15: Poole 4D 4 (5B 56)
Phoenix BH14: Poole 3F 57
Phyldon Cl. BH12: Poole 2G 57
Phyldon Rd. BH12: Poole 1F 57
Piazza, The BH1: Bour 3E 61
                                                  (off Palmerston Rd.)

Pickard Rd. BH22: Fern.....................................2D **18**
Pickering Cl. BH18: Broad..................................3G **37**
Pickford Rd. BH9: Bour.....................................4G **41**
Pier App. BH2: Bour.............................5H **5** (5H **59**)
Pig Shoot La. BH23: Hurn....................................1F **43**
Pikes Hill SO43: Lynd......................................2E **71**
PIKESHILL...2E **71**
Pikes Hill Av. SO43: Lynd..................................2E **71**
Pilford Heath Rd. BH21: Cole...............................1A **16**
Pilford La. BH21: Cole.....................................1A **16**
Pilgrim Pk. BH24: Poul......................................3E **9**
Pilgrim Pl. SO41: Lymi.....................................2G **53**
Pilgrim's Cl. BH25: Ashy...................................1A **50**
Pilgrims Way BH17: Poole...................................6G **37**
PILLEY..2H **35**
Pilley Hill SO41: Pil......................................2G **35**
Pilley St. SO41: Pil.......................................2H **35**
Pilot Hight Rd. BH11: Bour.................................1C **40**
Pilsdon Dr. BH17: Poole....................................3C **38**
Pimpern Cl. BH17: Poole....................................3C **38**
Pine Av. BH12: Poole.......................................6B **40**
Pine Av. BH6: Bour...3A **62**
Pinebeach Ct. BH13: Poole..................................1C **70**
Pinecliffe Av. BH6: Bour...................................3A **62**
Pinecliffe Rd. BH25: New M.................................6C **48**
Pinecliff Rd. BH13: Poole..................................1C **70**
Pine Cl. BH22: Fern..2A **18**
Pine Cl. BH25: B Sea.......................................5E **49**
Pine Ct. Bus. Cen. BH1: Bour...............................4A **60**
Pine Cres. BH23: Highc.....................................6G **47**
Pine Dr. BH13: Poole.......................................4B **58**
Pine Dr. BH24: St I..3B **12**
Pine Dr. E. BH13: Poole....................................5C **58**
Pine End BH22: Fern..6D **18**
Pine Glen Av. BH22: Fern...................................1A **18**
Pine Grange BH1: Bour......................................4A **60**
Pine Gro. BH22: W Moo......................................5C **10**
Pineholt Cl. BH24: St I....................................2C **12**
Pine Ho. BH25: New M.......................................2G **49**
Pinehurst SO41: M Sea......................................3C **66**
Pinehurst Av. BH23: Mude...................................2B **64**
Pinehurst Pk. BH22: W Moo..................................1D **18**
Pinehurst Rd. BH22: W Moo..................................6C **10**
Pinelands BH1: Bour..3C **60**
Pinelands Ct. BH8: Bour....................................6C **42**
Pine Mnr. Rd. BH24: Ashl H.................................2H **11**
Pine Pk. Mans. BH13: Poole.................................3C **58**
Pine Rd. BH21: Cor M.......................................2F **21**
Pine Rd. BH9: Bour...4H **41**
Pines, The BH1: Bour Knyveton Rd...........................3C **60**
Pines, The BH1: Bour Lorne Pk. Rd..........................3A **60**
Pines, The BH13: Poole.....................................5C **58**
Pines, The SO41: Hor.......................................2D **50**
Pineside BH9: Bour...5A **42**
Pinesprings Dr. BH18: Broad................................2E **37**
Pine Springs Nature Reserve................................3E **37**
Pinetops Cl. SO41: Penn....................................2D **52**
Pine Tree Cl. BH21: Poole..................................4F **15**
Pine Tree Glen BH4: Bour...................................4E **59**
Pine Tree Wlk. BH17: Poole.................................5F **37**
Pine Va. Cres. BH10: Bour..................................2G **41**
Pine Vw. Cl. BH16: Upton...................................1C **54**
Pine Vw. Cl. BH31: Ver.....................................2B **6**
Pine Vw. Gdns. BH10: Bour..................................1H **41**
Pine Vw. Rd. BH31: Ver.....................................2B **6**
Pine Wlk. BH22: W Moo......................................4C **10**
Pine Wlk. BH31: Ver..4F **7**
Pinewood Av. BH10: Bour....................................6F **25**
Pinewood Cl. BH10: Bour....................................6F **25**
Pinewood Cl. BH16: Upton...................................6A **36**
Pinewood Cl. BH23: Walk....................................3A **48**
Pinewood Cl. BH23: Walk....................................5B **10**
Pinewood Ct. BH22: W Moo...................................2B **18**
Pinewood Gdns. BH22: W Moo.................................6D **58**
Pinewood Rd. BH13: Poole...................................6D **58**
Pinewood Rd. BH16: Upton...................................6A **36**
Pinewood Rd. BH22: Fern....................................1A **18**
Pinewood Rd. BH23: Chri....................................4H **47**
Pinewood Rd. BH24: St I....................................3B **12**
Pinewood Rd. SO41: Hor.....................................2C **50**
Pinnacle, The BH1: Bour............................4H **5** (4A **60**)
                                            (off St Peter's Rd.)
Pipers Ash BH24: Poul......................................3E **9**
Pipers Dr. BH23: Chri......................................6C **46**
Pippin Cl. BH23: Chri......................................3C **44**
Pippin Cl. BH23: Chri......................................3G **53**
Pitmore La. SO41: Lymi.....................................1G **33**
Pitmore La. SO41: Sway.....................................1G **33**
Pittmore Rd. BH23: Burt....................................3G **45**
Pitts Pl. BH25: Ashy.......................................3B **50**
Pitwines Cl. BH15: Poole...........................3C **4** (5A **56**)
Place Mill...2F **63**
Plantagenet Cres. BH11: Bour...............................6H **23**
Plantation SO41: Ever......................................5A **52**
Plantation Ct. BH17: Poole.................................4A **38**
Plantation Ct. SO41: Lymi..................................1F **53**

Plantation Dr. BH23: Walk..................................3A **48**
Plantation Rd. BH17: Poole.................................4A **38**
Plant Pk. Rd. BH24: Match..................................4E **13**
Plassey Cres. BH10: Bour...................................6E **25**
Platoff Rd. SO41: Lymi.....................................5G **53**
Playfields Dr. BH12: Poole.................................1A **58**
Playgolf Bournemouth.......................................3A **44**
Pleasance Way BH25: New M..................................2F **49**
Plecy Cl. BH22: W Par......................................6B **18**
Plemont Cl. BH12: Poole....................................4A **40**
Plessis Cl. BH23: Chri.....................................5D **44**
Pless Rd. SO41: M Sea......................................2A **66**
Plover Dr. SO41: M Sea.....................................3F **67**
Plover Ho. BH15: Hamw......................................6G **55**
                                         (off Broomhill Way)
Plumer Rd. BH17: Poole.....................................4G **37**
Point, The BH5: Bour.......................................4E **61**
POKESDOWN...2G **61**
Pokesdown Station (Rail)..................................2G **61**
Poles La. SO41: Lymi.......................................4G **53**
Policemans La. BH16: Upton.................................6A **36**
Pomona Cl. BH22: Fern......................................3B **18**
Pompey's La. BH21: Fern....................................5F **17**
Pompey's La. BH22: Long....................................1D **24**
Pond Cl. BH25: New M.......................................2G **49**
Ponsonby Rd. BH14: Poole...................................3H **57**
Pony Dr. BH16: Upton.......................................6D **36**
POOLE...2C **4** (5A **56**)
POOLE...3D **4** (5B **56**)
Poole Bus Station..2B **58**
Poole Commerce Cen. BH12: Poole............................6B **22**
Poole Crematorium..6G **55**
Poole Harbour Yacht Club...................................4B **56**
POOLE HOSPITAL...1B **40**
Poole Hill BH2: Bour..............................4E **5** (4G **59**)
POOLE LANE RDBT..1A **40**
Poole Mus...5A **4** (6H **55**)
Poole Old Lifeboat Mus..............................5C **4** (6A **56**)
Poole Pottery.......................................5B **4** (6A **56**)
Poole Rd. BH12: Poole......................................3B **58**
Poole Rd. BH16: Upton......................................6C **36**
Poole Rd. BH17: Upton......................................6E **37**
Poole Rd. BH21: W Min......................................5E **15**
Poole Rd. BH2: Bour..4F **59**
Poole Rd. BH4: Bour..3D **58**
Poole Stadium.....................................1C **4** (4A **56**)
Poole Station (Rail)..............................2C **4** (4A **56**)
Poole Tourist Info. Cen....................................5E **39**
Poole Trade Pk. BH12: Poole................................1B **56**
Popes Rd. BH15: Poole..............................5A **4** (6H **55**)
Poplar Cl. BH15: Poole.....................................1B **56**
                                            (off Levet's La.)
Poplar Cl. BH21: W Min.....................................4F **15**
Poplar Cl. BH23: Bran......................................3E **29**
Poplar Cl. BH23: Highc.....................................5B **48**
Poplar Cres. BH24: Ring....................................4D **8**
Poplar La. BH23: Bran......................................2E **29**
Poplar Rd. BH25: Ashy......................................1B **50**
Poplar Way BH24: Ring......................................4D **8**
Poppy Cl. BH16: Upton......................................6A **36**
Poppy Cl. BH23: Chri.......................................5D **46**
Poppy Cl. BH6: Bour..3B **62**
Portadene BH4: Bour..5F **59**
Portarlington Cl. BH4: Bour................................5F **59**
Portarlington Ct. BH4: Bour................................4E **59**
                                       (off Portarlington Rd.)
Portarlington Rd. BH4: Bour................................4E **59**
Portchester Ct. BH8: Bour..................................2B **60**
Portchester Pl. BH8: Bour..................................2B **60**
Portchester Rd. BH8: Bour..................................1A **60**
Portelet Cl. BH12: Poole...................................4H **39**
Porter Rd. BH17: Poole.....................................6H **37**
Porters La. BH21: Cole.....................................3C **16**
Portesham Gdns. BH9: Bour..................................1B **42**
Portesham Way BH17: Poole..................................2C **38**
Portfield Cl. BH23: Chri...................................5E **45**
Portfield Rd. BH23: Chri...................................6D **44**
Portland Pl. BH2: Bour............................1G **5** (3H **59**)
Portland Rd. BH9: Bour.....................................4A **42**
Portman Cres. BH5: Bour....................................3H **61**
Portman M. BH7: Bour.......................................2F **61**
Portman Rd. BH7: Bour......................................2F **61**
Portman Ter. BH5: Bour.....................................3H **61**
Portmore Cl. BH18: Broad...................................5A **22**
Port St James BH15: Poole..........................5A **4** (6H **55**)
                                            (off The Quay)
Portswood Dr. BH10: Bour...................................1A **42**
Port Vw. Cvn. Pk. BH23: Hurn...............................1H **27**
Post Office La. BH15: Poole........................3C **4** (5A **56**)
                                             (off High St.)
Post Office La. BH24: St I.................................2C **12**
Post Office Rd. BH1: Bour..........................4G **5** (4H **59**)
Potterne Hill Nature Reserve...............................5E **7**
Potterne Way BH21: Thr C...................................5E **7**
Potterne Wood Cl. BH31: Ver................................5G **7**

Potters Pl. BH31: Ver......................................3E **7**
Potters Way BH14: Poole....................................5G **57**
POTTERY JUNC..2A **58**
Pottery Rd. BH14: Poole....................................4E **57**
Pottle Wlk. BH21: W Min....................................6F **15**
POULNER...2E **9**
Poulner Pk. BH24: Poul.....................................2E **9**
Pound Cl. BH15: Poole......................................2D **56**
Pound Dr. BH24: Ring.......................................3C **8**
Pound La. BH15: Poole......................................2C **56**
Pound La. BH23: Chri.......................................1F **63**
                                            (off Chine Cres. Rd.)
Pound Rd. SO41: Penn.......................................2D **52**
Powell Rd. BH14: Poole.....................................4F **57**
Powerscourt BH2: Bour......................................5F **59**
Powerscourt Rd. BH25: B Sea................................6D **48**
Powis Cl. BH25: New M......................................2H **49**
Powlett Rd. SO41: Lymi.....................................2G **53**
Preston Cl. BH16: Upton....................................6C **36**
Preston La. BH23: Burt.....................................3H **45**
Preston Rd. BH15: Poole....................................1A **56**
Preston Way BH23: Chri.....................................5F **47**
Prestwood Cl. BH25: B Sea..................................4F **49**
Priestlands Cl. SO41: Lymi.................................2E **53**
Priestlands Pl. SO41: Lymi.................................2F **53**
Priestlands Rd. SO41: Lymi.................................2E **53**
Priestlands Wlk. SO41: Penn................................2E **53**
Priestley Rd. BH10: Bour...................................4D **40**
Priest's House Mus. & Gdn..................................5E **15**
Primrose Ct. BH1: Bour.....................................2D **60**
Primrose Gdns. BH17: Poole.................................4F **37**
Primrose Way BH21: Cor M...................................4E **21**
Primrose Way BH23: Chri....................................4D **46**
Prince of Wales Rd. BH4: Bour..............................3D **58**
Prince's Ct. BH22: Fern....................................3C **58**
Princes Ct. BH12: Poole....................................3E **61**
Princes Ct. BH5: Bour......................................3E **61**
Princes Cres. SO43: Lynd...................................3H **71**
Princes Fl. BH25: Ashy.....................................1A **50**
Princes Rd. BH22: Fern.....................................4B **18**
Princess Av. BH23: Chri....................................1F **63**
Princess Ga. BH12: Poole...................................3C **58**
Princess M. BH12: Poole....................................3C **58**
Princess Rd. BH12: Poole...................................3C **58**
Princess Rd. BH4: Bour.....................................3D **58**
Princess Royal Cl. SO41: Lymi..............................1F **53**
Pringles Cl. BH22: Fern....................................4C **18**
Pringles Dr. BH22: Fern....................................4C **18**
Prior Cl. BH7: Bour..2F **61**
Priors Cl. BH23: Fri C.....................................6E **47**
Priors Rd. BH17: Poole.....................................5F **37**
Priors Wlk. BH21: W Min....................................4D **14**
Priory Cl. BH6: Bour.......................................2A **62**
Priory Gdns. BH22: W Moo...................................1E **19**
Priory Ind. Pk. BH23: Chri.................................6D **46**
Priory M. BH23: Chri.......................................1F **63**
Priory Quay BH23: Chri.....................................2G **63**
Priory Rd. BH2: Bour..............................5F **5** (5G **59**)
Priory Rd. BH22: W Moo.....................................1E **19**
Priory Vw. Pl. BH9: Bour...................................2A **42**
Priory Vw. Rd. BH9: Bour...................................2G **45**
Priory Vw. Rd. BH9: Bour...................................2A **42**
Private Rd. SO41: Lymi.....................................6G **35**
Privet Rd. BH9: Bour.......................................5G **41**
Promenade BH15: Poole Labrador Dr..........................6C **56**
Promenade BH15: Poole Sterte Av. W.........................3H **55**
Promenade BH13: Poole......................................5H **69**
Promenade BH13: S'bks......................................5H **69**
                                          (not continuous)
Promenade BH13: S'bks......................................5H **69**
                                          (not continuous)
Promenade BH15: Hamw.......................................6F **55**
Promenade BH23: Fri C......................................2D **64**
Prosperous St. BH15: Poole.........................5B **4** (6A **56**)
Prunus Cl. BH22: Fern......................................2H **17**
Prunus Dr. BH22: Fern......................................2H **17**
Puddletown Cres. BH17: Poole...............................3D **38**
Puffin Ho. BH15: Hamw......................................6G **55**
                                             (off Stone Cl.)
Pullman Ct. BH22: W Moo....................................5B **10**
Pullman Way BH24: Ring.....................................5C **8**
Purbeck Av. BH15: Hamw.....................................6E **55**
Purbeck Cl. BH16: Upton....................................6B **36**
Purbeck Cl. BH23: Chri.....................................5B **46**
                                            (off Dorset Rd.)
Purbeck Ct. BH5: Bour......................................4H **61**
Purbeck Dr. BH31: Ver......................................4D **6**
Purbeck Gdns. BH14: Poole..................................2D **56**
Purbeck Hgts. BH14: Poole..................................2F **57**
Purbeck Ho. BH8: Bour......................................3B **60**
Purbeck Rd. BH2: Bour.............................4E **5** (4G **59**)
Purbeck Rd. BH25: B Sea....................................6D **48**
Purbeck Views BH14: Poole..................................4F **57**
Purchase Rd. BH12: Poole...................................6D **40**
PureGym Poole..4E **39**

Purewell BH23: Chri 1H **63**
PUREWELL 1H **63**
Purewell Cl. BH23: Chri 1A **64**
Purewell Ct. BH23: Chri 6A **46**
PUREWELL CROSS 1A **64**
Purewell Cross Rd. BH23: Chri 6G **45**
Purewell Gdns. BH23: Chri 1G **63**
Purewell M. BH23: Chri 1G **63**
Pussex La. BH23: Hurn 3G **27**
Pye Cl. BH21: Cor M 4D **20**
Pye Cnr. BH21: W Min 5D **14**
Pye La. BH21: W Min 5D **14**
Pyrford Gdns. SO41: Lymi 3G **53**
Pyrford M. SO41: Lymi 3G **53**

Q

Quadrant Cen. 3H **5** (4H **59**)
Quaker Ct. BH24: Ring 5B **8**
Quantock Ct. BH23: Chri 5B **46**
....(off Hunt Rd.)
Quarry Chase BH23: Bour 4E **59**
Quarry Cl. BH21: Cole 2B **16**
Quarry Dr. BH21: Cole 2B **16**
Quarry Rd. BH21: Cole 2B **16**
Quarterdeck, The BH5: Bour 4F **61**
Quay, The BH15: Poole 5A **4** (6H **55**)
Quay, The BH23: Chri 2G **63**
Quay Ct. BH23: Chri 5D **44**
Quay Hill SO41: Lymi 1H **53**
Quayle Dr. BH11: Bour 5B **24**
Quay Point BH15: Poole 5B **4** (6A **56**)
Quay Rd. BH23: Chri 1F **63**
Quay Rd. SO41: Lymi 1H **53**
Quay St. SO41: Lymi 1H **53**
Queen Anne Dr. BH21: Mer 3B **22**
Queen Elizabeth Av. SO41: Lymi 1F **53**
Queen Elizabeth Ct. BH21: W Min 5D **14**
Queen Elizabeth Leisure Cen. 3B **14**
Queen Katherine Rd. SO41: Lymi 2H **53**
Queen Mary Av. BH9: Bour 3H **41**
Queens Av. BH23: Chri 2F **63**
Queens Cl. BH22: W Moo 6B **10**
Queens Ct. BH25: Ashy 2B **50**
Queens Ct. BH4: Bour 3F **59**
....(off Wharfdale Rd.)
Queens Ct. BH8: Bour 5B **42**
Queens Gdns. BH2: Bour 3F **59**
Queens Gro. BH25: Ashy 1A **50**
Queensland Rd. BH5: Bour 2G **61**
Queensmead BH21: W Min 4E **15**
....(off Allenview Rd.)
Queen's Pde. SO43: Lynd 3F **71**
Queen's Pk. Av. BH8: Bour 5B **42**
Queens Pk. Gdns. BH8: Bour 6C **42**
Queen's Pk. Golf Course 6D **42**
Queens Pk. Rd. BH8: Bour 6D **42**
Queens Pk. Sth. Dr. BH8: Bour 6D **42**
Queens Pk. W. Dr. BH8: Bour 6C **42**
Queen's Rd. BH21: Cor M 6D **20**
Queen's Rd. BH23: Chri 1A **64**
Queens Rd. BH14: Poole 3H **57**
Queens Rd. BH2: Bour 4F **59**
Queens Rd. BH22: Fern 2B **18**
Queens Rd. SO43: Lynd 3G **71**
Queen St. SO41: Lymi 2F **53**
Queens Way BH24: Ring 4D **8**
Queenswood Av. BH8: Bour 2E **49**
Queenswood Av. BH8: Bour 4E **43**
Queenswood Dr. BH22: Fern 2B **18**
Quest Ho. BH8: Bour 1A **60**
Quince La. BH21: Cole 4G **15**
Quintin Cl. BH23: Highc 5H **47**
Quomp BH24: Ring 4C **8**

R

Racecourse Vw. SO43: Lynd 2F **71**
Rachael Cl. BH12: Poole 6G **39**
Radar Way BH23: Chri 6D **46**
Radipole Rd. BH17: Poole 3E **39**
Raglan Gdns. BH11: Bour 3C **40**
Railway Ter. BH23: Hin 3G **47**
Raleigh Cl. BH23: Mude 2B **64**
Raleigh Cl. BH24: Poul 3E **9**
Raleigh Cl. BH25: New M 2F **49**
Raleigh Rd. BH12: Poole 3A **40**
Ralph Jessop Ct. BH12: Poole 6A **40**
Ralph Rd. BH21: Cor M 4E **21**
Ramley Rd. SO41: Penn 5B **34**
Rampart, The SO41: Lymi 6F **35**
Ramsey Ct. BH23: Chri 1D **62**
Ramsey Ct. BH25: New M 2F **49**
Randolph Rd. BH1: Bour 3E **61**

Randolph Rd. BH14: Poole 2G **57**
Ranelagh Rd. BH23: Highc 6H **47**
Rashley M. SO41: Lymi 1G **53**
Ravana Ct. BH8: Bour 2A **60**
....(off Wellington Rd.)
Ravenscourt Rd. BH6: Bour 2A **62**
Ravenscourt Rd. SO41: Lymi 2F **53**
Ravensdale Cl. BH12: Poole 1G **57**
Ravenshall BH4: Bour 5F **59**
Ravens Way SO41: M Sea 3D **66**
Ravenswood Pk. Cvn. Site BH24: Crow 6H **9**
Raven Way BH23: Mude 2C **64**
Ravine Ct. BH13: Poole 2B **70**
Ravine Rd. BH13: Poole 1B **70**
Ravine Rd. BH5: Bour 3H **61**
Raycroft Cl. BH31: Ver 3F **7**
Rayners Dr. BH12: Poole 2H **57**
Rayscliff BH4: Bour 5E **59**
....(off W. Cliff Rd.)
Rebbeck Rd. BH7: Bour 1G **61**
Recreation Rd. BH12: Poole 1H **57**
Rectory Av. BH21: Cor M 2D **20**
Rectory Rd. BH15: Poole 1A **56**
Redan Cl. BH23: Highc 6H **47**
Redbreast Rd. BH9: Bour 2A **42**
Redbreast Rd. Nth. BH9: Bour 2A **42**
Redcliffe Cl. BH23: Burt. 3G **45**
Redcliffe Ct. BH1: Bour 4C **60**
....(off Manor Rd.)
Redcotts BH21: W Min 4D **14**
Redcotts La. BH21: W Min 4D **14**
Redcotts Rd. BH21: W Min 4D **14**
RED HILL 1H **41**
Redhill Av. BH9: Bour 3G **41**
Redhill Cl. BH10: Bour 2G **41**
Redhill Cres. BH9: Bour 1H **41**
Redhill Dr. BH10: Bour 2H **41**
Redhill Pk. Homes BH10: Bour 6H **25**
Redhill Pk. Playground 3G **41**
....(off Redhill Av.)
REDHILL RDBT. 1H **41**
Redhoave Rd. BH17: Poole 4C **38**
Redhorn Cl. BH16: Hamw 3C **54**
Red House Mus. & Gdns. 1F **63**
Redlands BH12: Poole 2B **58**
Redlands Ct. BH6: Bour 3D **62**
....(off Foxholes Rd.)
Red La. BH21: Cor M 3A **20**
Redmans Vw. BH31: Ver 3C **6**
Red Oaks Cl. BH22: Fern 2H **17**
Red Roofs BH22: Fern 6C **18**
Redshank Cl. BH17: Poole 4F **37**
Redvers Cl. SO41: Lymi 2G **53**
Redvers Rd. BH23: Chri 6A **46**
Redwood Cl. BH24: Ring 4D **8**
Redwood Cl. SO41: Lymi 6E **35**
Redwood Dr. BH22: Fern 1A **18**
Redwood Dr. BH23: Wink 1G **45**
Redwood Rd. BH16: Upton 5A **36**
Reef, The BH5: Bour 4E **61**
Reefside BH5: Bour 3E **61**
....(off Florence Rd.)
Regency Ct. BH1: Bour 3C **60**
Regency Cres. BH23: Chri 5D **44**
Regency Ho. BH23: Chri 3A **60**
....(off Lorne Pk. Rd.)
Regency Pl. BH24: Ring 3C **8**
Regent Cen. Christchurch 1F **63**
Regent Dr. BH7: Bour 5F **43**
Regents Ct. BH13: Poole 4C **58**
Regent Way BH23: Chri 1F **63**
Reginald Noble Ct. BH4: Bour 3D **58**
Reid St. BH23: Chri 6E **45**
Rempstone Rd. BH21: Mer 2B **22**
Renault Dr. BH18: Broad. 4G **37**
Renouf Cl. SO41: Penn 2E **53**
Rest a While Pk. BH24: St L 4A **12**
Restharrow BH1: Bour 3A **60**
Retreat, The BH23: Chri 1H **63**
Retreat Rd. BH21: W Min 5F **15**
Reuben Dr. BH15: Hamw 5D **54**
Reynard Ct. BH15: Poole 4D **56**
Rhinefield Cl. SO42: Broc 2D **72**
Rhinefield Rd. BH15: Woot 1E **31**
Rhinefield Rd. SO42: Broc 2A **72**
Rhiners Cl. SO41: Sway 1F **33**
Ribble Cl. BH18: Broad 3G **37**
Ribbonway Hgts. BH14: Poole 3F **57**
Ricardo Cres. BH23: Mude 1C **64**
Ricardo Way SO41: Bold 4F **35**
Rice Gdns. BH16: Hamw 3D **54**
Rice Ter. BH16: Hamw 3D **54**
Richard Cl. BH16: Upton 5B **36**
Richards Cl. BH10: Bour 3F **41**

Richmond Ct. BH25: New M 2G **49**
Richmond Ct. BH8: Bour 6C **42**
Richmond Ct. SO41: M Sea 3C **66**
Richmond Dene BH2: Bour 1H **5** (3H **59**)
....(off Wimborne Rd.)
Richmond Gdns. BH2: Bour 3H **5** (4H **59**)
Richmond Gdns. Shop. Cen. 3H **5** (4H **59**)
Richmond Hgts. BH1: Bour 2H **5** (3H **59**)
....(off Dean Pk. Rd.)
Richmond Hill BH2: Bour 4G **5** (4H **59**)
Richmond Hill Dr. BH2: Bour 3G **5** (4H **59**)
Richmond Hill Ga. BH2: Bour 3G **5** (4H **59**)
....(off Richmond Hill Dr.)
Richmond Ho. BH2: Bour 3G **5** (4H **59**)
Richmond Pk. Av. BH8: Bour 6B **42**
Richmond Pk. Cl. BH8: Bour 1D **60**
Richmond Pk. Cres. BH8: Bour 6C **42**
Richmond Pk. Lodge BH8: Bour 1C **60**
....(off Richmond Pk. Rd.)
Richmond Pk. Rd. BH8: Bour 6B **42**
Richmond Rd. BH14: Poole 2G **57**
Richmond Rd. BH21: W Min 5F **15**
Richmond Wood Rd. BH8: Bour 6B **42**
Ridgefield Gdns. BH23: Chri 5F **47**
Ridgemount Gdns. BH15: Hamw 4E **55**
Ridgeway BH18: Broad. 1H **37**
Ridgeway BH21: Cor M 3D **20**
Ridgeway BH22: W Par 2E **18**
Ridgeway La. SO41: Lymi 3F **53**
Ridley Rd. BH9: Bour 5H **41**
Ridout Cl. BH10: Bour 4D **40**
Riggs Gdns. BH11: Bour 3B **40**
Rigler Rd. BH15: Hamw 6G **55**
Rimbury Way BH23: Chri 5E **45**
Ringbury SO41: Lymi 5F **35**
Rings, The SO41: Lymi 5F **35**
RINGWOOD 4B **8**
Ringwood Brewery 5C **8**
Ringwood Health & Leisure Cen. 4C **8**
Ringwood Rd. BH10: Bour 4C **24**
Ringwood Rd. BH11: Bour 3H **39**
Ringwood Rd. BH12: Poole 5F **39**
Ringwood Rd. BH14: Poole 3C **56**
Ringwood Rd. BH21: Thr C 2A **10**
Ringwood Rd. BH21: Wool 2A **10**
Ringwood Rd. BH22: Long 4B **18**
Ringwood Rd. BH22: W Moo 4B **18**
Ringwood Rd. BH23: Bran 2C **28**
Ringwood Rd. BH23: Hin ....(not continuous)
....2C **28**
Ringwood Rd. BH23: Walk ....(not continuous)
....2C **28**
Ringwood Rd. BH24: St L ....(not continuous)
....4B **12**
Ringwood Rd. BH24: St L ....(not continuous)
....4B **12**
Ringwood Rd. BH31: Ver 2D **6**
Ringwood Rd. Retail Pk. 2A **40**
Ringwood Tourist Info. Cen. 4B **8**
Ringwood Trad. Est. BH24: Ring 5C **8**
Ripon Rd. BH9: Bour 5A **42**
Rise, The SO42: Broc 3E **73**
Ritchie Pl. BH22: W Moo 3B **10**
Ritchie Rd. BH11: Bour 1D **40**
River Cl. BH21: W Min 3E **15**
River Ct. BH23: Bour A 3G **27**
River Ct. SO41: Lymi 1H **53**
Riverdale La. BH23: Chri 1E **63**
River Gdns. SO41: M Sea 3E **67**
River Glade BH23: Chri 2B **44**
Riverlea Rd. BH23: Chri 1E **63**
Rivermead Gdns. BH23: Chri 3C **44**
Riversdale BH21: W Min 5E **15**
Riversdale Rd. BH6: Bour 3E **63**
Riverside BH10: Bour 1H **41**
Riverside BH24: Ring 5B **8**
Riverside Av. BH7: Bour 3H **43**
Riverside Bus. Pk. SO41: Lymi 1H **53**
Riverside Cl. BH22: W Moo 4B **10**
Riverside La. BH6: Bour 2D **62**
Riverside Pk. BH23: Chri 2E **63**
Riverside Pk. Ind. Est. BH21: W Min 6F **15**
Riverside Rd. BH22: W Moo 5A **10**
Riverside Rd. BH6: Bour 2D **62**
Riverslea M. BH23: Chri 1H **63**
Rivers Reach SO41: Lymi 2H **53**
River Wlk. SO41: Lymi 1H **53**
River Way BH23: Chri 4B **44**
Riviera BH1: Bour 4B **60**
Riviera Ct. BH13: Poole 2B **70**
Riviera Ct. BH2: Bour 4F **59**
RL Stevenson Av. BH4: Bour 4D **58**
Roberts Cl. SO41: Ever 4A **52**

Robertshaw Ho. SO43: Lynd	2F 71
Roberts La. BH17: Poole	6F 37
Roberts Rd. BH17: Poole	4H 37
Roberts Rd. BH7: Bour	1G 61
Roberts Way BH16: Upton	6A 36
Robin Cres. BH25: Bash	6D 30
Robin Gdns. BH23: Chri	5E 45
Robin Gro. BH25: New M	5E 45
Robins Way BH23: Mude	2D 64
Robinswood Dr. BH22: Fern	1B 18
Robsall Cl. BH12: Poole	6A 40
Rochester Rd. BH11: Bour	5D 48
Rockbourne Gdns. BH25: New M	4D 62
Rockford Cl. BH6: Bour	3F 63
Rockley Cvn. Pk. BH15: Hamw	4B 54
Rockley Cruising Club	4A 54
Rockley M. BH15: Hamw	5E 55
Rockley Rd. BH15: Hamw	5E 55
ROCKLEY SANDS	4B 54
RockReef	6H 5 (5H 59)
Rodbourne Cl. SO41: Ever	5H 51
Rodney Cl. BH12: Poole	5C 40
Rodney Ct. BH15: Poole	5C 4 (6A 56)
Rodney Dr. BH23: Mude	1B 64
Rodway BH21: W Min	5E 15
Rodways Cnr. BH21: W Min	5E 15
Rodwell Cl. BH10: Bour	5E 25
Roebuck Cl. BH25: New M	2H 49
Roeshot Cres. BH23: Chri	4G 47
Roeshot Hill BH23: Chri	4E 47
Roi-Mar Home Pk. BH8: Bour	1D 42
Rolls Dr. BH6: Bour	3F 63
Roman Hgts. BH21: Cor M	3E 21
Roman Rd. BH17: Poole	5E 37
Roman Rd. BH18: Broad	1E 37
	(not continuous)
Roman Rd. BH21: Cor M	3E 21
ROMFORD	2A 6
Romney Cl. BH10: Bour	2G 41
Romney Ct. BH4: Bour	4E 59
	(off Portarlington Rd.)
Romney Rd. BH10: Bour	1G 41
Romsey Rd. SO43: Lynd	2F 71
Rookcliff SO41: M Sea	3C 66
Rookcliff Way SO41: M Sea	3C 66
Rooker Ct. BH14: Poole	1E 57
Rookes La. SO41: Lymi	3F 53
Rook Hill Rd. BH23: Fri C	1D 64
Rookwood SO41: M Sea	3C 66
Roosevelt Cres. BH11: Bour	5D 24
Rope Hill SO41: Bold	2E 35
Ropers La. BH16: Upton	6D 36
Ropley Rd. BH7: Bour	6A 44
Rosamund Av. BH21: Mer	2C 22
Roscrea Cl. BH6: Bour	3F 63
Roscrea Dr. BH6: Bour	3F 63
Rosebery Cl. BH31: Ver	4G 7
Rosebery Rd. BH5: Bour	2G 61
Rosebud Av. BH9: Bour	3A 42
Rosecrae Cl. BH25: New M	1F 49
Rose Cres. BH15: Poole	1D 56
Rosedale Cl. BH23: Chri	1A 64
Rosedene Lodge BH12: Poole	2D 58
Rose Farm Cl. BH22: Fern	6H 17
Rose Gdns. BH9: Bour	3H 41
Rosehill Cl. BH23: Bran	2D 28
Rosehill Dr. BH23: Bran	2C 28
Roselands BH1: Bour	2A 60
	(off Lansdowne Rd.)
Rosemary Ct. BH23: Highc	6B 48
Rosemary Gdns. BH12: Poole	6F 39
Rosemary Rd. BH12: Poole	6F 39
Rosemount Rd. BH4: Bour	5D 58
Rosewood Gdns. BH25: New M	1F 49
Roslin Gdns. BH3: Bour	6F 41
Roslin Hall BH1: Bour	4C 60
Roslin Rd. BH3: Bour	6G 41
Roslin Rd. Sth. BH3: Bour	6F 41
	(not continuous)
Ross Gdns. BH11: Bour	6G 23
Ross Glades BH3: Bour	1G 59
Rossiters Quay BH23: Chri	1G 63
Rossley Cl. BH23: Chri	6B 40
ROSSMORE	6B 40
Rossmore Pde. BH12: Poole	5F 39
Rossmore Rd. BH12: Poole	5G 39
Ross Rd. BH24: Poul	1E 9
Rotary Cl. BH21: Cole	2H 15
Rothbury Pk. BH25: New M	3H 49
Rotherfield Rd. BH23: Highc	4A 48
Rotherfield Rd. BH5: Bour	4H 61
Rothesay Dr. BH23: Highc	6G 47
Rothesay Rd. BH4: Bour	1E 59
Rotterdam Dr. BH23: Chri	6H 45
Roumelia La. BH5: Bour	3E 61
Roundhaye Gdns. BH11: Bour	5B 24
Roundhaye Rd. BH11: Bour	6B 24
Roundhouse Ct. SO41: Lymi	2F 53
	(off Queen St.)
Roundways BH11: Bour	2A 40
Rowan Cl. BH23: Chri	5F 47
Rowan Cl. BH24: St L	3H 11
Rowan Cl. SO41: Sway	2F 33
Rowan Dr. BH17: Poole	4E 37
Rowan Dr. BH23: Chri	5F 47
Rowan Dr. BH31: Ver	5F 7
Rowans Pk. SO41: Lymi	2F 53
Rowbarrow Cl. BH17: Poole	3C 38
Rowe Gdns. BH12: Poole	6B 40
Rowena Rd. BH6: Bour	2D 62
Rowland Av. BH15: Poole	1C 56
ROWLANDS	4E 15
Rowlands Hill BH21: W Min	4E 15
Rownhams Rd. BH8: Bour	2C 42
Roxborough BH4: Bour	4E 59
	(off Portarlington Rd.)
Royal Arc. BH1: Bour	3E 61
ROYAL BOURNEMOUTH HOSPITAL	4H 43
Royal Cl. BH23: Chri	5D 44
Royal Motor Yacht Club	5F 69
Royal Oak Rd. BH10: Bour	6E 25
Royal Victoria M. BH4: Bour	4F 59
Roysdean Mnr. BH1: Bour	3C 60
	(off Derby Rd.)
Royster Cl. BH17: Poole	4A 38
Royston Dr. BH24: Poole	4F 15
Royston Pl. BH25: B Sea	5H 49
Rozelle Rd. BH14: Poole	3G 57
Rozel Mnr. BH13: Poole	2H 49
Rubens Cl. BH25: New M	2C 62
Rufford Gdns. BH6: Bour	2E 61
Rufus Ct. SO43: Lynd	3G 71
Rugby Rd. BH17: Poole	4G 37
Runnymede Av. BH11: Bour	5H 23
Runton Rd. BH12: Poole	2B 58
Runway, The BH23: Chri	6D 46
Rushall La. BH21: Cor M	1A 36
RUSHCOMBE BOTTOM	4F 21
Rushcombe Way BH21: Cor M	5E 21
Rushford Warren BH23: Mude	2B 64
Rushmere Rd. BH6: Bour	6A 44
Rushton Cres. BH3: Bour	1H 59
Rushton Way BH21: W Min	6F 15
Ruskin Av. BH9: Bour	2B 42
Russell-Cotes Art Gallery & Mus.	5A 60
Russell Cotes Rd. BH1: Bour	5A 60
Russell Dr. BH25: New M	2G 49
Russell Dr. BH23: Chri	1H 63
Russell Gdns. BH16: Hamw	3C 54
Russell Gdns. BH24: St I	2D 12
Russell Mt. BH4: Bour	3E 59
Russel Rd. BH10: Bour	5E 25
Russet Cl. BH22: Fern	3B 18
Russet Cl. SO41: Lymi	3H 53
Rutland Mnr. BH13: Poole	3C 58
Rutland Rd. BH23: Chri	4D 44
Rutland Rd. BH9: Bour	5B 42
Ryall Rd. BH17: Poole	4B 38
Ryan Cl. BH22: Fern	2A 18
Ryan Gdns. BH11: Bour	5D 24
Ryan Gdns. BH22: Fern	2A 18
Ryan Way BH21: W Min	6G 15
Rydal Cl. BH23: Chri	1B 44
Rydal Ho. BH4: Bour	5E 59
	(off Portarlington Rd.)
Ryecroft Av. BH11: Bour	6A 24

S

Saddle Cl. BH21: Cole	3C 16
Safety Dr. BH17: Poole	1G 55
Saffron Ct. BH17: Poole	2H 39
	(off Saffron Way)
Saffron Dr. BH23: Chri	5D 46
Saffron Way BH11: Bour	2H 39
St Albans Av. BH8: Bour	6B 42
St Albans Cres. BH8: Bour	5B 42
St Albans Rd. BH8: Bour	6B 42
St Aldhelms BH14: Poole	3B 58
St Aldhelm's Cl. BH13: Poole	4B 58
St Aldhelm's Pl. BH13: Poole	3B 58
St Aldhelm's Rd. BH13: Poole	3B 58
St Andrews BH23: Chri	1D 62
St Andrews Rd. BH18: Broad	6G 21
St Anne's Av. BH6: Bour	2C 62
St Anne's Rd. SO41: Lymi	3A 52
St Anne's Rd. BH16: Upton	6B 36
St Ann's Ct. BH1: Bour	2E 61
ST ANN'S HOSPITAL Poole	3A 70
St Anthony's Rd. BH2: Bour	2H 59
St Antony's BH4: Bour	5F 59
St Aubyn's Ct. BH15: Poole	4A 4 (5H 55)
St Aubyns La. BH24: Hang	2G 9
St Augustin's Rd. BH2: Bour	2H 59
St Barbe Mus. & Art Gallery	1G 53
St Boniface Gdns. BH10: Bour	2F 41
St Brelades BH14: Poole	6G 57
St Brelades Rd. BH17: Poole	3H 39
St Catherines BH21: W Min	5E 15
St Catherines Rd. BH6: Bour	4C 60
ST CATHERINE'S HILL	2C 44
St Catherine's Hill La. BH23: Chri	3D 44
St Catherine's Hill Nature Reserve Christchurch	2C 44
St Catherine's Pde. BH23: Chri	4D 44
St Catherine's Path BH6: Bour	4C 62
St Catherine's Rd. BH6: Bour	3D 62
St Catherine's Ter. BH6: Bour	4C 62
St Catherine's Way BH23: Chri	2B 44
St Clair Rd. BH13: Poole	3A 70
St Cleeve Way BH22: Fern	6A 18
St Clements Ct. BH1: Bour	2D 60
St Clements Gdns. BH1: Bour	2D 60
St Clements La. BH15: Poole	5A 4 (6H 55)
St Clements Rd. BH1: Bour	2D 60
St Clements Rd. BH12: Poole	6E 39
St Clements Rd. BH15: Poole	6E 39
St David's Ct. BH1: Bour	2E 61
St David's Rd. BH16: Upton	5B 36
St Denys BH25: New M	4G 49
St George's Almshouses BH15: Poole	5A 4 (6H 55)
	(off Church St.)
St George's Av. BH8: Bour	5C 42
St Georges Av. BH12: Poole	5F 39
St George's Cl. BH8: Bour	5C 42
St Georges Cl. BH23: Chri	6F 47
St George's Ct. BH1: Bour	2E 61
St Georges Ct. BH22: Fern	4C 18
St George's Dr. BH11: Bour	2H 39
St Georges Dr. BH22: Fern	5A 18
St Georges Dr. BH23: Bran	3D 28
St Georges Ga. BH12: Poole	4F 59
	(off Norwich Av. W.)
St Helier Rd. BH12: Poole	4H 39
ST IVES	2C 12
St Ives End La. BH24: St I	3C 12
St Ives Gdns. BH2: Bour	2H 59
St Ives Pk. BH24: Ashl H	2C 12
St Ives Wood BH24: St I	2D 12
St James BH5: Bour	4E 61
St James Cl. BH15: Poole	5A 4 (6H 55)
St James Cl. BH1: Bour	2C 60
St James Cl. BH23: Chri	4C 58
St James Ho. BH15: Poole	2D 4 (4B 56)
	(off Denmark Rd.)
St James Rd. BH22: Fern	3G 17
St James Rd. SO41: Sway	1G 33
St James's Sq. BH5: Bour	2G 61
ST JOHNS	5F 15
St John's Cl. BH21: W Min	5F 15
St John's Ct. BH1: Bour	2E 61
	(off Palmerston Rd.)
St John's Gdns. BH9: Bour	4H 41
St John's Hill BH21: W Min	4F 15
St John's Rd. BH15: Poole	3B 56
St John's Rd. BH23: Chri	1D 62
St Johns Rd. BH25: Bash	4G 31
St Johns Rd. BH5: Bour	3E 61
St Just Cl. BH22: Fern	6H 17
St Katherines Mnr. BH6: Bour	4D 62
	(off Church Rd.)
St Ledger's Pl. BH8: Bour	1D 60
St Ledger's Rd. BH8: Bour	1D 60
ST LEONARDS	4A 12
ST LEONARD'S COMMUNITY HOSPITAL	1G 19
St Leonards Farm Pk. BH22: W Moo	2E 19
St Leonard's Rd. BH8: Bour	1B 60
St Leonards Way BH24: Ashl H	2H 11
St Luke's Rd. BH3: Bour	6H 41
St Maradox La. BH9: Bour	3H 41
St Margarets La. BH23: Chri	1E 63
St Margarets Av. BH23: Chri	2H 59
St Margaret's Cl. BH21: W Min	4C 14
St Margaret's Hill BH21: W Min	3C 14
St Margaret's Rd. BH10: Bour	3D 40
St Margaret's Rd. BH15: Poole	3B 56
St Marks Rd. BH11: Bour	2D 40
St Marks Rd. SO41: Penn	2D 52
St Martins Rd. BH16: Upton	6A 36
St Mary Gro. SO41: Hor	3F 51
St Mary's Cl. BH23: Bran	3E 29
St Mary's Ct. BH23: Chri	4C 62
ST MARY'S MATERNITY UNIT	4B 56
St Mary's M. BH25: Bour	5B 18
St Mary's Rd. BH1: Bour	1D 60

St Mary's Rd. BH15: Poole 4B 56
St Mary's Rd. BH22: Fern 4B 18
St Merrin's Cl. BH10: Bour 1E 41
St Michael's BH2: Bour 4F 59
              (off Cambridge Rd.)
St Michaels Cl. BH15: Hamw 4E 55
St Michaels Cl. BH7: Ver 4D 6
St Michaels Ct. BH2: Bour 4F 59
             (off Up. Norwich Rd.)
St Michael's La. BH2: Bour 4E 5 (4G 59)
St Michael's M. BH2: Bour 4E 5 (4G 59)
              (off W. Hill Pl.)
St Michael's Pl. BH2: Bour 4E 5 (4G 59)
St Michael's Rd. BH2: Bour 4E 5 (4G 59)
St Michael's Rd. BH31: Ver 4D 6
ST MICHAEL'S RDBT. 4F 59
St Neots Cl. BH16: Upton 6A 36
St Nicholas Cl. BH6: Bour 4C 62
              (off Belle Vue Rd.)
St Osmunds Rd. BH14: Poole 3G 57
St Paul's La. BH8: Bour 3B 60
St Paul's Pl. BH8: Bour 3A 60
St Paul's Rd. BH1: Bour 3A 60
St Paul's Rd. BH8: Bour 3B 60
St Peters Ct. BH1: Bour 3H 5 (4A 60)
St Peter's Ga. BH1: Bour 3H 5 (4H 59)
St Peter's Rd. BH1: Bour 4H 5 (4H 59)
St Peter's Rd. BH14: Poole 3E 57
ST PETER'S RDBT. 4A 60
St Peter's Wlk. BH1: Bour 4G 5 (4H 59)
              (off Gervis Pl.)
St Saviours Cl. BH7: Bour 6A 44
Saints Cl. BH21: Thr C 2A 10
St Stephen's Ct. BH2: Bour 2F 5 (3G 59)
            (off St Stephen's Rd.)
St Stephen's La. BH31: Ver 3E 7
St Stephen's Rd. BH2: Bour 2E 5 (3G 59)
St Stephen's Way BH2: Bour 3G 5 (4H 59)
St Swithun's Rd. BH1: Bour 3B 60
St Swithun's Rd. Sth. BH1: Bour 3B 60
ST SWITHUN'S RDBT. 4B 60
St Thomas Ct. BH8: Bour 2A 60
            (off Wellington Rd.)
St Thomas Pk. SO41: Lymi 2F 53
St Thomas's Cl. BH10: Bour 3F 41
St Thomas St. SO41: Lymi 2F 53
St Valerie Rd. BH2: Bour 2H 59
St Winifred's Rd. BH2: Bour 2H 59
Salerno Pl. BH15: Hamw 5D 54
Salisbury Rd. BH1: Bour 3E 61
Salisbury Rd. BH14: Poole 2G 57
Salisbury Rd. BH24: Blas 3B 8
Salisbury Rd. BH24: Ell 3B 8
Salisbury Rd. BH24: Ibsl 3B 8
Salisbury Rd. BH24: Ring 3B 8
Saltaire Apts. BH6: Bour 5E 9
Salterns Ct. BH14: Poole 1F 69
Salterns Point BH14: Poole 1F 69
Salterns Quay BH14: Poole 1F 69
Salterns Rd. BH14: Poole 4E 57
Salterns Way BH14: Poole 1F 69
Salter Rd. BH13: S'bks 6F 69
Saltgrass La. SO41: Key 5G 67
Saltings Rd. BH16: Upton 1B 54
Saltmarsh Pk. SO41: Lymi 6H 35
Samantha Cl. BH10: Bour 2G 41
Samber Cl. SO41: Lymi 1E 53
Sammy Miller Motorcycle Mus. 6E 31
Samphire Cl. SO41: Lymi 6F 35
Samples Way BH17: Poole 5D 38
Samson Rd. BH15: Hamw 4D 54
Sancreed Rd. BH12: Poole 6A 40
SANDBANKS 5G 69
Sandbanks Bus. Cen. BH13: S'bks 6F 69
Sandbanks Rd. BH14: Poole 4D 56
Sandbourne Ct. BH4: Bour 5E 59
Sandbourne Rd. BH15: Poole 3B 56
Sandbourne Rd. BH4: Bour 6E 59
Sandecotes Rd. BH14: Poole 3G 57
Sanderling BH5: Bour 4D 60
Sanderling Ct. BH1: Bour 2H 59
Sanderling Ct. BH5: Bour 4D 60
Sanderlings BH24: Hight 5E 9
Sandford Cl. BH9: Bour 2C 42
Sandford Ct. BH6: Bour 4D 60
Sandford Way BH18: Broad 3F 37
Sandhaven Cl. BH13: S'bks 5D 69
Sandhills BH5: Bour 3G 61
              (off Parkwood Rd.)
Sandhills Cl. BH17: Poole 3B 38
Sandhills Holiday Pk. BH23: Mude Christchurch...2D 64
Sandmartin Cl. BH25: B Sea 6F 49
Sandon Lodge BH8: Bour 6C 42
Sandown Ct. BH1: Bour 4C 60
            (off Christchurch Rd.)

Sandown Rd. BH23: Chri 1A 64
Sandpiper Cl. BH17: Poole 4F 37
Sandpiper Ho. BH15: Hamw 6G 55
Sandpit La. BH15: Poole 4B 56
Sandringham Cl. BH9: Bour 1B 42
Sandringham Ct. BH2: Bour 5G 5 (5H 59)
            (off Exeter Pk. Rd.)
Sandringham Ct. BH8: Bour 1C 60
Sandringham Gdns. BH9: Bour 1B 42
Sandringham Rd. BH14: Poole 4F 57
Sandy Cl. BH16: Upton 2C 54
Sandy La. BH21: Cole 1A 16
Sandyhurst Cl. BH17: Poole 4A 38
Sandykeld BH1: Bour 4D 60
Sandy La. BH16: Upton 1A 54
Sandy La. BH21: Cole 1A 16
Sandy La. BH23: Chri 3C 44
Sandy La. BH24: St I 3B 12
Sandy La. BH31: Ver 3E 7
Sandy La. SO43: Lynd 2H 61
Sandy Mead Rd. BH8: Bour 4F 43
Sandy Plot BH23: Burt 4G 45
Sandy Way BH10: Bour 2G 41
San Remo Towers BH5: Bour 4E 61
Saracen Cl. SO41: Penn 4E 53
Sarah Cl. BH7: Bour 5H 43
Sarah Sands Cl. BH23: Chri 5H 45
Sark Rd. BH12: Poole 5H 39
Sarum Av. BH22: W Moo 3C 10
             (not continuous)
Sarum Ct. BH14: Poole 3G 57
Sarum St. BH15: Poole 5A 4 (6H 55)
Sarum Wlk. SO41: Lymi 5F 35
Saulfland Dr. BH23: Chri 5F 47
Saulfland Ho. BH23: Chri 5F 47
Saulfland Pl. BH23: Chri 5F 47
Saville Ct. BH21: W Min 6F 15
Saxonbury Rd. BH6: Bour 1C 62
Saxon Cen., The 6F 45
Saxonford Rd. BH23: Fri C 6E 47
Saxonhurst Cl. BH10: Bour 6G 25
Saxonhurst Gdns. BH10: Bour 1G 41
Saxonhurst Rd. BH10: Bour 1F 41
Saxon King Gdns. BH6: Bour 3F 63
Saxon Pl. SO41: Lymi 5F 35
Saxon Sq. Shop. Cen. 1F 63
Scaplen's Court Mus. 5A 4 (6H 55)
              (off Sarum St.)
Scarf Rd. BH17: Poole 5D 38
Scholars Retreat SO41: M Sea 2A 66
Scholars Wlk. BH15: Hamw 5F 55
School Cl. BH31: Ver 2E 7
School Cl. SO41: Penn 2E 53
School La. BH11: Bour 6D 24
School La. BH15: Poole 2A 56
School La. BH21: W Min 4D 14
School La. BH24: Ring 4C 8
School La. BH24: St I 2C 12
School La. SO41: Lymi 1G 53
School La. SO41: Lymi 2H 35
School La. SO41: Lymi 1E 67
School La. SO41: M Sea 1E 67
School La. SO41: Pil 2H 35
Scott Cl. BH12: Poole 4B 40
Scotter Rd. BH7: Bour 1H 61
Scott Rd. BH12: Poole 4B 40
Scott's Grn. BH23: Chri 5B 46
Scottshills La. BH23: Chri 6H 45
Seabank Rd. BH16: Upton 6A 36
Seabourne Pl. BH5: Bour 2H 61
Seabourne Rd. BH5: Bour 2G 61
Sea Breeze BH6: Bour 4D 62
            (off St Catherine's Rd.)
Seabreeze Way SO41: Down 1A 66
Seacliff Cl. BH6: Bour 3B 62
Seacombe Rd. BH13: S'bks 6F 69
Seacote BH6: Bour 4D 62
Seacroft Av. BH25: B Sea 5E 49
Seafield Cl. BH25: B Sea 6F 49
Seafield Dr. BH6: Bour 2C 62
Seafield Rd. BH23: Fri C 1E 65
Seafield Rd. BH25: B Sea 5E 49
Seafield Rd. BH6: Bour 3B 62
Seager Way BH15: Poole 5B 56
Seagrim Rd. BH8: Bour 2C 42
Seagull Rd. BH8: Bour 4C 42
Seamoor La. BH4: Bour 4D 58
Seamoor Rd. BH4: Bour 4D 58
Sea Pines SO41: M Sea 3C 66
Sea Rd. BH25: B Sea 5E 49
Sea Rd. BH5: Bour 4E 61
Sea Rd. BH6: Bour 4D 62
Sea Rd. SO41: M Sea 3E 67

Seascape BH6: Bour 4A 62
           (off Southbourne Overcliff Dr.)
Seaside Wlk. BH5: Bour 3F 61
Seaton Cl. BH23: Highc 5B 48
Seaton Cl. SO41: Lymi 6G 35
Seaton Gdns. BH9: Bour 5A 42
Seaton Rd. BH23: Highc 5B 48
Seatown Cl. BH17: Poole 4E 39
Sea Vw. BH5: Bour 4E 61
           (off Boscombe Spa Rd.)
Sea Vw. Ct. BH14: Poole 2F 57
Sea Vw. Rd. BH12: Poole 2E 57
Sea Vw. Rd. BH16: Upton 6A 36
Sea Vw. Rd. BH23: Walk 4B 48
Sea Vw. Rd. BH25: New M 6C 48
Sea Vixen Ind. Est. BH23: Chri 6C 46
Seaward Av. BH25: B Sea 6E 49
Seaward Av. BH6: Bour 3H 61
Seaward Path BH13: Poole 1C 70
Seaway BH25: New M 5H 49
Seaway Av. BH23: Fri C 6E 47
Seawinds SO41: M Sea 2A 66
Second Marine Av. BH25: B Sea 6G 49
Seddon Cl. BH25: B Sea 5H 49
Sedgley Rd. BH9: Bour 5G 41
Seed Warehouse, The BH15: Poole 5B 4 (6A 56)
            (off Strand St.)
Selby Cl. BH18: Broad 2G 37
Seldown Cl. BH15: Poole 4B 56
Seldown Bri. BH15: Poole 4D 4 (5B 56)
Seldown Ct. BH15: Poole 5B 56
            (off Mt. Pleasant Rd.)
Seldown La. BH15: Poole 3D 4 (4B 56)
Seldown Rd. BH15: Poole 4B 56
Seldown Towers BH15: Poole 5B 56
Selfridge Av. BH6: Bour 4F 63
Selfridge Cl. BH6: Bour 4F 63
Seliot Cl. BH15: Poole 2B 56
Selkirk Cl. BH21: Mer 2C 22
Sellwood Way BH25: New M 5D 48
Selwood Pk. BH10: Bour 4E 25
Selworthy Cl. BH14: Poole 5E 57
Serenity BH6: Bour 4D 62
            (off St Catherine's Rd.)
Serpentine Rd. BH15: Poole 2C 4 (4A 56)
SETLEY 6F 73
Setley Gdns. BH8: Bour 2E 43
Setley Ridge Vineyard 6F 73
Set Thorns Rd. SO41: Sway 1G 33
Sevenoaks Dr. BH7: Bour 6G 43
Severn Rd. BH22: Fern 3E 19
Seward Ct. BH23: Highc 5A 48
Seymour Gdns. BH24: Poul 2D 8
Seymour Rd. BH24: Poul 2D 8
Shackleton Sq. BH23: Bran 2D 28
Shaftesbury Cl. BH22: W Moo 5D 10
Shaftesbury Ct. BH3: Bour 1H 59
            (off Wimborne Rd.)
Shaftesbury Rd. BH15: Poole 1D 4 (4B 56)
Shaftesbury Rd. BH22: W Moo 6D 10
Shaftesbury Rd. BH8: Bour 1C 60
Shaggs Mdw. SO43: Lynd 3F 71
Shakespeare Rd. BH21: W Min 3E 15
Shakespeare Rd. BH6: Bour 6B 44
Shallows La. SO41: Bold 3F 35
Shallows La. SO41: Pil 3F 35
Shamrock Ct. BH21: W Min 5E 15
Shapland Av. BH11: Bour 6A 24
Shapwick Rd. BH15: Hamw 6G 55
Shard Cl. BH31: Ver 3E 7
Sharlands Cl. BH18: Broad 2H 37
Sharp Rd. BH12: Poole 6C 40
Sharvells Rd. SO41: M Sea 2C 66
Shaves La. BH25: New M 6G 31
Shawford Gdns. BH8: Bour 3D 42
Shawford Rd. BH8: Bour 2D 42
Shaw Rd. BH24: Poul 1E 9
Shears Brook Cl. BH23: Bran 2D 28
Shearwater Ho. BH15: Hamw 6G 55
            (off Norton Way)
Sheepwash La. BH7: Bour 5A 44
Shelbourne Cl. BH8: Bour 1C 60
Shelbourne Rd. BH8: Bour 1B 60
Sheldrake Gdns. SO41: Hor 2F 51
Sheldrake Rd. BH23: Mude 2C 64
Shelley Cl. BH1: Bour 2E 61
Shelley Cl. BH23: Chri 6E 47
Shelley Cl. BH24: Ashl H 2H 11
Shelley Ct. BH22: Fern 4B 18
Shelley Gdns. BH1: Bour 2E 61
Shelley Hamlets BH23: Chri 6F 47
Shelley Hill BH23: Chri 6F 47
Shelley Ho. BH25: New M 3G 49
Shelley Mnr. BH5: Bour 3F 61
            (off Beechwood Av.)

Shelley Rd. BH1: Bour 2E 61
Shelley Rd. BH12: Poole 2H 57
Shelley Rd. E. BH7: Bour 2E 61
Shelley Way SO41: M Sea 2D 66
Shelton Rd. BH6: Bour 1A 62
Shenstone Ct. BH25: New M 4G 49
Shepherd Cl. BH23: Highc 4H 47
Shepherds Way BH7: Bour 6G 43
Shepherds Way SO41: Ever 4H 51
Sheppards Fld. BH21: W Min 3D 14
Sherborn Cres. BH17: Poole 5B 18
Sherborne Dr. BH22: Fern 3D 42
Sherfield Cl. BH8: Bour 2B 58
Sheringham Rd. BH12: Poole 2F 53
Sherlock Homes SO41: Lymi 2B 56
Sherrin Cl. BH15: Poole 2B 56
Sherwood Av. BH14: Poole 5D 56
Sherwood Av. BH22: Fern 6A 18
Sherwood Cl. BH23: Chri 6D 44
Sherwood Dr. BH31: Ver 3F 7
Shetland Vw. BH7: Bour 3E 7
Shillingstone Dr. BH9: Bour 1B 42
Shillingstone Gdns. BH12: Poole...................6B 40
Shillito Rd. BH12: Poole 2H 57
Shingle Bank Dr. SO41: M Sea 3D 66
Shipstal Cl. BH16: Hamw 3C 54
Shipwrights Wlk. SO41: Key 4G 67
Shires Cl. BH24: Ring 6C 8
Shires Copse BH6: Bour 4D 62
Shires Mead BH31: Ver 3E 7
SHIRLEY 1B 18
Shirley Cl. BH22: W Moo 5C 10
Shirley Cl. BH23: Bran 2D 28
Shirley Holms SO41: Bold 2A 34
Shirley Holms SO41: Lymi 2A 34
Shirley Holms Rd. SO41: Bold 2C 34
Shirley Rd. BH12: Poole.................................1F 57
Shirley Rd. BH16: Upton 6C 36
Shirley Rd. BH9: Bour 4A 42
(off Douglas Cl.)
SHOBLEY 2H 9
Shoreacres BH13: S'bks 6F 69
Shore Av. BH16: Upton 1C 54
Shore Cl. BH16: Upton 1C 54
Shore Cl. SO41: M Sea 3D 66
Shorefield Country Pk. SO41: Down 6E 51
Shorefield Cres. SO41: M Sea 2C 66
Shorefield Rd. SO41: Down Blackbush Rd. 1B 66
Shorefield Rd. SO41: Down Downton La. 1A 66
Shorefield Way SO41: M Sea 2C 66
Shore Gdns. BH16: Upton 1B 54
Shore La. BH16: Upton 2B 54
Shore Rd. BH13: S'bks 3H 69
Short Cl. BH12: Poole 5C 40
Shortcut Way BH25: New M 4F 49
Shorts Cl. BH23: Burt 4G 45
Shottsford Rd. BH15: Poole 2A 56
Showboat BH13: S'bks 6F 69
Shrubb's Av. SO41: Lymi 1G 53
Shrubbs Hill Gdns. SO43: Lynd 4F 71
Shrubbs Hill Rd. SO43: Lynd 3F 71
Sidney Gdns. BH9: Bour 1B 42
Sidney Smith Ct. BH17: Poole 3C 38
Sidney St. SO41: Hor 3E 51
Sienna Ho. BH1: Bour 2E 61
(off Palmerston Rd.)
Silchester Cl. BH2: Bour 1G 5 (2H 59)
Silver Birch Cl. BH12: Poole 3C 58
Silver Bus. Pk. BH23: Chri 6B 46
Silverdale BH25: B Sea 5H 49
Silverdale Cl. BH18: Broad 1E 37
Silver Jubilee Ct. BH11: Bour 3C 40
Silver Springs BH4: Bour 3E 59
(off Surrey Rd.)
Silver St. BH23: Chri 1F 63
Silver St. SO41: Hor 1D 50
Silver St. SO41: Sway 1D 50
Silver Way BH23: Highc 5G 47
Silverways BH23: Highc 5G 47
Silverwood Cl. BH21: Mer 1B 22
Silverwood Cl. BH8: Bour 2A 60
Simmonds Cl. BH15: Poole 2B 56
Singleton Dr. BH10: Bour 3E 41
Sir David English Sports Cen. 4C 42
Sir Peter Thompson Ho. BH15: Poole ..4B 4 (5A 56)
(off Market Cl.)
Siskin Cl. BH22: Fern 2H 17
Sixpenny Cl. BH12: Poole 6B 40
Skinner St. BH15: Poole 5B 4 (6A 56)
Skipton Cl. BH18: Broad 3G 37
Sky End La. SO41: Hor 3E 51
Slade Cl. SO41: Hor 2E 51
Slader Bus. Pk. BH17: Poole 4C 38
Slades Farm Rd. BH10: Bour 4E 41
Slade's La. BH10: Bour 5E 41

Sleepbrook Cl. BH31: Ver 3C 6
SLEIGHT 2C 20
Sleight La. BH21: Cor M 2C 20
Slepe Cres. BH12: Poole 5B 40
Slinn Rd. BH23: Chri 6A 46
Slip Way BH15: Poole 3A 4 (5H 55)
Slop Bog Nature Reserve 1B 18
Smithfield Pl. BH9: Bour 4H 41
Smithson Cl. BH12: Poole 5E 41
Smithy La. BH25: Bash 5F 31
Smugglers La. BH21: Cole 1F 15
Smugglers La. BH31: W Min 1F 15
Smugglers La. Nth. BH23: Chri 3F 47
Smugglers La. Sth. BH23: Chri 5F 47
Smugglers Reach BH23: Mude 2C 64
Smugglers Vw. BH25: New M 6C 48
Smugglers Way SO41: M Sea 3E 67
Smugglers Wood Rd. BH23: Chri 4F 47
Smythe Gdns. SO41: Sway 2F 33
Snail's La. BH24: Blas 1C 8
Snail's La. BH24: Rock 1C 8
Snowdon Rd. BH4: Bour 3E 59
Snowdrop Gdns. BH23: Chri 4D 46
Soberton Rd. BH8: Bour 6D 42
Solar Ct. BH13: Poole 4C 58
Solent Av. SO41: Lymi 2H 53
Solent Cl. SO41: Lymi 2H 53
Solent Ct. SO41: M Sea 3B 66
Solent Dr. BH25: B Sea 6G 49
Solent Flats SO41: M Sea 3E 67
Solent Lodge BH25: New M 4F 49
Solent Mead SO41: Lymi 2G 53
Solent Meads Golf Course 3F 63
Solent Pines BH1: Bour 3B 66
Solent Pines SO41: M Sea 3B 66
Solent Rd. BH23: Walk 3B 48
Solent Rd. BH25: New M 6D 48
Solent Rd. BH6: Bour 4E 63
Solent Vw. BH6: Bour 4E 63
Solent Vw. Ct. SO41: Penn 3E 53
Solent Way SO41: M Sea 3F 67
Solly Cl. BH12: Poole 6A 40
Solomon Way BH15: Hamw 5D 54
Somerby Rd. BH15: Poole 1B 56
SOMERFORD 5B 46
Somerford Av. BH23: Chri 6A 46
Somerford Bus. Pk. BH23: Chri 6C 46
Somerford Rd. BH23: Chri 6A 46
SOMERFORD RDBT. 5C 46
Somerford Way BH23: Chri 6A 42
Somerley Rd. BH9: Bour 6A 42
Somerley Vw. BH24: Ring 6C 8
Somerset Rd. BH23: Chri 6C 44
Somerset Rd. BH7: Bour 2F 61
Somerton Cl. BH25: Ashy 2B 50
Somerville Rd. BH2: Bour 4F 59
Somerville Rd. BH24: Poul 3E 9
Sonning Way BH8: Bour 3B 42
Sopers Cl. BH17: Poole 4G 37
Sopers La. BH23: Chri 3A 64
(not continuous)
Sopley Cl. BH25: New M 5D 48
Sopley Common 3H 27
Sopwith Cl. BH23: Mude 1D 64
Sopwith Cres. BH21: Mer 2C 22
Sorrel Gdns. BH18: Broad 3F 37
Sorrell Ct. BH23: Chri 5D 46
Sorrell Way BH23: Chri 5D 46
Southampton Rd. BH24: Poul 4B 8
Southampton Rd. BH24: Ring 4B 8
Southampton Rd. SO41: Bold 2E 35
Southampton Rd. SO41: Lymi 2E 35
Southampton Rd. SO43: Lynd 3G 71
South Av. BH25: New M 3H 49
SOUTH BOCKHAMPTON 1A 46
SOUTHBOURNE 4C 62
Southbourne Cliff Dr. BH6: Bour 4D 62
Southbourne Coast Rd. BH6: Bour 4C 62
Southbourne Gro. BH6: Bour 3A 62
Southbourne La. Central BH6: Bour 3A 62
(off Chestnut Av.)
Southbourne La. E. BH6: Bour 3A 62
(off Grand Av.)
Southbourne La. W. BH6: Bour 3H 61
(off Fishermans Av.)
Southbourne Overcliff Dr. BH6: Bour 4A 62
Southbourne Prom. BH6: Bour 4A 62
Southbourne Rd. BH6: Bour 1H 61
Southbourne Rd. SO41: Lymi 2E 53
Southbourne Sands BH6: Bour 4B 62
Southbrook Cl. BH17: Poole 3E 39
Southcliff Ct. BH6: Bour 4D 62
Southcliffe Rd. BH23: Fri C 1D 64
Southcliffe Rd. BH25: New M 6D 48

Sth. Cliff Rd. BH2: Bour 6G 5 (5H 59)
Southcote Ho. BH1: Bour 3C 60
(off Vale Rd.)
Southcote Rd. BH1: Bour 3B 60
South Ct. SO41: M Sea 3D 66
Southdown Ct. BH23: Chri 5B 46
(off Dorset Rd.)
Southdown Way BH22: W Moo 6D 10
South Dr. BH24: St L 2F 19
South Dr. BH25: Bash 5D 30
South Dr. BH25: Oss 5D 30
Sth. E. Sector BH23: Bour A 3G 27
Southern Av. BH22: W Moo 6E 11
Southern Cl. BH12: Poole 1E 19
Southernhay Ct. SO41: M Sea 3D 66
Southernhay Rd. BH31: Ver 3F 7
Southern La. BH25: New M 5F 49
Southern Oaks BH25: New M 4F 49
Southern Rd. BH6: Bour 3A 62
Southern Rd. SO41: Lymi 2F 53
Southey Rd. BH23: Chri 5B 46
Southfield BH24: Ring 5C 8
Southfield BH24: Ring 5C 8
Sth Gro. SO41: Lymi 2H 53
Sth. Haven Cl. BH16: Hamw 4B 54
Southill Av. BH12: Poole 1G 57
Southill Gdns. BH9: Bour 4A 42
Southill Rd. BH12: Poole 1G 57
Southill Rd. BH9: Bour 4A 42
Sth. Kinson Dr. BH11: Bour 1C 40
Southlands SO41: Penn 3E 53
Southlands Av. BH21: Cor M 5D 20
Southlands Av. BH6: Bour 3D 62
Southlands Av. BH21: Cor M 5D 20
Southlands Cl. BH18: Broad 2G 37
Southlawns Wlk. BH25: B Sea 4F 49
Southlea Av. BH6: Bour 2D 62
South Pk. Rd. BH12: Poole 5C 40
South Rd. BH1: Bour 2E 61
South Rd. BH15: Poole 4C 4 (5A 56)
South Rd. BH21: Cor M 4D 20
South St. SO41: Penn 3E 53
SOUTH SWAY 5H 33
Sth. Sway La. SO41: Sway 3G 33
South Vw. BH2: Bour 2H 59
South Vw. Pl. BH2: Bour 5E 5 (5G 59)
South Vw. Rd. BH23: Chri 1E 63
Southville BH5: Bour 2H 61
SOUTH WEIRS 4C 72
Sth. Weirs SO42: Broc 4C 72
Sth. Western Cres. BH14: Poole 5F 57
Southwick Pl. BH6: Bour 6A 44
Southwick Rd. BH6: Bour 1A 62
Southwood Av. BH23: Walk 4A 48
Southwood Av. BH6: Bour 3A 62
Southwood Cl. BH22: Fern 3A 18
Southwood Cl. BH23: Walk 4A 48
Sovereign Bus. Pk. BH15: Poole 1H 55
Sovereign Cen. 2E 61
Sovereign Cl. BH7: Bour 5F 43
Sovereign Sq. BH1: Bour 3E 61
(off Christchurch Rd.)
Sparkford Cl. BH7: Bour 5H 43
Sparky's Pl. BH1: Bour 2D 60
Spartina Dr. SO41: Lymi 5G 35
Speedwell Dr. BH23: Chri 5D 46
Spellers Way BH23: Chri 1A 64
Spencer Cl. BH25: New M 3G 49
Spencer Rd. BH1: Bour 3C 60
Spencer Rd. BH13: Poole 1A 70
Spencer Rd. BH25: New M 2G 49
Spetisbury Cl. BH9: Bour 2B 42
Spicer Ct. BH2: Bour 4E 5 (4G 59)
Spicer La. BH11: Bour 6A 24
Spinacre BH25: B Sea 5H 49
Spindle Cl. BH18: Broad 3F 37
Spindlewood Cl. BH25: B Sea 4G 49
Spinners Cl. BH22: W Moo 6C 10
Spinners Gdn. 3G 35
Spinney, The BH12: Poole 1C 58
Spinney, The BH25: Ashl H 1B 12
Spinney Cl. BH24: St L 3H 11
Spinneys La. BH22: Fern 4B 18
Spinney Way BH25: New M 5G 31
Spitfire BH15: Poole 1B 56
Spittlefields BH24: Ring 4D 8
Splashdown Waterpark 4F 39
SPRINGBOURNE 1C 60
Springbank Rd. BH7: Bour 5F 43
Springbourne BH1: Bour 2D 60
Spring Cl. BH31: Ver 4D 6
Springdale Av. BH18: Broad 6F 21
Springdale Gro. BH21: Cor M 1D 36
Springdale Rd. BH18: Broad 1E 37
Springdale Rd. BH21: Cor M 1D 36

Springfield Av. BH23: Chri 3B 44
Springfield Av. BH6: Bour 3E 63
Springfield Cl. BH31: Ver 4D 6
Springfield Cl. SO41: Lymi 2H 53
Springfield Cres. BH14: Poole 3F 57
Springfield Gdns. BH25: Ashy 3B 50
Springfield Rd. BH14: Poole 2E 57
Springfield Rd. BH31: Ver 4D 6
Springfield Touring Pk. BH21: Cor M 1E 21
Spring Gdns. BH12: Poole 2H 57
Spring La. BH24: Ring 6C 8
Spring La. BH25: Ashy 3B 50
Springmead SO41: Lymi 2H 53
Spring Rd. BH1: Bour 2C 60
Spring Rd. SO41: Lymi 2H 53
Springvale Av. BH7: Bour 5F 43
Spring Wlk. BH1: Bour 2D 60
Springwater Cl. BH11: Bour 2C 40
Springwater Dr. BH23: Chri 1H 63
Springwater Rd. BH11: Bour 2C 40
Spruce Cl. BH17: Poole 4E 37
Spur Cl. BH8: Cole 3C 16
Spurgeon Rd. BH7: Bour 1H 61
Spur Hill Av. BH14: Poole 4H 57
Spur Rd. BH14: Poole 4H 57
Square, The BH1: Bour 4G 5 (4H 59)
Square, The BH21: W Min 4D 14
Square, The BH24: St L 1F 19
Square, The SO41: Penn 2E 53
Square Cl. BH21: Lit C 6E 17
Squirrels, The BH13: Poole 4C 58
Squirrels Cl. BH23: Chri 3B 44
Squirrel Wlk. BH31: Ver 4D 6
Stabler Way BH15: Hamw 6G 55
Stables, The BH1: Bour 3E 61
Stables, The BH23: Chri 6D 44
Stables Ct. BH22: Fern 1D 24
Stacey Cl. BH12: Poole 6G 39
Stacey Gdns. BH8: Bour 3F 43
Stadium Way BH15: Poole 1C 4 (4A 56)
Stafford Rd. BH1: Bour 4A 60
Stag Bus. Pk. BH24: Ring 6C 8
Stag Cl. BH25: New M 1E 49
Stagswood BH31: Ver 3B 6
Stalbridge Dr. BH22: Fern 5B 18
Stalbridge Rd. BH17: Poole 6G 37
Stalham Rd. BH12: Poole 1B 58
Stallards La. BH24: Ring 4B 8
Stamford Rd. BH6: Bour 2A 62
Stanfield Cl. BH12: Poole 6H 39
Stanfield Rd. BH12: Poole 6H 39
Stanfield Rd. BH22: Fern 3A 18
Stanfield Rd. BH9: Bour 5G 41
Stanford Gdns. SO41: Lymi 3F 53
Stanford Hill SO41: Lymi 2F 53
Stanford Ri. SO41: Sway 1F 33
Stanford Rd. SO41: Lymi 2F 53
Staniforth Ct. BH23: Chri 1H 63
Stanley Cl. BH31: Ver 4E 7
STANLEY GREEN 1A 56
Stanley Grn. Cres. BH15: Poole 2A 56
Stanley Grn. Ind. Est. BH15: Poole 2H 55
Stanley Grn. Rd. BH15: Poole 2A 56
Stanley Holiday Cen. BH25: New M 5A 32
Stanley Pearce Ho. BH17: Poole 4A 38
Stanley Rd. BH1: Bour 2C 60
Stanley Rd. BH15: Poole 5C 4 (6B 56)
Stanley Rd. BH23: Highc 5A 48
Stanley Rd. SO41: Lymi 3H 53
Stannington Cl. BH25: New M 3H 49
Stanpit BH23: Chri 1A 64
STANPIT 1A 64
Stanpit Marsh Local Nature Reserve 2H 63
Stanpit Marsh Vis. Cen. 2H 63
Stanton Rd. BH10: Bour 3E 41
STAPEHILL 4E 17
Stapehill Cres. BH21: Hayes 4C 16
Stapehill Rd. BH21: Lit C 4E 17
Stapehill Rd. BH21: Stap 4E 17
Staple Cl. La. BH15: Poole 1A 56
Staplecross La. BH23: Burt 5H 45
Stapleford Av. BH22: Fern 3D 18
Star La. BH24: Ring 4B 8
Starlight Farm Cl. BH31: Ver 2E 7
Station App. BH18: Broad 1G 37
Station App. BH25: New M 2G 49
Station App. SO42: Broc 3F 73
Station Rd. BH14: Poole 3F 57
Station Rd. BH15: Hamw 6G 55
Station Rd. BH21: W Min 6F 15
Station Rd. BH22: W Moo 3B 10
Station Rd. BH23: Chri 6E 45
Station Rd. BH23: Hin 2G 47
Station Rd. BH25: New M 2G 49
Station Rd. BH31: Ver 2B 6

Station Rd. SO41: Sway 1F 33
Station St. SO41: Lymi 1H 53
Station Ter. BH21: W Min 5F 15
Staunton BH2: Bour 5H 5 (5H 59)
                                            (off Exeter Pk. Rd.)
Steamer Point Local Nature Reserve 6G 47
Steamer Point Vis. Cen. 1F 65
Stedman Rd. BH5: Bour 2H 61
Steepdene BH14: Poole 4F 57
Steeple Cl. BH17: Poole 2B 38
Steepleton Rd. BH18: Broad 3A 38
Stella Ct. BH23: Highc 6B 48
Stem La. BH25: Bash 2E 49
Stem La. BH25: New M 2E 49
Stem La. Ind. Est. BH25: New M 2E 49
Stem La. Trad. Est. BH25: New M 2E 49
Stenhurst Rd. BH15: Poole 1C 56
Stephanie Ct. BH16: Upton 6D 36
                                                 (off Poole Rd.)
Stephen Langton Dr. BH11: Bour 6H 23
Stephen's Castle Nature Reserve 1E 7
Stephen's Wlk. BH24: Ring 4B 8
                                               (off Lyne's La.)
Stepnell Reach BH16: Hamw 2C 54
STERTE 1A 4 (3H 55)
Sterte Av. BH15: Poole 3H 55
Sterte Av. W. BH15: Poole 3H 55
Sterte Cl. BH15: Poole 3H 55
Sterte Ct. BH15: Poole 3A 56
Sterte Esplanade BH15: Poole 1B 4 (4A 56)
Sterte Ind. Est. BH15: Poole 3H 55
Sterte Rd. BH15: Poole 4A 56
Stevenson Cres. BH14: Poole 4H 57
Stevenson Lodge BH4: Bour 4E 59
Stevenson Rd. BH6: Bour 4E 63
Stevensons Cl. BH21: W Min 5E 15
Stewart Cl. BH8: Bour 2C 60
Stewart M. BH8: Bour 2C 60
                                                (off Stewart Cl.)
Stewart Rd. BH8: Bour 1A 60
Stewarts Way BH22: Fern 2C 18
Stibbs Way BH23: Bran 2D 28
Stillmore Rd. BH11: Bour 2H 39
Stillwater Pk. BH24: Ring 1E 9
Stinsford Cl. BH9: Bour 1B 42
Stinsford Rd. BH17: Poole 4B 38
Stirling Bus. Pk. BH21: Stap 2F 17
Stirling Cl. BH25: New M 2H 49
Stirling Cl. BH1: Bour 4D 60
                                                  (off Manor Rd.)
Stirling Ct. BH25: New M 2H 49
Stirling Ct. BH4: Bour 5E 59
                                           (off Portarlington Rd.)
Stirling Ct. BH8: Bour 6B 42
Stirling Rd. BH3: Bour 6G 41
Stirling Way BH23: Mude 1D 64
Stirrup Cl. BH16: Upton 6D 36
Stirrup Cl. BH21: Cole 3C 16
Stoborough Dr. BH18: Broad 3F 37
Stockbridge Cl. BH17: Poole 3F 39
Stocks Farm Rd. BH23: W Par 2H 25
Stockwood Ct. BH2: Bour 2H 59
                                            (off St Winifred's Rd.)
Stoke Prior BH4: Bour 4E 59
                                                 (off Poole Rd.)
Stokes Av. BH15: Poole 3A 56
Stokewood Leisure Cen. 6A 42
Stokewood Rd. BH3: Bour 1H 59
STONE 3C 14
Stonechat Cl. BH22: Fern 1H 17
Stonechat Ct. BH23: Chri 6B 46
Stone Cl. BH15: Hamw 6G 55
Stonecrop Cl. BH18: Broad 3E 37
Stone Gdns. BH8: Bour 3G 43
Stone La. BH21: W Min 3C 14
Stone La. Ind. Est. BH21: W Min 3C 14
Stoneleigh BH13: Poole 1B 70
Stoneleigh Av. SO41: Hor 1D 50
Stony La. BH23: Burt 2F 45
Stony La. BH23: Chri 2F 45
Stony La. Sth. BH23: Chri 1G 63
Stopples La. SO41: Hor 1D 50
Story La. BH18: Broad 1H 37
Stourbank Rd. BH23: Chri 1E 63
Stourcliffe Av. BH6: Bour 3A 62
Stour Cl. BH21: Lit C 5D 16
Stour Cl. BH12: Poole 3C 58
                                              (off Princess Rd.)
Stourcroft Dr. BH23: Chri 3B 44
Stourfield Cl. BH5: Bour 3H 61
Stour Gdns. BH10: Bour 1G 41
Stourmeadow Cl. BH10: Bour 4F 25
Stourpaine Rd. BH17: Poole 3B 38
Stour Pk. BH10: Bour 5G 25
Stour Rd. BH23: Chri 2D 62

Stour Rd. BH8: Bour 1C 60
Stourton BH2: Bour 4E 59
                                           (off Marlborough Rd.)
Stourvale Av. BH23: Chri 5B 44
Stourvale M. BH6: Bour 1A 62
Stourvale Pl. BH5: Bour 2H 61
Stourvale Rd. BH5: Bour 2H 61
Stourvale Rd. BH6: Bour 2H 61
Stour Valley Nature Reserve 6H 25
Stourview Ct. BH6: Bour 2A 62
Stour Vw. Gdns. BH21: Cor M 2E 21
Stour Wlk. BH21: W Min 6F 15
Stour Wlk. BH8: Bour 1D 42
Stour Way BH23: Chri 3B 44
Stourwood Av. BH6: Bour 4A 62
Stourwood Gdns. BH6: Bour 3A 62
Stourwood Rd. BH6: Bour 3B 62
Stouts La. BH23: Bran 2D 28
Strand St. BH15: Poole 5A 4 (6H 55)
Stratfield Pl. BH25: New M 2E 49
Stratford Pl. SO41: Lymi 6F 35
Strathmore Dr. BH31: Ver 3E 7
Strathmore Rd. BH9: Bour 1A 42
Stratton Rd. BH9: Bour 1C 42
Stretton Ct. BH14: Poole 3F 57
Strides La. BH24: Ring 4B 8
Strode Gdns. BH24: St L 2D 12
Stroud Cl. BH21: Cole 3A 16
STROUDEN 4E 43
Strouden Av. BH8: Bour 4B 42
Strouden Rd. BH9: Bour 4A 42
Stroud Gdns. BH23: Chri 1A 64
Stroud La. BH23: Chri 1A 64
Stroud Pk. Av. BH23: Chri 1A 64
Struan Cl. BH24: Ashl H 1B 12
Struan Ct. BH24: Ashl H 1C 12
Struan Dr. BH24: Ashl H 1C 12
Struan Gdns. BH24: Ashl H 1B 12
Stuart Cl. BH16: Upton 6B 36
Stuart Rd. BH23: Highc 5B 48
Stubbings Mdw. BH24: Ring 4A 8
Studland Dene BH4: Bour 6E 59
                                              (off Studland Rd.)
Studland Dr. SO41: M Sea 2C 66
Studland Rd. BH4: Bour 6E 59
Studley Cl. BH23: Highc 5D 48
Studley Ct. BH25: New M 5D 48
Sturminster Rd. BH9: Bour 1B 42
Sturt La. BH8: Bour 2H 43
Suffolk Av. BH23: Chri 4D 44
Suffolk Cl. BH21: Cole 3C 16
Suffolk Rd. BH2: Bour 4F 59
                                                (not continuous)
Suffolk Rd. Sth. BH2: Bour 3F 59
Summercroft Way BH22: W Moo 4C 10
Summerfield Cl. BH21: Hayes 5B 16
Summerfield Cl. BH23: Burt 3G 45
Summer Flds. BH31: Ver 5D 6
Summerfields BH7: Bour 6F 43
Summerhill BH13: S'bks 6G 69
Summers Av. BH11: Bour 5D 24
Summer's La. BH23: Burt 4H 45
Summertrees Ct. BH25: Ashy 1B 50
Sunbury Cl. BH11: Bour 5C 24
Sunbury Ct. BH2: Bour 3F 5 (4G 59)
                                               (off Bourne Av.)
Sunbury Ct. BH4: Bour 4E 59
                                           (off Marlborough Rd.)
Sunderland Dr. BH23: Chri 6D 46
Sundew Cl. BH21: Cole 4E 47
Sundew Cl. BH25: Ashy 1B 50
Sundew Rd. BH18: Broad 3E 37
Sunningdale BH15: Poole 4C 56
Sunningdale BH21: Cole 1D 62
Sunningdale BH4: Bour 4E 59
                                           (off Portarlington Rd.)
Sunningdale Cres. BH10: Bour 1E 41
Sunningdale Gdns. BH18: Broad 6G 21
Sunnybank Dr. BH21: Cole 3B 16
Sunnybank Rd. BH21: Cole 3B 16
Sunnybank Way BH21: Cole 3B 16
Sunnyfield Rd. BH25: B Sea 5G 49
Sunny Hill Ct. BH12: Poole 2H 57
Sunnyhill Rd. BH12: Poole 2H 57
Sunnyhill Rd. BH6: Bour 2H 61
Sunnylands Av. BH6: Bour 3D 62
Sunnyleigh M. BH2: Bour 2C 60
Sunnymoor Rd. BH11: Bour 4C 40
Sunnyside Pk. BH24: St I 2E 13
Sunnyside Rd. BH12: Poole 6H 39
Sunridge Cl. BH12: Poole 1C 58
Sunridge Shades BH14: Poole 4G 57
Sunrise Ct. BH22: Fern 4B 18
Sunset Lodge BH13: Poole 5C 58
Surrey Cl. BH23: Chri 3D 44

Surrey Ct. BH4: Bour 3E 59
Surrey Gdns. BH4: Bour 3E 59
Surrey Glade BH4: Bour 3E 59
(off Surrey Rd.)
Surrey Ho. BH2: Bour 3F 59
Surrey Lodge BH4: Bour 3F 59
Surrey Rd. BH12: Poole 2C 58
Surrey Rd. BH2: Bour 3F 59
Surrey Rd. BH4: Bour 3E 59
Surrey Rd. Sth. BH4: Bour 3E 59
Sussex Cl. BH9: Bour 1B 42
Sutherland Av. BH18: Broad 6E 21
Sutton Cl. BH17: Poole 3F 39
Sutton Pl. SO42: Broc 3F 73
Sutton Rd. BH9: Bour 4B 42
Swallow Cl. BH17: Poole 5F 37
Swallow Dr. SO41: M Sea 3E 67
Swallow Way BH21: Cole 2A 16
Swan Mead BH24: Hight 5E 9
Swanmore Cl. BH7: Bour 6H 43
Swanmore Rd. BH7: Bour 1H 61
Swansbury Dr. BH8: Bour 3H 43
SWAY 2F 33
Sway Ct. SO41: Sway 3G 33
Sway Gdns. BH8: Bour 3D 42
Sway Pk. Ind. Est. SO41: Sway 2F 33
Sway Rd. BH25: Bash 5G 31
Sway Rd. BH25: New M 5G 31
Sway Rd. SO41: Lymi 6A 34
Sway Rd. SO41: Penn 6A 34
Sway Rd. SO41: Tip 4B 32
Sway Rd. SO42: Broc 6E 73
Sway Station (Rail) 2F 33
Sweep, The BH24: Ring 4B 8
Swift Cl. BH17: Poole 5F 37
Swordfish Dr. BH23: Chri 6D 46
Sycamore Cl. BH17: Poole 4F 37
Sycamore Cl. BH23: Chri 5B 44
Sycamore Cl. SO41: M Sea 2C 66
Sycamore Ct. BH24: Poul 1E 9
Sycamore Pl. BH21: Stap 4D 16
Sycamore Rd. SO41: Hor 1D 50
Sycamores, The BH4: Bour 3F 59
(off Surrey Rd.)
Sydling Cl. BH17: Poole 3F 39
Sydney Rd. BH18: Broad 2G 37
Sydney Rd. BH23: Chri 4C 44
Sylmor Gdns. BH9: Bour 3A 42
Sylvan Cl. BH24: St L 3H 11
Sylvan Cl. SO41: Hor 3F 51
Sylvan Rd. BH12: Poole 1F 57
Sylvan Wood BH23: Highc 6G 47
Symes Rd. BH15: Hamw 3E 55

T

Tadden Wlk. BH18: Broad 3F 37
Tait Cl. BH17: Poole 6C 38
Talbot Av. BH3: Bour 5F 41
Talbot Ct. BH3: Bour 5F 41
(off Talbot Av.)
Talbot Ct. BH9: Bour 4H 41
Talbot Dr. BH12: Poole 5D 40
Talbot Dr. BH23: Chri 3H 47
TALBOT HEATH 6E 41
Talbot Hill Rd. BH9: Bour 5F 41
Talbot Mdws. BH12: Poole 5D 40
Talbot M. BH10: Bour 4D 40
Talbot Ri. BH10: Bour 3E 41
Talbot Rd. BH9: Bour 5F 41
TALBOT RDBT. 6F 41
TALBOT VILLAGE 4E 41
TALBOT WOODS 6F 41
Tamar Cl. BH22: Fern 4E 19
Tamlyn's Farm M. BH23: Chri 1H 63
(off Purewell)
Tammy Ct. BH8: Bour 2B 60
(off Ascham Rd.)
Tamworth Rd. BH7: Bour 2F 61
Tanglewood Ct. BH25: New M 2H 49
Tanglewood Lodge BH17: Poole 5F 37
Tangmere Cl. BH23: Mude 1D 64
Tangmere Pl. BH17: Poole 6C 38
Tan Howse Cl. BH7: Bour 5H 43
Tapper Ct. BH21: W Min 5G 15
Target Way BH23: Bour A 2D 26
Tarn Dr. BH17: Poole 4F 37
Tarrant Cl. BH17: Poole 3C 38
Tarrant Cl. BH21: W Min 6F 15
Tarrant Rd. BH9: Bour 2B 42
Tarrants, The BH2: Bour 3F 59
Tasman Cl. BH23: Chri 5D 44
Tatnam Cres. BH15: Poole 3B 56
Tatnam Rd. BH15: Poole 3A 56
Tattenham Rd. SO42: Broc 4E 73

Tattersalls BH1: Bour 4C 60
Taverner Cl. BH15: Poole 5B 56
Taylor Dr. BH8: Bour 1D 42
Taylor's Bldgs. BH15: Poole 5B 4 (6A 56)
Taylor Way BH31: Ver 3E 7
Teale Cl. BH11: Bour 1B 40
Teasel Way BH22: W Moo 6C 10
Tebourba Cotts. SO41: Sway 2F 33
Technology Rd. BH17: Poole 5G 37
Tedder Cl. BH11: Bour 2D 40
Tedder Gdns. BH11: Bour 2D 40
Tedder Rd. BH11: Bour 2D 40
Telford Pl. SO41: M Sea 3E 67
Telford Rd. BH21: Stap 1G 17
Temple M. BH1: Bour 1D 60
Templer Cl. BH11: Bour 4B 40
Temple Trees BH4: Bour 4E 59
(off Portarlington Rd.)
Tennyson Rd. BH14: Poole 4E 57
Tennyson Rd. BH21: W Min 3E 15
Tennyson Rd. BH9: Bour 3H 41
Tensing Rd. BH23: Chri 5A 46
Terence Av. BH17: Poole 4A 38
Terence Rd. BH21: Cor M 6C 20
Tern Ct. BH6: Bour 1B 62
Tern Ho. BH15: Hamw 6G 55
(off Norton Way)
Terrace Rd. BH2: Bour 4F 5 (4G 59)
Terrace Row BH15: Poole 4A 4 (5H 55)
Terrace Vista BH2: Bour 4G 5 (4G 59)
(off Terrace Rd.)
Terrington Av. BH23: Chri 4G 47
Thames All. BH15: Poole 5A 4 (6H 55)
(off Thames M.)
Thames Cl. BH22: Fern 3E 19
Thames M. BH15: Poole 5A 4 (6H 55)
Thames St. BH15: Poole 5A 4 (6H 55)
Thatched Cott. Pk. SO43: Lynd 2H 71
Thatchers La. BH23: Shir 1B 28
Theobold Rd. BH23: Bour A 3G 27
Thetchers Cl. BH25: New M 6H 31
Thetford Rd. BH12: Poole 2B 58
Thistlebarrow Rd. BH7: Bour 1E 61
Thistle Cl. BH23: Chri 5E 47
Thomas Lockyer Cl. BH31: Ver 4E 7
Thoresby Ct. BH25: New M 2E 49
Thornbury Rd. BH4: Bour 4E 59
(off Marlborough Rd.)
Thornbury Rd. BH6: Bour 3E 63
Thorncombe Cl. BH17: Poole 4C 38
Thorncombe Cl. BH9: Bour 1B 42
Thorne Cl. BH31: Ver 3C 6
Thorne Way BH21: Wool 1F 11
Thornfield Dr. BH23: Highc 4H 47
Thornham Rd. BH25: Ashy 2B 50
Thornley Rd. BH10: Bour 1F 41
Thorn Rd. BH17: Poole 2B 38
Thornton Cl. BH21: Cor M 6C 20
Three Acre Cl. BH25: B Sea 5E 49
Three Acre Dr. BH25: B Sea 5F 49
Three Cross Rd. BH21: W Moo 1C 10
THREE LEGGED CROSS 2A 10
Three Lions Cl. BH21: W Min 4D 14
THROOP 1D 42
Throop Cl. BH8: Bour 3G 43
Throop Rd. BH8: Bour 6D 26
Throopside Av. BH9: Bour 1D 42
Thrush Rd. BH12: Poole 4G 39
Thursby Rd. BH23: Highc 4H 47
Thwaite Rd. BH12: Poole 2D 58
Tidemill Cl. BH23: Chri 5E 45
Tiffany Cl. SO41: Hor 1D 50
Tilburg Rd. BH23: Chri 5D 45
Tilebarn La. SO42: Broc 6E 73
Tiller Gdns. BH11: Bour 6C 24
Tillingbourne Ct. BH12: Poole 3C 58
(off Princess Rd.)
Timothy Cl. BH10: Bour 6F 25
Tincleton Gdns. BH9: Bour 1B 42
Tins, The SO41: Lymi 1F 53
Tin Yd. La. BH23: Bock 6A 28
TIPTOE 3B 32
Tiptoe Rd. BH25: Woot 2G 31
Tithe Barn SO41: Lymi 6G 35
Tiverton Dr. BH4: Bour 4E 59
(off Marlborough Rd.)
Tivoli Theatre Wimborne Minster 4D 14
Todber Cl. BH11: Bour 2H 39
Toft Mans. BH1: Bour 4C 60
Tollard Cl. BH12: Poole 5A 40
Tollard Ct. BH2: Bour 6F 5 (5G 59)
(off West Hill Rd.)
Tollerford Rd. BH17: Poole 2B 38
Tolpuddle Gdns. BH9: Bour 1B 42
Tolstoi Rd. BH14: Poole 1E 57

Toluca Cl. BH9: Bour 6H 41
Tonge Rd. BH11: Bour 5D 24
Topiary, The BH14: Poole 2D 56
Top La. BH24: Ring 4C 8
Torbay Rd. BH14: Poole 4G 57
Torreyana Gdns. SO41: Penn 1C 52
Torvaine Pk. BH14: Poole 3E 57
Totland Cl. BH4: Bour 3E 59
Totmel Rd. BH17: Poole 3E 39
Tourney Rd. BH11: Bour 5A 24
Towans, The BH13: S'bks 5G 69
Tower Cl. BH1: Bour 1H 5 (3H 59)
Tower Ct. BH2: Bour 6E 5 (5G 59)
Tower La. BH21: Cole 3F 15
Tower Pk. BH12: Poole 4F 39
Tower Pk. Leisure Complex 4F 39
TOWER PARK RDBT. 6D 38
Tower Rd. BH1: Bour 2E 61
Tower Rd. BH13: Poole 5D 58
Tower Rd. W. BH13: Poole 5D 58
Towers Farm BH21: Cor M 4D 20
Towers Way BH21: Cor M 4D 20
Towngate Bri. 3B 4 (5A 56)
Towngate Ho. BH15: Poole 2D 4 (4B 56)
(off Parkstone Rd.)
Towngate M. BH24: Ring 5C 8
Towngate Shop. Cen. 3C 4 (5A 56)
(off Falkland Sq.)
TOWNSEND 3G 43
Townsend Cl. BH11: Bour 5D 24
Townsville Rd. BH9: Bour 3B 42
Tozer Cl. BH11: Bour 3B 40
Trafalgar Rd. BH23: Mude 2B 64
Trafalgar Pl. SO41: Lymi 1H 53
Trafalgar Rd. BH9: Bour 6H 41
Tranmere Cl. SO41: Lymi 1H 53
Tranquillity BH13: Poole 2A 70
Treebys Cl. BH23: Burt 4H 45
Tree Hamlets BH16: Upton 3H 53
Treeside BH23: Chri 3E 47
Treetops BH4: Bour 3E 59
(off Surrey Rd.)
Trefoil Way BH23: Chri 5E 47
Tregonwell Cl. BH2: Bour 4F 5 (4G 59)
(off Tregonwell Rd.)
Tregonwell Ct. BH2: Bour 4E 5 (4G 59)
(off Tregonwell Rd.)
Tregonwell Rd. BH2: Bour 4F 5 (4G 59)
Trelawney Ct. BH8: Bour 2A 60
Treloen Ct. BH8: Bour 2A 60
(off Wellington Rd.)
Trentham Av. BH7: Bour 5H 43
Trentham Cl. BH7: Bour 5H 43
Trent Way BH22: Fern 3E 19
Tresillian Cl. BH23: Walk 3B 48
Tresillian Way BH23: Walk 3B 48
Trevone BH25: New M 2H 49
(off Herbert Rd.)
Triangle, The BH16: Upton 6B 36
Triangle, The BH2: Bour 4E 5 (4G 59)
Triangle, The BH25: New M 5C 48
TRICKETT'S CROSS 2D 18
Tricketts La. BH22: Fern 3D 18
Trigon Rd. BH15: Poole 6B 38
Tringham Ho. BH7: Bour 5H 43
Trinidad Cres. BH17: Poole 5G 39
Trinidad Ho. BH12: Poole 5G 39
Trinity BH1: Bour 4A 60
(off Old Christchurch Rd.)
Trinity Ga. BH2: Bour 2H 5 (3H 59)
(off Wimborne Rd.)
Trinity Ind. Est. BH21: W Min 6G 15
Trinity Rd. BH1: Bour 3A 60
Troak Cl. BH23: Chri 5A 46
Troon Rd. BH18: Broad 6G 21
Trotters La. BH21: Cole 3B 16
Troublefield Nature Reserve 3G 27
Truman Rd. BH11: Bour 5D 24
Trumpeters Ct. BH21: W Min 4D 14
Truscott Av. BH9: Bour 6A 42
Trystworthy BH2: Bour 2E 5 (3G 59)
(off St Stephen's Rd.)
Tuckers La. BH15: Hamw 5F 55
Tucks Cl. BH23: Bran. 2C 28
TUCKTON 2D 62
Tuckton Cl. BH6: Bour 3B 62
Tuckton Gdns. BH6: Bour 2C 62
Tuckton Pl. BH6: Bour 2D 62
Tuckton Rd. BH6: Bour 3B 62
Tudor Ct. BH11: Bour 2A 60
Tudor Ct. BH15: Poole 1C 56
Tudor Rd. BH18: Broad 1H 37
Turbary Cl. BH12: Poole 5H 39
Turbary Common Nature Reserve 3B 40
Turbary Ct. BH16: Upton 5C 36

Turbary Ct. BH22: Fern 3D 18
Turbary Pk. Av. BH11: Bour 2B 40
Turbary Retail Pk. 2A 40
Turbary Rd. BH12: Poole 6H 39
Turbary Rd. BH22: Fern 2D 18
Turks La. BH14: Poole 6E 57
TURLIN MOOR 3C 54
Turlin Rd. BH16: Hamw 3C 54
Turnberry Cl. BH23: Chri 1D 62
Turnbull La. BH11: Bour 1B 40
Turners Farm Cres. SO41: Hor 3E 51
Turnworth Cl. BH18: Broad 2A 38
Tweedale Rd. BH9: Bour 2C 42
Tweed La. SO41: Bold 2F 35
Twemlow Av. BH14: Poole 5D 56
Twin Oaks Cl. BH18: Broad 2G 37
Two Riversmeet Golf Course 1G 63
Two Riversmeet Leisure Cen. 1G 63
Twyford Cl. BH8: Bour 3D 42
Twyford Way BH17: Poole 3E 39
Twynham Av. BH23: Chri 6E 45
Twynham Ct. BH6: Bour 3D 62
                          (off Twynham Rd.)
Twynham Rd. BH6: Bour 4C 62
                            (not continuous)
Tylers Cl. SO41: Lymi 6F 35
Tyndale Cl. BH9: Bour 1C 42
Tyneham Av. BH12: Poole 5G 39
Tynwald Ct. BH23: Chri 1D 62
Tyrrell Gdns. BH8: Bour 3G 43
Tyrrells Ct. BH23: Bran 2D 28
Tytherley Grn. BH8: Bour 3D 42

U

Ubsdell Cl. BH25: New M 2G 49
Uddens Dr. BH21: Stap 1D 16
Uddens Trad. Est. BH21: Stap 3E 17
Ullswater Rd. BH21: Mer 1A 22
Undercliff Dr. BH1: Bour 6H 5 (5A 60)
Undercliff Dr. BH5: Bour 4D 60
Undercliff Rd. BH5: Bour 4E 61
Undershore SO41: Lymi 4H 35
Undershore Rd. SO41: Wal 6H 35
Underwood Cl. BH17: Poole 4H 37
Union Pl. SO41: Lymi 1G 53
UNIVERSITY RDBT. 5E 41
Uplands Av. BH25: B Sea 5G 49
Uplands Cl. BH22: W Moo 1E 19
Uplands Gdns. BH8: Bour 3C 42
Uplands Rd. BH22: W Moo 5D 10
Uplands Rd. BH8: Bour 4B 42
Uplyme Cl. BH17: Poole 3E 39
Upper Comn. Rd. SO41: Penn 1B 52
Up. Golf Links Rd. BH18: Broad 5H 21
Up. Gordon Rd. BH23: Highc 4A 48
Up. Hinton Rd. BH1: Bour 4H 5 (4H 59)
Up. Norwich Rd. BH2: Bour 4E 5 (4G 59)
UPPER PARKSTONE 2F 57
UPPER PENNINGTON 2C 52
Upper Rd. BH12: Poole 6F 39
Up. Terrace Rd. BH2: Bour 4F 5 (4G 59)
Uppleby Rd. BH12: Poole 2G 57
UPTON 6C 36
Upton Cl. BH16: Upton 6B 36
Upton Country Pk. 6E 37
Upton Country Pk. Heritage Cen. 1E 55
Upton Cl. BH16: Upton 6C 36
Upton Cross Pk. BH16: Upton 6C 36
Upton Heath Est. BH16: Upton 6D 36
Upton Ind. Est. BH16: Upton 6C 36
                            (not continuous)
Upton Rd. BH17: Poole 6E 37
Upton Way BH18: Broad 2E 37
Upwey Av. BH15: Hamw 4E 55
Utrecht Ct. BH23: Chri 6H 45

V

Vaggs La. SO41: Hor 4B 32
Valcourt BH4: Bour 3F 59
                     (off Branksome Wood Rd.)
Vale Cl. BH14: Poole 3A 58
Vale Ct. BH1: Bour 3C 60
                                (off Vale Rd.)
Vale Hgts. BH14: Poole 2A 58
Va. Lodge BH1: Bour 3C 60
Valencia Cl. BH23: Chri 1B 44
Vale Rd. BH1: Bour 3C 60
Vale Rd. BH14: Poole 3A 58
Valette Rd. BH9: Bour 1A 42
Valeview Mobile Homes SO41: Sway ..4D 32
Valiant Way BH21: Chri 6D 46
Valley Cl. BH23: Chri 2C 44
Valley Rd. BH8: Bour 3E 43

Valley Vw. BH12: Poole 6D 40
Vallis Cl. BH15: Poole 5D 4 (6B 56)
Vanguard Rd. BH15: Poole 3C 4 (5A 56)
Vanguard Rd. BH8: Bour 4E 43
Vantage Way BH12: Poole 3F 39
Vecta Cl. BH23: Fri C 1E 65
Vectis Rd. BH25: B Sea 6D 48
Velvet Lawn Rd. BH25: New M 1F 49
Venator Pl. BH21: W Min 3E 15
Venning Av. BH11: Bour 6A 24
Ventry Cl. BH13: Poole 3B 58
Ventura Cen., The BH15: Upton 1D 54
Ventura Pl. BH16: Upton 1D 54
Verdure Gdns. BH22: Fern 1E 25
Verity Cres. BH17: Poole 4D 38
Vernalls Cl. BH10: Bour 6F 25
Vernalls Ct. BH25: Ashy 6A 32
Vernalls Gdns. BH10: Bour 5F 25
Verne Rd. BH31: Ver 4E 7
Verney Cl. BH11: Bour 2D 40
Verney Rd. BH11: Bour 2D 40
Verno La. BH23: Chri 4E 47
Vernon Theatre 4F 71
Verona Av. BH6: Bour 2B 62
Verulam Pl. BH1: Bour 3H 5 (4H 59)
Verulam Rd. BH14: Poole 3D 56
VERWOOD 2D 6
Verwood Cres. BH6: Bour 3E 63
Verwood Ind. Est. BH31: Ver 3F 7
Verwood Mnr. Ct. BH31: Ver 3D 6
Vespasian Rd. BH21: Thr C 2A 10
Vetch Cl. BH23: Chri 5D 46
Vian Ct. BH25: New M 2F 49
Vicarage Ct. BH14: Poole 3E 57
Vicarage Gdns. SO41: Hor 3H 51
                            (not continuous)
Vicarage La. SO41: Hor 2E 51
Vicarage Rd. BH15: Poole 2A 56
Vicarage Rd. BH31: Ver 3D 6
Vicarage Rd. BH9: Bour 3G 41
Vicarage Way BH23: Burt 3H 45
Vickers Cl. BH8: Bour 5H 43
Vickery Way BH23: Chri 5H 45
Victoria Av. BH9: Bour 4G 41
Victoria Cl. BH21: Cor M 1D 36
Victoria Cres. BH12: Poole 1H 57
Victoria Gdns. BH22: Fern 3B 18
Victoria Gdns. BH24: Ring 5C 8
VICTORIA HOSPITAL (WIMBORNE) 4C 14
Victoria Ho. BH22: Fern 4B 18
Victoria Pk. Pl. BH9: Bour 4H 41
                            (off Victoria Pk. Rd.)
Victoria Pk. Rd. BH9: Bour 4G 41
Victoria Pl. BH1: Bour 2C 60
Victoria Pl. BH21: W Min 4D 14
Victoria Pl. SO41: Lymi 3G 53
Victoria Rd. BH1: Bour 2C 60
Victoria Rd. BH12: Poole 2G 57
Victoria Rd. BH21: W Min 4C 14
Victoria Rd. BH22: Fern 3B 18
Victoria Rd. BH23: Chri 2A 64
Victoria Rd. SO41: M Sea 3B 66
Victory Cl. BH21: Wool 1F 11
Victory Cl. BH5: Bour 4E 61
Victory Ct. BH8: Bour 2C 60
                            (off Lowther Rd.)
Viewpoint BH4: Bour 6D 58
Vw. Point Ct. BH12: Poole 1E 57
Viewside Cl. BH21: Cor M 6C 20
Viking Cl. BH6: Bour 3E 63
Viking Way BH23: Mude 2C 64
Viking Way BH6: Bour 3E 63
Village Hall La. BH21: Thr C 1A 10
Villette Cl. BH23: Chri 4E 45
Vince Cl. BH11: Bour 6D 24
Vincent Cl. BH25: New M 3G 49
Vincent Cl. BH9: Bour 6H 41
Vincent Rd. BH25: New M 2F 49
Vine Cl. BH7: Bour 6G 43
Vine Farm Cl. BH12: Poole 5E 41
Vine Farm Rd. BH12: Poole 5D 40
Vinegar Hill SO41: M Sea 2D 66
Vine Hill BH21: Pamp 4A 14
Vineries, The BH21: Cole 4H 15
Vineries Cl. BH21: Cole 3H 15
Vinery, The BH25: New M 2H 49
Viney Rd. SO41: Lymi 4G 53
Vinneys Cl. BH23: Burt 3G 45
Vinneys Cl. SO42: Broc 3F 73
Violet Farm Cl. BH21: Cor M 3D 20
Violet La. BH25: New M 1G 49
Virage Bus. Pk. BH21: Cor M 2H 55
Virgin Active Dorset Health & Racquet Club ...5H 37
Virginia Cl. BH12: Poole 6G 39

Virginia Cl. BH31: Ver 4G 7
Viscount Cl. BH11: Bour 5G 23
Viscount Ct. BH11: Bour 6H 23
Viscount Ct. BH5: Bour 3E 61
Viscount Dr. BH23: Mude 6D 46
Viscount Rd. BH23: Bour A 2C 26
Viscount Wlk. BH11: Bour 6G 23
Vista, The BH4: Bour 6E 59
Vitality Stadium 1E 61
Vitrage Technical Pk. BH17: Poole 4C 38
Vitre Gdns. SO41: Lymi 3G 53
Vixen Wlk. BH25: New M 5H 31
Voyager Ho. BH15: Poole 2D 4 (4B 56)
                            (off High St. Nth.)
Vulcan Way BH23: Chri 6D 46

W

Wagtail Dr. BH25: New M 3F 49
Wainsford Cl. SO41: Penn 2D 52
Wainsford Rd. SO41: Ever 3A 52
Wainsford Rd. SO41: Penn 3A 52
Wakefield Av. BH10: Bour 6G 25
Wakely Gdns. BH11: Bour 6C 24
Wakely Rd. BH11: Bour 6C 24
Walcheren Pl. BH15: Hamw 4C 54
Walcott Av. BH23: Chri 4D 44
Walditch Gdns. BH17: Poole 3C 38
Waldren Cl. BH15: Poole 5B 56
WALFORD 3E 15
Walford Cl. BH21: W Min 3E 15
Walford Gdns. BH21: W Min 3D 14
Walford Mill Craft Cen. 3D 14
WALHAMPTON 6H 35
Walhampton Hill SO41: Wal 6H 35
WALKFORD 3B 48
Walkford Cl. BH25: New M 3D 48
Walkford Rd. BH23: Walk 4B 48
Walkford Way BH23: Walk 4B 48
Walking Fld. La. BH15: Poole 5B 56
Walkwood Av. BH7: Bour 5H 43
Wallace Cl. BH18: Broad 2G 37
Wallace Rd. BH18: Broad 2G 37
Walliscott Rd. BH11: Bour 4C 40
WALLISDOWN 4B 40
Wallisdown Hgts. BH11: Bour 4D 40
Wallisdown Rd. BH10: Bour 4D 40
Wallisdown Rd. BH11: Bour 3H 39
Wallisdown Rd. BH12: Bour 3H 39
WALLISDOWN RDBT. 4C 40
Wallis Rd. BH10: Bour 4D 40
Walpole Rd. BH1: Bour 2D 60
Walpole Wlk. BH1: Bour 2D 60
Walsford Rd. BH4: Bour 2E 59
Walsingham Dene BH7: Bour 5F 43
Waltham Cl. BH7: Bour 1H 61
Waltham Rd. BH7: Bour 6H 43
Walton Ct. BH31: Ver 3D 6
                             (off Montrose Dr.)
Walton Rd. BH10: Bour 3E 41
Walton Rd. BH15: Poole 1E 57
Wanstead Cl. BH24: Poul 2D 8
Warbler Cl. BH16: Upton 5B 36
WARBORNE 3H 35
Warborne La. BH21: Pil 2H 35
Warborne La. SO41: Portm 2H 35
Warburton Rd. BH17: Poole 5C 38
                            (not continuous)
Wareham Ct. BH15: Hamw 5E 55
Wareham Rd. BH7: Bour 1H 61
Wareham Rd. BH21: Cor M 2B 36
Warehouse, The BH2: Bour 4F 5 (4G 59)
                            (off Avenue La.)
Warland Way BH21: Cor M 4E 21
Warmwell Cl. BH17: Poole 3D 38
Warmwell Cl. BH9: Bour 3B 42
Warnford Pl. BH6: Bour 1A 62
Warnford Rd. BH6: Bour 6A 44
Warnford Rd. BH7: Bour 6H 43
Warren Av. BH23: Mude 2B 64
Warren Cl. BH24: Ashy 2F 13
Warren Ct. BH2: Bour 1G 5 (2H 59)
Warren Dr. BH24: Ashy 2F 13
Warren Edge Cl. BH6: Bour 4D 62
Warren Edge Ct. BH6: Bour 4D 62
                            (off Warren Edge Rd.)
Warren Edge Rd. BH6: Bour 4D 62
Warren La. BH24: Ashy 2F 13
Warren Pk. SO41: Down 1A 66
Warren Rd. BH14: Poole 3H 57
Warren Rd. BH4: Bour 5D 58
Warren Wlk. BH22: Fern 2H 17
Warwick Av. BH25: New M 1H 49
                            (not continuous)

Warwick Ct. BH14: Poole 3F **57**
Warwick Ct. BH8: Bour 6B **42**
Warwick Pl. BH7: Bour 2G **61**
Warwick Rd. BH14: Poole 4G **57**
Warwick Rd. BH7: Bour 2G **61**
Warwicks La. BH21: Sutt 1A **6**
Washington Av. BH1: Bour 1D **60**
Watcombe Rd. BH6: Bour 3B **62**
WATERDITCH 6D **28**
Waterditch Rd. BH23: Wat 6D **28**
Waterford Cl. BH14: Poole 5E **57**
Waterford Cl. SO41: Lymi 2H **53**
Waterford Gdns. BH23: Highc 6A **48**
Waterford La. SO41: Lymi 2H **53**
Waterford Pl. BH23: Highc 6A **48**
Waterford Rd. BH23: Highc 5B **48**
Waterford Rd. BH25: Ashy 2A **50**
Water Gdns. BH8: Bour 2A **60**
Water La. BH6: Bour 6B **44**
Water La. Farm BH10: Bour 5G **25**
WATERLOO 4A **38**
Waterloo Ho. BH17: Poole 4H **37**
Waterloo Rd. BH17: Poole 6H **37**
Waterloo Rd. BH21: Cor M 5B **20**
Waterloo Rd. BH9: Bour 6H **41**
Waterloo Rd. SO41: Lymi 1H **53**
Waterloo Way BH24: Ring 5C **8**
Watermead BH23: Chri 2E **63**
Watermill Rd. BH23: Chri 5E **45**
Waters Edge BH13: S'bks 3H **69**
Waters Edge SO41: M Sea 4E **67**
Waters Grn. SO42: Broc 2F **73**
Waters Grn. Ct. SO42: Broc 2F **73**
Watership Dr. BH24: Hight 5F **9**
Waterside BH23: Mude 3B **64**
Waterside Cl. BH24: Poul 2D **8**
Waterside Views BH15: Hamw 6G **55**
Watersmeet Ct. BH23: Chri 2F **63**
(off Wick Point M.)
Waterston Cl. BH17: Poole 4B **38**
Water Twr. Rd. BH18: Broad 1A **38**
Water Twr. Vw. BH6: Bour 3C **62**
Watery La. BH23: Chri 4C **46**
Watkin Rd. BH5: Bour 3F **61**
Watton Cl. BH8: Bour 3G **43**
Wavell Av. BH17: Poole 4G **37**
Wavell Rd. BH11: Bour 1D **40**
Wavendon Av. BH25: B Sea 5E **49**
Waverley Cres. BH15: Poole 2B **56**
Waverley Ho. BH25: New M 3H **49**
Waverley Rd. BH25: New M 3H **49**
Wayground Rd. BH21: Cor M 2E **21**
Wayman Rd. BH21: Cor M 5E **21**
Wayne Rd. BH12: Poole 1F **57**
Wayside Cl. SO41: M Sea 2D **66**
Wayside Rd. BH24: St L 6A **12**
Wayside Rd. BH6: Bour 3C **62**
Waytown Cl. BH17: Poole 4B **38**
Weavers Cl. BH22: W Moo 6C **10**
Webbs Cl. BH24: Ashl H 1H **11**
Webbs Way BH11: Bour 4B **40**
Webbs Way BH24: Ashl H 1A **12**
Webster Rd. BH9: Bour 2A **42**
Wedgwood Dr. BH14: Poole 5E **57**
Wedgwood Gdns. BH23: Bran 2E **29**
Weldon Av. BH11: Bour 6A **24**
Welland Rd. BH21: W Min 5F **15**
Wellands Rd. SO43: Lynd 3F **71**
Well Cl. BH25: New M 3F **49**
Wellesley Av. BH23: Chri 6D **46**
Wellesley Ho. BH8: Bour 1A **60**
Wellington Av. BH23: Chri 6E **47**
Wellington Ct. BH2: Bour 4F **59**
Wellington Ct. BH25: New M 2G **49**
Wellington Ho. BH8: Bour 2A **60**
(off Wellington Rd.)
Wellingtonia Gdns. SO41: Hor 1D **50**
Wellington Rd. BH1: Bour 2B **60**
Wellington Rd. BH14: Poole 4G **57**
Wellington Rd. BH8: Bour 1A **60**
Well La. BH15: Poole 3A **56**
Wellow Gdns. BH15: Poole 1D **56**
Wellwood Cl. BH13: Poole 5C **58**
Wellworthy Rd. SO41: Bold 5F **35**
Wellworthy Way BH24: Ring 6C **8**
Wendover Ct. BH25: B Sea 4F **49**
Wendy Cres. BH22: Fern 6D **18**
Wenlock Ct. BH23: Chri 5B **46**
(off Hunt Rd.)
Wentwood Gdns. BH25: New M 3B **50**
Wentworth BH14: Poole 2G **69**
Wentworth Av. BH5: Bour 3G **61**
Wentworth Cl. BH5: Bour 4G **61**
Wentworth Dr. BH18: Broad 6G **21**
Wentworth Dr. BH23: Chri 1D **62**

Wentworth Grange BH22: Fern 2B **18**
Wescott Way BH11: Bour 1A **40**
Wesley Cl. BH8: Bour 2C **60**
Wesley Grange BH4: Bour 4E **59**
(off Portarlington Rd.)
Wesley Rd. BH12: Poole 2G **57**
Wesley Rd. BH21: Cole 4F **15**
Wessex Av. BH25: New M 3G **49**
Wessex Cl. BH23: Chri 6E **47**
Wessex Est. BH24: Ring 3E **9**
Wessex Ga. BH8: Bour 1C **60**
Wessex Ga. Retail Pk. 1H **55**
Wessex Ho. BH8: Bour 2C **60**
Wessex Rd. BH14: Poole 4E **57**
Wessex Rd. BH24: Ring 3D **8**
Wessex Trade Cen. BH12: Poole 5F **39**
Wessex Way BH1: Bour 2H **5** (3H **59**)
Wessex Way BH2: Bour 3G **59**
Wessex Way BH4: Bour 3D **58**
Wessex Way BH8: Bour 2B **60**
West Av. BH21: Thr C 2A **10**
Westbeams Rd. SO41: Sway 1F **33**
West Borough BH21: W Min 3D **14**
WESTBOURNE 4D **58**
Westbourne Arc. BH4: Bour 4D **58**
Westbourne Cl. BH4: Bour 4E **59**
Westbourne Ga. BH4: Bour 4E **59**
(off Grosvenor Rd.)
Westbourne Hgts. BH4: Bour 3D **58**
Westbourne Ho. BH4: Bour 4E **59**
Westbourne Pk. Rd. BH4: Bour 5D **58**
Westbridge Pk. BH4: Bour 5F **59**
Westbrook Cl. BH10: Bour 3F **41**
Westbury Cl. BH23: Bran 4C **28**
Westbury Cl. BH23: Chri 4F **47**
Westbury Cl. BH25: B Sea 5G **49**
Westbury Gdns. BH4: Bour 3E **59**
Westbury Ct. BH14: Poole 3F **57**
Westbury Gdns. BH4: Bour 3E **59**
Westbury Rd. BH24: Ring 4D **8**
West Butts St. BH15: Poole 3A **4** (5H **55**)
Westby Rd. BH5: Bour 3E **61**
West Cliff BH2: Bour 2G **5** (3H **59**)
WEST CLIFF 6E **5** (5G **59**)
West Cliff Cotts. BH2: Bour 5E **5** (5G **59**)
(off West Hill Rd.)
West Cliff Ct. BH4: Bour 4E **59**
(off Portarlington Rd.)
Westcliffe Bldgs. BH25: B Sea 6E **49**
West Cliff Gdns. BH2: Bour 6E **5** (5G **59**)
West Cliff Ho. BH4: Bour 5E **59**
West Cliff M. BH2: Bour 5F **5** (5G **59**)
West Cliff Palms BH4: Bour 5E **59**
(off W. Cliff Rd.)
West Cliff Prom. BH2: Bour 5F **59**
West Cliff Rd. BH2: Bour 5E **5** (5G **59**)
West Cliff Rd. BH4: Bour 5E **59**
West Cliff Zig-Zag BH2: Bour 5F **59**
(off West Cliff Promenade)
West Cl. BH31: Ver 2B **6**
West Cl. BH6: Bour 3E **63**
West Cl. SO41: Penn 3D **52**
Westcroft Pde. BH25: New M 3G **49**
Westcroft Pk. BH18: Broad 1A **38**
Westdown Rd. BH11: Bour 6C **24**
West Dr. BH24: St L 1F **19**
Westerham BH13: Poole 4C **58**
Westerham Rd. BH13: Poole 4D **58**
Westerleigh BH4: Bour 5E **59**
(off W. Cliff Rd.)
Western Av. BH10: Bour 6F **25**
Western Av. BH13: Poole 4A **58**
Western Av. BH25: B Sea 5D **48**
Western Cl. BH10: Bour 6F **25**
Westerngate BH13: Poole 4D **58**
Western Ho. BH13: Poole 5C **58**
Western Rd. SO41: Lymi 1F **53**
Westfield BH2: Bour 3F **59**
(off Surrey Rd.)
Westfield BH21: W Min 4D **14**
Westfield Cl. BH21: W Min 4D **14**
Westfield Gdns. BH23: Chri 4D **46**
Westfield Gdns. SO41: Ever 4A **52**
Westfield Rd. SO41: Lymi 3H **53**
Westgate BH4: Bour 2E **59**
Westgate Pk. BH4: Bour 4D **58**
Westham BH17: Poole 2C **38**
West Hants Club 6G **41**
West Hayes SO41: Lymi 2H **53**
Westheath Rd. BH18: Broad 1H **37**
WEST HILL 4E **5** (4G **59**)
West Hill Pl. BH2: Bour 4E **5** (4G **59**)
(not continuous)
West Hill Rd. BH2: Bour 4F **59**

WEST HOWE 1A **40**
West Howe Cl. BH11: Bour 1C **40**
West Howe Ind. Est. BH11: Bour 2A **40**
WEST HURN 5F **27**
Westlands BH23: Bran 3C **28**
Westlands Dr. BH13: Poole 1B **70**
West La. BH23: Bran 3B **28**
West La. SO41: Ever 4A **52**
West Mansion BH4: Bour 4E **59**
Westminster Ct. BH25: B Sea 6F **49**
Westminster Rd. BH13: Poole 6D **58**
Westminster Rd. SO41: M Sea 3A **66**
Westminster Rd. E. BH13: Poole 6D **58**
WEST MOORS 5B **10**
West Moors Rd. BH21: Thr C 2A **10**
West Moors Rd. BH22: Fern 1C **18**
West Moors Rd. BH22: W Moo 3B **10**
Westmoreland Ct. SO41: Hor 2D **50**
Weston Dr. BH1: Bour 4B **60**
Weston Rd. BH21: Cole 2H **15**
Westons La. BH15: Poole 4B **4** (5A **56**)
West Overcliff Dr. BH4: Bour 5E **59**
West Rd. BH4: Bour 1F **13**
Westover Retail Pk. 1A **42**
Westover Rd. BH1: Bour 4H **5** (4H **59**)
Westover Rd. SO41: M Sea 3D **66**
WEST PARLEY 2G **25**
West Quay M. BH15: Poole 5A **4** (6H **55**)
(off West Quay Rd.)
West Quay Rd. BH15: Poole 5A **4** (6H **55**)
West Rd. BH23: Bran 2C **28**
West Rd. BH5: Bour 2G **61**
West Rd. SO41: M Sea 2A **66**
West Row BH21: W Min 5D **14**
WEST SOUTHBOURNE 3A **62**
West Sta. Ter. BH2: Bour 4F **59**
(off Queens Rd.)
West St. BH15: Poole 5A **4** (6H **55**)
West St. BH21: W Min 4D **14**
West St. BH24: Ring 4A **8**
West Undercliff Prom. BH2: Bour 6E **5** (6F **59**)
West Undercliff Prom. BH4: Bour 6E **59**
West Vw. Rd. BH15: Poole 1B **4** (3A **56**)
West Vw. Rd. BH23: Chri 1A **64**
West Way BH18: Broad 3E **37**
West Way BH9: Bour 3B **42**
West Way SO41: Penn 3E **53**
West Way Cl. BH9: Bour 4B **42**
Westwood Av. BH22: Fern 3A **18**
Westwood Rd. SO43: Lynd 2F **71**
Westwoods Pk. BH25: Bash 6D **30**
Wetherby Cl. BH18: Broad 3G **37**
Weyman's Av. BH10: Bour 5E **25**
Weymans Dr. BH10: Bour 5E **25**
Weymouth Rd. BH14: Poole 2G **57**
Wharf Cl. BH12: Bour 1A **58**
Wharfdale Rd. BH12: Poole 1H **57**
Wharfdale Rd. BH4: Bour 3E **59**
(not continuous)
Wharncliffe Gdns. BH23: Highc 6A **48**
Wharncliffe Rd. BH23: Highc 6H **47**
Wharncliffe Rd. BH5: Bour 3D **60**
Whately Rd. SO41: M Sea 2A **66**
Whatleigh Cl. BH15: Poole 5C **4** (6A **56**)
Wheaton Grange BH4: Bour 3E **59**
Wheaton Rd. BH7: Bour 2G **61**
Wheatplot Pk. Homes BH10: Bour 6H **25**
Wheeler's La. BH11: Bour 5G **23**
Whimbrel Cl. BH23: Mude 1C **64**
Whincroft Cl. BH22: Fern 2C **18**
Whincroft Dr. BH22: Fern 2C **18**
Whistler Gdns. BH17: Poole 5D **38**
Whitaker Cres. SO41: Penn 2E **53**
Whitby Av. BH18: Broad 3F **37**
Whitby Cl. BH23: Chri 1B **44**
Whitby Ct. SO41: M Sea 3B **66**
Whitby Cres. BH18: Broad 3F **37**
Whitby Rd. SO41: M Sea 3B **66**
Whitchurch Av. BH18: Broad 2A **38**
White Barn Cres. SO41: Hor 2E **51**
Whitebeam Way BH31: Ver 4F **7**
Whitecliff Cres. BH14: Poole 5E **57**
Whitecliff Rd. BH14: Poole 5D **56**
White Cl. BH15: Poole 6E **39**
Whitecross Cl. BH17: Poole 2C **38**
White Farm Cl. BH10: Bour 5F **41**
Whitefield Lodge BH25: New M 2G **49**
Whitefield Rd. BH14: Poole 5E **57**
Whitefield Rd. BH25: New M 2G **49**
Whitehall BH23: Chri 2F **63**
White Hart BH23: Chri 6E **45**
(off Barrack Rd.)
Whitehart Flds. BH24: Poul 3E **9**

Whitehayes Cl. BH23: Burt 3H 45
Whitehayes Rd. BH23: Burt 3G 45
White Horse Dr. BH15: Poole 2A 56
White Horses BH25: B Sea 6E 49
Whitehouse S041: M Sea 4D 66
Whitehouse Rd. BH21: Mer 1B 22
White Knights BH25: B Sea 6F 49
White Lion Ctyd. BH24: Ring 4B 8
..................................(off Millstream Ct.)
White Lodge BH15: Poole 4D 56
Whitemoor Rd. S042: Broc 2C 72
White Oaks Cl. BH23: Fern 3C 18
Whitewater BH5: Bour 4E 61
Whiteways BH21: Cole 3G 15
Whitfield Pk. BH24: Ashl H 2D 12
Whitley Way BH25: New M 6H 31
Whitsbury Cl. BH8: Bour 3D 42
Whittingham Ct. BH5: Bour 2H 61
Whittle Rd. BH21: Stap 2F 17
Whittles Way BH15: Poole 3A 4 (5H 55)
WICK 3E 63
Wick 1 Ind. Est. BH25: New M 3E 49
Wick 2 Ind. Est. BH25: New M 3E 49
Wick Cl. BH25: New M 3E 49
Wick Dr. BH25: New M 3E 49
Wicket Rd. BH10: Bour 6E 25
Wick Farm BH6: Bour 2F 63
Wickfield Av. BH23: Chri 1F 63
Wickfield Cl. BH23: Chri 1F 63
Wick Grn. BH6: Bour 2F 63
Wickham Ct. BH22: Fern 3C 18
Wickham Dr. BH21: Cor M 1D 36
Wickham Rd. BH7: Bour 2G 61
Wick La. BH23: Chri 2F 63
Wick La. BH6: Bour 2F 63
Wicklea Rd. BH6: Bour 3F 63
Wickmeads Rd. BH6: Bour 3E 63
Wick Point M. BH23: Chri 2F 63
Widbury Rd. S041: Penn 3E 53
Widden Cl. S041: Sway 1F 33
Widdicombe Av. BH14: Poole 5A 58
Wide La. Cl. S042: Broc 3E 73
Widget Cl. BH11: Bour 3D 40
Widworthy Dr. BH18: Broad 6F 21
Wight Wlk. BH22: W Par 1G 25
Wilderton Rd. BH13: Poole 4B 58
Wilderton Rd. W. BH13: Poole 3C 58
Wildfell Cl. BH23: Chri 4E 45
Wildown Gdns. BH6: Bour 4D 62
Wildown Rd. BH6: Bour 4E 63
Wilfred Rd. BH5: Bour 3F 61
Wilkins Gdns. BH8: Bour 1C 60
Wilkinson Dr. BH8: Bour 3G 43
Wilksworth Farm Camping & Cvn. Site
BH21: W Min 1D 14
Willett Rd. BH21: A'ton 1F 21
..................................(not continuous)
Willett Rd. BH21: Mer 1F 21
..................................(not continuous)
William Cl. BH23: Walk 3A 48
William Cl. BH23: Highc 6B 48
William Rd. BH7: Bour 6F 43
William Rd. S041: Lymi 6G 35
William's Bus. Pk. BH25: New M 3E 49
Williams Ind. Pk. BH25: New M 3E 49
Willis Way BH15: Poole 1H 55
Willow Cl. BH16: Upton 2D 54
Willow Cl. BH24: St L 3H 11
Willow Cl. BH4: Bour 2D 58
Willow Ct. BH7: Bour 6A 44
Willowdene Cl. BH25: Ashy 2A 50
Willow Dr. BH21: Cole 3C 16
Willow Dr. BH23: Chri 2E 63
Willow Dr. BH24: Ring 6C 8
Willow Grange BH15: Poole 6C 38
Willow Mead BH8: Bour 1D 42
Willow Pk. BH14: Poole 4D 56
Willows, The BH25: B Sea 5H 49
Willow Tree Ho. S041: Penn 3E 53
Willow Tree Ri. BH11: Bour 2D 40
Willow Vw. BH16: Hamw 3C 54
Willow Wlk. BH25: B Sea 6H 49
Willow Way BH22: Fern 1B 18
Willow Way BH23: Chri 2E 63
Wills Cl. BH21: Cor M 1D 36
Wills Rd. BH12: Poole 2B 58
Willwood Cl. BH17: Poole 2B 38
Wilmar Cl. BH23: Chri 6B 46
Wilmur Cres. BH15: Poole 1C 56
Wilson Rd. BH1: Bour 2D 60
Wilson Rd. BH14: Poole 3G 57
Wilton Cl. BH23: Chri 4B 44
Wilton Gdns. BH25: New M 2F 49

Wilton Pl. BH4: Bour 5E 59
Wiltshire Rd. BH7: Bour 2F 61
Wiltshire Gdns. BH23: Bran 3B 28
Wiltshire Rd. BH23: Bran 3B 28
Wilverley Av. BH8: Bour 3F 43
Wilverley Cl. S041: Penn 3D 52
Wilverley Rd. BH23: Chri 6C 46
Wilverley Rd. BH25: Woot 1F 31
Wilverley Rd. S042: Broc 3E 73
Wimbledon Hall BH1: Bour 3C 60
Wimborne Ho. BH2: Bour 1G 5 (2H 59)
..................................(off Wimborne Rd.)
Wimborne Ho. BH22: Fern 2B 18
..................................(off W. Moors Rd.)
Wimborne Ho. BH21: W Min 1H 59
Wimborne Ind. Est. BH21: W Min 4E 15
..................................(off Mill La.)
Wimborne Lodge BH2: Bour 1H 5 (2H 59)
..................................(off Wimborne Rd.)
WIMBORNE MINSTER 4D 14
Wimborne Minster By-Pass BH21: A'ton ..6B 14
Wimborne Minster Tourist Info. Cen. 5E 15
Wimborne Model Town & Gdns. 5D 14
Wimborne Rd. BH10: Bour 6G 25
..................................(not continuous)
Wimborne Rd. BH11: Bour 5B 24
Wimborne Rd. BH15: Poole 2D 4 (6A 38)
Wimborne Rd. BH2: Bour 3H 59
Wimborne Rd. BH21: Cole 3F 15
Wimborne Rd. BH21: Cor M 3D 20
Wimborne Rd. BH21: W Min 3D 14
Wimborne Rd. BH3: Bour 2H 5 (6H 41)
Wimborne Rd. BH9: Bour 3H 41
Wimborne Rd. E. BH22: Fern 3G 17
Wimborne Rd. W. BH21: Hayes 5A 16
Wimborne Rd. W. BH21: Stap 5A 16
Winchester Pl. BH15: Poole 3B 4 (5A 56)
..................................(off North St.)
Winchester Rd. BH25: Ashy 6A 32
Wincombe Cl. BH22: Fern 6B 18
Wincombe Dr. BH22: Fern 5B 18
Windermere Rd. BH3: Bour 6A 42
Windgreen BH21: Cor M 4D 20
Windham M. BH1: Bour 2D 60
Windham Rd. BH1: Bour 2C 60
Windmill Cl. BH24: Ashy 3F 13
Windmill Cl. S041: M Sea 2D 66
Windmill La. BH24: Ashy 3F 13
Windsor Cl. BH24: St I 3B 12
Windsor Cl. S041: Hor 1C 50
Windsor Ct. BH14: Poole 4F 57
Windsor Rd. BH14: Poole 4F 57
Windsor Rd. BH23: Chri 5C 44
Windsor Rd. BH5: Bour 3E 61
Winfrith Cres. BH12: Poole 5A 40
Wingfield Av. BH15: Poole 1B 56
Wingfield Av. BH23: Chri 4F 47
Wingfield Ct. BH1: Bour 4C 60
Winifred Rd. BH15: Poole 2C 56
WINKTON 1G 45
Winkton Cl. BH23: Burt 2G 45
WINKTON COMMON 2F 45
Winkton Grn. BH23: Wink 1G 45
Winnards Cl. BH22: W Par 1G 25
Winsford Cl. BH23: Chri 4F 47
Winsley Av. BH6: Bour 3A 62
Winspit Cl. BH15: Hamw 4E 55
Winston Av. BH12: Poole 6D 40
Winston Cl. BH23: Chri 6E 45
Winston Ct. BH25: New M 4F 49
Winston Gdns. BH12: Poole 6C 40
Winston Pde. BH25: New M 4G 49
Winston Pk. BH12: Poole 1B 58
Winston Rd. BH9: Bour 2A 42
Winston Way BH24: Ring 3D 8
Winterbourne Cl. BH15: Poole 2B 56
Winterbourne Rd. BH15: Poole 2B 56
Winterhayes Cl. BH17: Poole 2B 38
WINTON 5H 41
Winton Cl. S041: Lymi 2H 53
Winton Way BH10: Bour 4F 41
Winton Way BH25: New M 6H 31
Wintoun Ho. BH9: Bour 6H 41
Wisbech Way S041: Hor 2D 50
Wishart Gdns. BH9: Bour 6B 26
Wistaria Ho. BH10: Bour 1H 41
Wisteria Dr. BH31: Ver 5G 7
Witchampton Rd. BH18: Broad 3F 37
Withermoor Rd. BH9: Bour 5G 41
Withingham Rd. BH13: Poole 4B 58
Witley BH14: Poole 2G 69
Witney Rd. BH17: Poole 4B 38
Woking Rd. BH14: Poole 3G 57
Wolfe Cl. BH23: Chri 6A 46
Wollaston Rd. BH6: Bour 4D 62

Wollaton Cres. BH22: Fern 6A 18
Wollaton Rd. BH22: Fern 1E 25
Wollstonecraft Rd. BH5: Bour 4F 61
Wolseley Rd. BH12: Poole 1H 57
Wolseley Rd. BH12: Poole 2C 58
Wolterton Rd. BH21: Poole 2F 61
Wolverton Rd. BH7: Bour 2F 61
Wonderholme Pde. BH10: Bour 3D 40
Woodacre Gdns. BH22: Fern 5C 18
Woodbury BH1: Bour 5A 60
Woodbury S042: Broc 3C 72
Woodbury Av. BH8: Bour 3E 43
Woodbury Cl. BH23: Chri 2C 44
Woodcock La. S041: Hor 2E 51
Woodcocks Cres. BH7: Bour 5G 43
Woodcote Dr. BH16: Upton 1B 54
Woodend Rd. BH24: Crow 6G 9
Woodend Rd. BH9: Bour 5G 41
Woodfield Gdns. BH23: Chri 4F 47
Woodfield Rd. BH11: Bour 6C 24
Woodford Cl. BH24: Ring 4E 9
Woodford Ct. BH7: Bour 2F 61
Woodford Rd. BH1: Bour 3C 60
Woodgreen Dr. BH11: Bour 1H 39
Woodhayes Av. BH23: Chri 3G 47
Wood Ho. BH15: Poole 4C 58
Woodlake Cl. BH17: Poole 4B 38
Woodland Av. BH22: Fern 1D 24
Woodland Av. BH5: Bour 3G 61
Woodland Cl. BH31: Ver 2C 6
Woodland Ct. BH21: Cor M 1D 36
Woodland Grange BH1: Bour 2H 5 (3A 60)
Woodlands BH13: Poole 3C 58
Woodlands BH3: Bour 1H 59
Woodlands Av. BH15: Hamw 3A 62
Woodlands Av. BH15: Hamw 4F 55
Woodlands Cvn. Pk. S041: Hor Hordle ..2D 50
Woodlands Cl. BH23: Bran 3C 28
Woodlands Cres. BH15: Hamw 4F 55
Woodlands Rd. B Sea 6E 49
Woodlands Rd. S042: Broc 5E 73
Woodlands Way BH24: St I 3B 12
Woodland Vw. S041: Down 1A 66
Woodland Vw. BH22: Fern 2C 18
Woodland Wlk. BH5: Bour 3G 61
..................................(not continuous)
Woodland Way BH23: Highc 5F 47
Woodland Way BH25: New M 5H 31
Woodland Way S041: M Sea 3C 66
Wood La. BH11: Bour 5A 24
Wood La. S041: M Sea 3C 66
Wood Lawn Cl. B Sea 5F 49
Woodleaze Cl. BH18: Broad 5H 21
Woodleigh Ct. BH2: Bour 2E 5 (3G 59)
..................................(off Branksome Wood Rd.)
Woodley Gdns. S041: Lymi 6F 35
Woodlinken Cl. BH31: Ver 5F 7
Woodlinken Dr. BH31: Ver 5F 7
Woodlinken Way BH31: Ver 5G 7
Woodpecker Cl. BH31: Ver 4D 6
Woodpecker Dr. BH17: Poole 5E 37
Woodrising BH13: S'bks 6F 69
Woodrisings, The BH3: Bour 3F 59
Wood Row BH9: Bour 1E 43
Woodruff Cl. BH23: Chri 5E 47
Woods, The BH9: Bour 5F 41
..................................(off Talbot Rd.)
Woods Edge BH18: Broad 3G 37
WOODSIDE 3G 53
Woodside Av. S041: Lymi 4G 53
Woodside Cl. BH22: Fern 3C 18
Woodside Cl. S041: Lymi 3G 53
Woodside La. BH25: Ashy 6A 32
Woodside La. S041: Lymi 3G 53
Woodside Rd. BH14: Poole 4G 57
Woodside Rd. BH22: Fern 2C 18
Woodside Rd. BH5: Bour 3B 10
Woodside Rd. BH5: Bour 3H 61
Woodstock Cl. BH14: Poole 5F 57
Woodstock La. BH24: Ring 4C 8
Woodstock Rd. BH14: Poole 5E 57
Woodstock Rd. BH23: Burt 3H 45
Woods Vw. Rd. BH9: Bour 5F 41
Woodvale Gdns. BH25: Ashy 1A 50
Wood Vw. BH21: Cole 1A 16
Woolmer La. BH24: Blas 1C 8
Wool Rd. BH12: Poole 5F 39
WOOLSBRIDGE 1F 11
Woolsbridge Cl. BH24: St I 3B 12
Woolsbridge Ind. Est. BH21: Wool 1F 11
Woolsbridge Rd. BH24: Ashl H 1B 12
Woolsbridge Rd. BH24: St L 1B 12
Woolsbridge Small Bus. Cen. BH21: Wool ..1E 11
Woolslope Cl. BH22: W Moo 6C 10
Woolslope Gdns. BH22: W Moo 6D 10

Woolslope Rd. BH22: W Moo................6C 10
Woolven Cl. BH14: Poole.....................2E 57
WOOTTON 1G 31
Wootton Farm Rd. BH25: Woot 1E 31
Wootton Gdns. BH1: Bour....................4A 60
Wootton Hgts. BH1: Bour.....................4A 60
....(off Wootton Mt.)
Wootton Mt. BH1: Bour.........................4A 60
Wootton Rd. SO41: Tip.........................3A 32
Wootton Rough BH25: Woot.................3H 31
Worbarrow Gdns. BH12: Poole.............5G 39
Worcester Pl. SO41: Lymi....................3H 53
Wordsworth Av. BH8: Bour...................4E 43
Worgret Rd. BH15: Poole.....................6B 38
Works, The BH2: Bour...............4E 5 (4G 59)
......................................(off Up. Norwich Rd.)
Worley Way BH22: Fern........................6D 18
Worrell Dr. BH12: Poole.......................5G 39
Worthington Cres. BH14: Poole...........4E 57
Worthy Rd. BH25: New M......................2G 49
Wortley Rd. BH23: Highc......................6A 48
Wraxall Cl. BH17: Poole.......................4B 38
Wren Cl. BH23: Mude...........................2D 64
Wren Cl. BH24: Hight..............................5E 9
Wren Cl. BH25: New M...........................3F 49
Wren Cres. BH12: Poole.......................2C 58
Wroxham Rd. BH12: Poole....................2B 58
Wyatts Cl. BH21: Cor M.......................5D 20
Wyatts La. BH21: Cor M.......................5C 20
Wychwood Cl. BH2: Bour...........1G 5 (3G 59)
Wychwood Dr. BH2: Bour..........1G 5 (2H 59)

Wychwood Grange BH2: Bour..........1G 5 (2H 59)
Wycliffe Gdns. BH9: Bour....................5H 41
Wycliffe Rd. BH9: Bour........................5H 41
Wyelands Av. BH21: Lit C.....................4D 16
Wykeham Cl. BH17: Poole....................5C 38
Wykeham Pl. SO41: Lymi......................2G 53
Wyncombe Rd. BH5: Bour....................2H 61
Wyndham Cl. BH23: Walk......................3B 48
Wyndham La. BH23: Hin.......................1A 48
Wyndham Rd. BH14: Poole....................4F 57
Wyndham Rd. BH23: Walk.....................3B 48
Wynford Rd. BH14: Poole......................4G 57
Wynford Rd. BH9: Bour........................1A 42
Wynne Cl. BH18: Broad........................1F 37
Wynter Cl. BH7: Bour...........................6F 43
Wyvern Cl. BH12: Poole........................6H 39

Y

Yaldhurst La. SO41: Penn.....................1D 52
Yarmouth Cl. BH12: Poole....................2C 58
Yarmouth Ct. BH12: Poole....................2C 58
Yarmouth Rd. BH12: Poole....................1B 58
Yarrell Cft. SO41: Penn........................2D 52
Yarrell Mead SO41: Penn......................1D 52
Yarrell's Cl. BH16: Upton.....................1C 54
Yarrells Dr. BH16: Upton......................6B 36
Yarrells La. BH16: Upton......................1C 54
Yarrow Cl. BH12: Poole.........................3F 39
Yarrow Cl. BH23: Chri..........................5D 46
Yarrow Rd. BH12: Poole........................6E 39

Yeatminster Rd. BH17: Poole..............3D 38
Yelverton Rd. BH1: Bour............3G 5 (4H 59)
Yeoman Rd. BH24: Ring...........................5C 8
Yeomans Ind. Pk. BH8: Bour................2E 43
Yeomans Rd. BH8: Bour.......................3D 42
Yeomans Way BH8: Bour......................3E 43
Yeovilton Cl. SO41: Ever......................4A 52
Yerville Gdns. SO41: Hor.....................2D 50
Yew La. BH25: Ashy.............................1A 50
Yew Tree Cl. BH21: W Min....................4F 15
Yew Tree Ct. BH25: New M....................4H 49
Yew Tree Gdns. BH24: Ring....................5C 8
York Av. BH25: New M...........................2H 49
York Cl. BH18: Broad............................3G 37
York Cl. BH23: Chri..............................6D 44
York M. BH18: Broad............................1G 37
York Pl. BH25: New M............................2H 49
York Pl. BH7: Bour...............................2G 61
York Rd. BH1: Bour..............................3B 60
York Rd. BH18: Broad...........................4G 37
York Towers BH4: Bour.........................4E 59
....(off Pine Tree Glen)
Youngs Rd. BH11: Bour........................6C 24

Z

Zamek Cl. BH11: Bour..........................6C 24
Zetland Ct. BH4: Bour..........................6D 58
Zig Zag Wlk. BH1: Bour........................5A 60
....(off E. Overcliffe Dr.)
Zinnia Cl. BH10: Bour..........................3G 41

Published by Geographers' A-Z Map Company Limited
An imprint of HarperCollins Publishers
Westerhill Road
Bishopbriggs
Glasgow
G64 2QT

HarperCollinsPublishers
1st Floor, Watermarque Building, Ringsend Road, Dublin 4, Ireland

www.az.co.uk
a-z.maps@harpercollins.co.uk

9th edition 2022

© Collins Bartholomew Ltd 2022

This product uses map data licenced from Ordnance Survey
© Crown copyright and database rights 2020 OS 100018598

AZ, A-Z and AtoZ are registered trademarks of Geographers' A-Z Map Company Limited

A catalogue record for this book is available from the British Library.

ISBN 978-0-00-849636-4

10 9 8 7 6 5 4 3 2 1

Printed in India

MIX
Paper from
responsible sources
FSC™ C007454

This book is produced from independently certified FSC™ paper
to ensure responsible forest management.

For more information visit: www.harpercollins.co.uk/green